Faulstich/Zeuner · Erwachsenenbildung

Peter Faulstich / Christine Zeuner

BACHELOR | MASTER

Erwachsenenbildung

BELTZ

Dr. Peter Faulstich ist Professor für Erziehungswissenschaft mit dem Schwerpunkt Erwachsenenbildung an der Universität Hamburg.

Dr. Christine Zeuner ist Professorin für Erziehungswissenschaft unter besonderer Berücksichtigung der Erwachsenenbildung an der Helmut-Schmidt-Universität/Universität der Bundeswehr Hamburg.

www.beltz.de
Herstellung: Lore Amann
Satz: Angela May Grafikdesign & Buchgestaltung, Mettmann
Druck: Beltz Druckpartner, Hemsbach
Umschlagabbildung: Peter Kögler – Fotolia.com, New York/USA
Printed in Germany

ISBN 978-3-407-34209-6

Inhaltsverzeichnis

Abbildungsverzeichnis

Tabellenverzeichnis

Zur Einführung

Die vorliegende Einführung zur Erwachsenenbildung legt den Schwerpunkt auf Fragen und Probleme des professionellen Handelns in der Erwachsenenbildung. Gemäß der Zielsetzung der Reihe »Bachelor | Master«, Studierenden in einführenden Texten pädagogische Handlungsfelder vorzustellen, haben wir uns für diesen spezifischen Zugang entschieden, der aber nur einen von vielen möglichen darstellt.

Wir sind der Auffassung, dass Studierenden, die im Rahmen eines BA-Studiums zumeist erstmals mit der Erwachsenenbildung in Berührung kommen, Anwendungsbezüge zunächst leichter zugänglich sind als Begriffserklärungen.

Das heißt aber nicht, dass die Leserinnen und Leser mit diesem Buch eine »Rezeptsammlung« erhalten. Es entfaltet vielmehr die verschiedenen Dimensionen von Handlungskontexten der Erwachsenenbildung und konkretisiert diese beispielhaft für Tätigkeitsaspekte. Sie können in unterschiedlichen Handlungsfeldern der Erwachsenenbildung/Weiterbildung zur Anwendung kommen.

Die Handlungskontexte und die Tätigkeitsaspekte werden von uns vor dem Hintergrund theoretischer Standpunkte, bildungspolitischer und ökonomischer Entwicklungen und Zielsetzungen reflektiert. Erwachsenenbildung ist, wie die anderen Bereiche des Bildungssystems, Teil des Gesellschaftssystems und steht damit in einer stetigen Wechselwirkung zwischen selbst definierten Zielsetzungen und Aufgaben sowie von außen an sie herangetragenen Erwartungen und Anforderungen.

Wir versuchen, die Tätigkeiten des Personals in der Erwachsenenbildung aus der Perspektive der Lernenden zu begründen. Diese Perspektive unterstreicht die Rolle der Erwachsenenbildner/innen als Vermittler/innen von Inhalten, womit sie eine besondere Haltung gegenüber den Lernenden einnehmen, die als »Vermittlungsdidaktik« gekennzeichnet werden kann.

Im Vordergrund der Vermittlungsprozesse stehen die Interessen der Lernenden für bestimmte Themen. Primäre Aufgabe von Erwachsenenbildner/innen ist es, ihre Lernprozesse anzuregen und zu unterstützen. Wir sind nicht der Meinung, dass eine solche Unterstützung beliebig ist. Vielmehr gehen wir davon aus, dass dazu theoretische, fachliche und methodische Kenntnisse grundlegend sind, weiter kommunikative und soziale Kompetenzen sowie die Fähigkeit, das eigene Tun zu begründen und zu reflektieren. Diese Perspektive auf Erwachsenenbildung (oder auf Andragogik als der Wissenschaft, die sich mit ihr beschäftigt) erzeugt eine Spannung zwischen instrumentellen und reflexiven Aspekten. Aus der Reflexion des andragogischen Handelns sind keineswegs unmittelbare Handlungsempfehlungen ableitbar.

Besonders die Fähigkeit der Begründung und Reflexion des eigenen Handelns unterscheidet professionelles Handeln von routinisiertem oder zufälligem Alltagshandeln. Begründung erfolgt vor dem Hintergrund theoretischer Verortungen, die das Handeln über subjektive Begründungen (etwa Vorlieben, Erfahrungen) hinaus objektivierbar machen.

Im Verlauf des Buchs werden wir den Leserinnen und Lesern Dimensionen erwachsenenbildnerischen Handelns vorstellen. Im ersten Kapitel werden exemplarisch zwei Handlungs- und Tätigkeitsbereiche der Erwachsenenbildung präsentiert, die ihre Vielfalt abbilden. Anhand dieser Beispiele werden in den nachfolgenden Kapiteln konkrete Handlungsbereiche und Aufgaben entfaltet und erklärt.

Um das Buch zu einem Arbeitsbuch zu machen, stellen wir in jedem Kapitel unterschiedliche *Übungsaufgaben*, deren Ziel weniger die Abfrage von Wissen ist als vielmehr die Anregung zur Reflexion des Gelesenen. Damit wollen wir deutlich machen, dass es nicht immer eindeutige Antworten gibt, sondern dass die Erwachsenenbildung gleichzeitig als Prozess und Handlungsfeld zu verstehen ist, deren Akteure auf der einen Seite von vielfältigen, durchaus widersprüchlichen Einflüssen abhängig sind. Auf der anderen Seite können sie aber die Erwachsenenbildung als berufliches Tätigkeitsfeld, basierend auf eigenen theoretischen Verortungen und andragogisch definierten Zielsetzungen, selbst gestalten. Wir zeigen, dass das Handeln in der Erwachsenenbildung stets ein interaktives »Aushandeln« zwischen den unterschiedlichsten Interessen und Zielsetzungen der beteiligten Akteure einschließt: zwischen Lernenden und Vermittelnden, zwischen Vermittelnden und Einrichtungen, zwischen Einrichtungen und Trägern.

Ausgehend von unserer Prämisse, dass Erwachsenenbildung als Tätigkeitsfeld darauf zielt, Lehr-Lern-Prozesse von Individuen zu unterstützen und damit vor allem zu fragen, welche Tätigkeiten Personen ausführen müssen, die in der Erwachsenenbildung beschäftigt sind, stehen im Mittelpunkt unserer Darstellung die Handlungsbereiche, die übergreifend in den meisten Einrichtungen und Kontexten von hauptamtlich Tätigen übernommen werden.

Zum Aufbau des Buches:
Das erste Kapitel stellt einführend *Tätigkeitsfelder* in der Erwachsenenbildung vor, das zweite die *didaktischen Grundlagen*. Dem Handlungszyklus (vgl. Abb. 2) folgend, stellen wir dann den Bereich der *Bedarfserhebung und -entwicklung* vor (Kap. 3).

Es folgen drei zusammenhängende Kapitel, in denen der *Planungsprozess* im engeren Sinn betrachtet wird: Zunächst wird der konkrete *Planungsablauf* vor dem Hintergrund makrodidaktischer Überlegungen analysiert (Kap. 4).

Anschließend werden Anregungen zur *Kurs- und Veranstaltungsplanung* auf mikrodidaktischer Ebene gegeben (Kap. 5). Kapitel 6 setzt sich vertiefend mit der *Planung und Durchführung konkreter Unterrichtseinheiten/Veranstaltungssequenzen* auseinander.

In Kapitel 7 und 8 wechseln wir wieder auf die makrodidaktische Ebene und fragen nach Möglichkeiten der *Qualitätssicherung* auf Einrichtungsebene (Kap. 7) und nach konkreten Instrumenten, die gewünschte *Qualität zu evaluieren* (Kap. 8). Die Frage der *Sicherung des Lerntransfers* steht im Mittelpunkt von Kapitel 9. Kapitel 10 stellt Dimensionen der Querschnittsaufgabe *Beratung* vor.

Das abschließende Kapitel 11 betrachtet die Erwachsenenbildung noch einmal aus der Vogelperspektive. Wir fragen nach ihrer *strukturellen, rechtlichen und finanziellen Einbettung* in das Gesamtbildungssystem und nach den Konsequenzen, die diese für das Handeln des in der Erwachsenenbildung beschäftigten Personals hat.

Im ganzen Buch finden Sie in der Marginalspalte Kästen mit der Überschrift »Vertiefung« und einem Maus-Symbol. Sie verweisen auf zusätzliche Materialien zum Downloaden aus dem Internet unter www.beltz.de/material, Code: 34209.

1. Tätigkeitsfelder in der Erwachsenenbildung

Das erste Kapitel bietet eine Annäherung an das Thema »Erwachsenenbildung«. Es klärt Begriffe und Dimensionen der Erwachsenenbildung in historischer Perspektive (1.1), aus der Sicht der Praxis wird Erwachsenenbildung als Handlungs- und Tätigkeitsfeld dargestellt (1.2).

Dabei soll deutlich werden, dass sich dieses Feld des Bildungswesens historisch wie aktuell durch ein Nebeneinander von haupt- und nebenberuflicher Tätigkeit auszeichnet. Prozesse wie Professionalisierung, die Entwicklung einer spezifischen beruflichen Identität und eines anerkannten beruflichen Status sind nicht abgeschlossen. Diese Unabgeschlossenheit wirkt sich auf diejenigen aus, die in diesem Feld arbeiten.

Im weiteren Verlauf wird genauer auf die Tätigkeitsbereiche in der Erwachsenenbildung eingegangen, indem exemplarisch zwei Arbeitsplätze vorgestellt werden (1.2.1). Aus ihnen werden allgemeingültige Prinzipien für die organisatorische Struktur (1.2.2) und das didaktische Handeln (1.2.3) abgeleitet.

1.1 Begriffe und Dimensionen der Erwachsenenbildung

Beim Versuch, eine Karte der Erwachsenenbildung zu zeichnen, zeigt sich ein unübersichtliches Feld. Schon die Bezeichnung der Landschaft ist vielfältig: Historisch zunächst hauptsächlich Arbeiterbildung genannt – in der Tradition der Volksaufklärung –, wechselte die Bezeichnung dann während der Weimarer Republik zu Volksbildung. Ab Mitte der 20er Jahre wurde zusätzlich der Begriff Erwachsenenbildung eingeführt. Diese Begriffsänderung signalisierte veränderte Zielsetzungen: Nicht mehr die idealistische oder später nationalistische Idee der »Volkbildung durch Volksbildung« im Sinne der Entwicklung einer einheitlichen Nation stand im Vordergrund, sondern die Bildung des Erwachsenen.

Nach dem Zweiten Weltkrieg wurde zunächst der Begriff »Erwachsenenbildung« übernommen, auch um hervorzuheben, dass es gerade Erwachsene waren, die aus Mangel an politischer Urteilsfähigkeit der nationalsozialistischen Ideologie gefolgt waren. Diesem Gedanken folgend wurde Erwachsenenbildung zumindest in den Zonen der westlichen Alliierten primär als politische Bildung verstanden, die zur Demokratisierung beitragen sollte.

Seit dem Gutachten des Deutschen Bildungsrates »Strukturplan für das Bildungswesen« (1970) wird hauptsächlich von »Weiterbildung« gesprochen, um die Kontinuität des Lernens im Lebenslauf und gleichzeitig den Aspekt von Qualifizierung zu betonen.

Ebenfalls Anfang der 70er Jahre wurde eher auf internationaler Ebene das Prinzip des »Lebenslangen Lernens« diskutiert, das von einer kontinuierlichen Lernnotwendigkeit, aber auch Lernfähigkeit der Menschen von der Kindheit bis in das hohe Alter ausgeht. Die Idee des Lebenslangen Lernens wird in Deutschland seit den 90er Jahren in bildungspolitischen Diskussionszusammenhängen stärker berücksichtigt.

Auslöser waren Forderungen der Europäischen Union an die Mitgliedsstaaten, ihre Bildungssysteme unter dem Aspekt internationaler Wettbewerbsfähigkeit auszubauen. Dabei wurden Konzeptionen entwickelt, die von einem ganzheitlichen Bildungsanspruch (bei dem die Entfaltung der Persönlichkeit im Vordergrund steht) bis hin zu einer Fokussierung auf die Entwicklung von »Humanressourcen« reichen. In diesem Zusammenhang werden auch Selbstlernkonzepte diskutiert, die die Verantwortung für das Lernen weitgehend den Individuen überlassen (vgl. Zeuner 2008; Faulstich u. a. 2002).

Erwachsenenbildung wird häufig als »vierte Säule« des deutschen Bildungssystems neben Schul-, Berufsausbildungs- und Hochschulwesen bezeichnet, wobei strittig bleibt, ob sie als »System« gelten kann oder nicht. Es ist aber anerkannt, dass Erwachsenenbildung als eigenständiger Bereich des Bildungssystems in den vergangenen 50 Jahren stetig an Bedeutung gewonnen hat. Dies zeigt sich unter anderem in wachsenden Teilnahmezahlen, einem erweiterten Anbieterspektrum und einer rechtlichen Verankerung der Erwachsenenbildung in Teilbereichen, für die die Finanzierung über die öffentliche Hand geregelt wird.

Die meisten der vielfältigen Angebote der Erwachsenenbildung stehen allen Interessierten offen. Stärker als das Schulwesen, der Ausbildungsbereich und das Hochschulwesen kann und muss die Erwachsenenbildung aber auf gesellschaftliche, politische und ökonomische Rahmenbedingungen reagieren. Dadurch, dass sie nicht entsprechend den anderen Bereichen des Bildungssystems insgesamt über Gesetze abgesichert ist, sind ihre Einrichtungen, Träger und Organisationen sehr viel stärker konjunkturellen Schwankungen und politischem Kalkül ausgesetzt – allen öffentlichen Bekundungen über die Relevanz von Bildung und der »Entwicklung von Humanressourcen« zum Trotz.

Erwachsenenbildung als Teil des Bildungssystems wurde im Laufe ihrer Geschichte immer auf den Prüfstand gestellt: Sie ist mehr als andere Teile des Bildungswesens Legitimationszwängen unterworfen und befindet sich damit regelmäßig in einem Widerspruch zwischen ihrer unbestrittenen Bedeutung für individuelle Entfaltung und gesellschaftliche Entwicklung einerseits und ihrer tatsächlichen Rolle innerhalb des Gesamtbildungssystems andererseits.

1.1.1 Erwachsenenbildung als berufliches Handlungsfeld

Erwachsenenbildung hat eine mittlerweile 200-jährige Geschichte, in deren Verlauf sich ihre Praxis stetig wandelte. Zu Beginn des 19. Jahrhunderts begannen zunächst Mitglieder des Bürgertums, sich auf eigene Kosten und eigene Initiative weiterzubilden, indem sie Lesegesellschaften, Museumsgesellschaften oder naturwissenschaftliche Vereine gründeten. Das Interesse des Bürgertums war es, an dem Wissen der damaligen Zeit teilzuhaben und eine neue, eigene Kultur in Abgrenzung zum Adel zu etablieren.

Parallele Motive verfolgte die Arbeiter- und Handwerkerschaft ab den 30er Jahren des 19. Jahrhunderts. Bei ihnen stand auf der einen Seite das Interesse im Vordergrund, sich politisch zu bilden und damit auch politisch im eigenen Interesse handeln zu können. Auf der anderen Seite ging es um die Kompensation fehlender allgemeiner Bildung und beruflicher Kenntnisse.

In den Anfängen der Erwachsenenbildung überwogen selbstorganisierte Lern- und Aneignungsformen, allein oder in Gruppen gleichgesinnter Personen. Eine der ersten Gesellschaften, die regelmäßig Vorträge für Erwachsene organisierte, war die 1872 von Johannes Tews (1860–1937) gegründete »Gesellschaft zur Verbreitung von Volksbildung«.

Charakteristisch für diese frühen Organisationsformen der Erwachsenenbildung war, dass sie von Personen gegründet wurden, deren Interesse meist

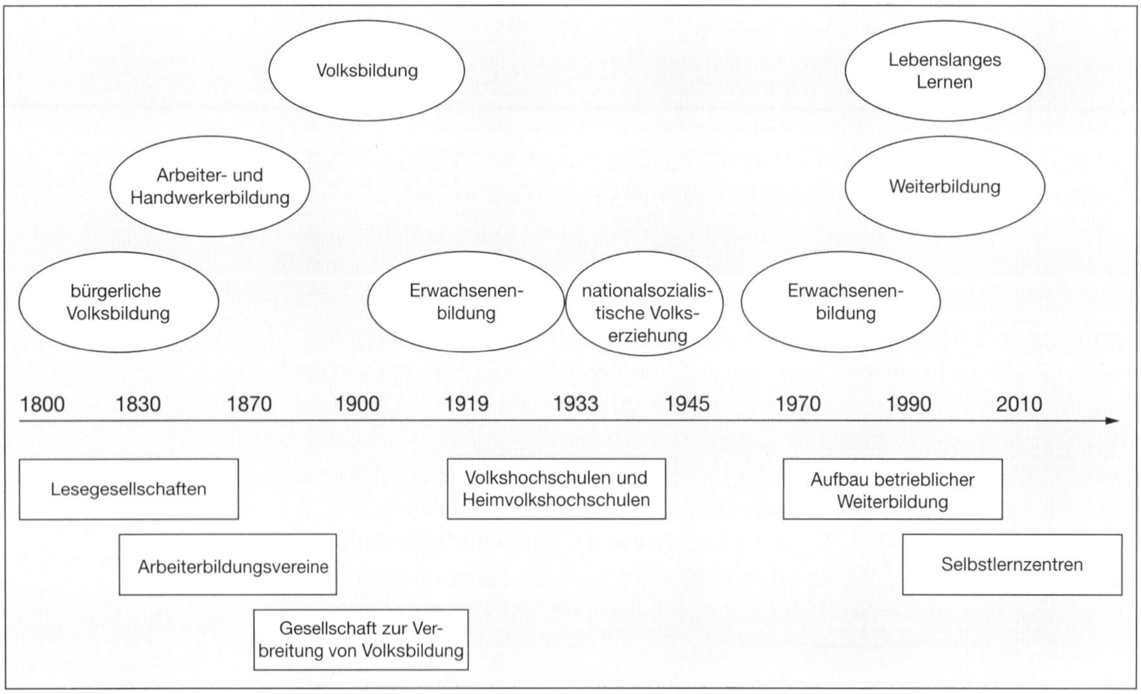

Abb. 1: Begriffliche Dimensionen und Institutionen der Erwachsenenbildung

thematisch und politisch begründet war, die aber für sich nicht in Anspruch nahmen, Erwachsenenbildung als Beruf zu betreiben.

Die Anfänge einer zielgerichteten Professionsentwicklung in der und für die Erwachsenenbildung liegen in der Zeit der Weimarer Republik, als aus ganz unterschiedlichen politischen, sozialen und ökonomischen Gründen ein organisatorischer Ausbau der Erwachsenenbildung erfolgte. So wurden städtische Volkshochschulen, ländliche Heimvolkshochschulen, Einrichtungen unterschiedlicher Gewerkschaften und Arbeitgeberverbände gegründet und Abteilungen zur beruflichen Fortbildung in Schulen und Betrieben organisiert.

Da für viele Bereiche Lehrer staatlicher Schulen (die häufig nebenberuflich in der Erwachsenenbildung Vorträge hielten) nicht die geeigneten Personen waren, um z. B. eine Abendvolkshochschule zu leiten oder mit Erwachsenen umzugehen, entwickelte sich die Erwachsenenbildung als neues Berufsfeld (vgl. Zeuner 2009a).

Den Zusammenhang zwischen begrifflichen Dimensionen und Institutionen der Erwachsenenbildung aus einer chronologischen Perspektive zeigt Abbildung 1.

Das berufliche Feld war und ist ausgesprochen heterogen: Ausschließlich in der Erwachsenenbildung sind zumeist Personen tätig, die eine Einrichtung oder eine Abteilung hauptberuflich leiten. Als Kursleiter/innen können sie haupt- oder nebenberuflich tätig sein; sie können als Fachleute für bestimmte Felder sporadisch Kurse anbieten; sie können in einer Organisation wie einer Gewerkschaft, einem Arbeitgeberverband, einer Kirche, einer Nichtregierungsorganisation angestellt sein und auch unterrichten.

Dimensionen des Tätigkeitsfeldes Erwachsenenbildung

Ziele:	z. B. persönliche Entfaltung, berufliche Kompetenz, politische Orientierung/Handlungsfähigkeit
Adressaten:	z. B. Personen im Übergang zur Berufseinmündung, Berufstätige, Führungskräfte, Ältere, Frauen, Personen mit Migrationshintergrund
Themen:	z. B. Politik/Ökologie/Ökonomie, Naturwissenschaft/Technik, EDV, Kunst/Kultur/Musik, Gesundheit, Sprachen, Grundbildung, berufliche Weiterbildung
Institutionen:	z. B. Volkshochschulen, kommerzielle Anbieter, betriebliche Bildungsabteilungen, Berufsbildungswerke, Stiftungen, Kirchen, Gewerkschaften, Arbeitgeberverbände, Nichtregierungsorganisationen, Verbände usw.
Methoden:	z. B. selbstbestimmtes Lernen, Unterrichten, Schulen, Training

Die Legitimationsmuster der Teilbereiche, in denen Erwachsenenbildung stattfindet, sind sehr unterschiedlich, die beteiligten Institutionen vielfältig. Selbst die Benennung derjenigen, die in diesem Bereich tätig sind, ist nicht einheitlich: Ihre Bezeichnungen reichen von Erwachsenenbildner und Bildungsarbeiter über Kursleiterin, Dozent, Referentin, Teamer zu Trainerin, Moderator und Coach. Sie alle eint die Zielsetzung, Lernmöglichkeiten für Erwachsene zu eröffnen und Prozesse der Aneignung von gesellschaftlichen Wissensbeständen zu fördern und durch Vermittlungsprozesse die Chance der Persönlichkeitsentfaltung – also von Bildung – zu unterstützen.

1.1.2 Erwachsenenbildung: Begriffsklärung

In der Diskussion über Erwachsenenbildung ist es notwendig, sich über neue, ungeklärte Begriffe zu verständigen. So ist es zunächst nicht einfach zu bestimmen, was ein Erwachsener ist. Selbst scheinbar naturgegebene biologische Aspekte wie der Verweis auf ein bestimmtes Alter, von dem an ein Mensch erwachsen ist, verschieben sich historisch und interkulturell.

Ebenfalls schwierig ist es, den Begriff »Bildung« zu definieren: Anforderungen, Zielsetzungen und die Frage, wer als »gebildeter Mensch« gelten könne, werden kontrovers diskutiert. Es ist trotzdem sinnvoll, von Erwachsenenbildung zu sprechen, wenn wir von einer Unabgeschlossenheit des Lernens über die Lebensspanne ausgehen und gleichzeitig hervorheben, dass Lernen auch außerhalb von Schul-, Berufs- und Hochschulbildung stattfindet.

Deutlicher als in Schule und Hochschule gilt für die Erwachsenenbildung, dass das lehrende Personal nicht nur unterrichtend, sondern auch beratend und planend tätig ist. Das Aktivitätsspektrum der Lehrplanung reicht von der Klärung des Weiterbildungsbedarfs über die Planung und Vorbereitung von

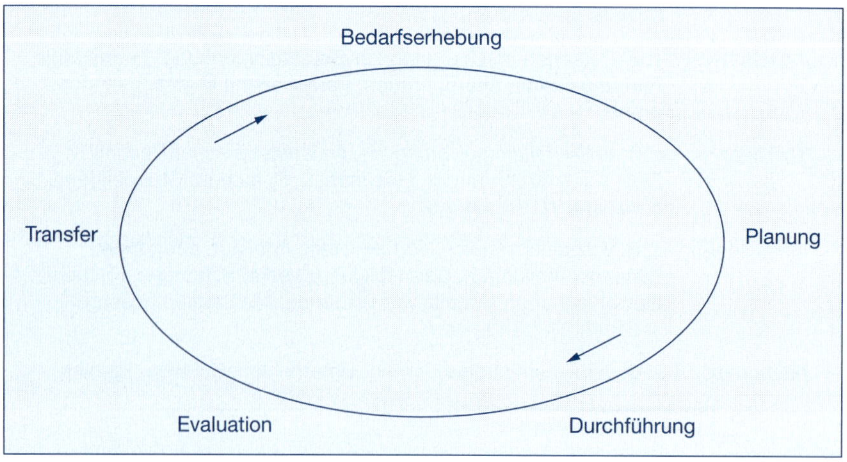

Abb. 2: Handlungszyklus in der Weiterbildung

Programmen, Bildungsmaßnahmen und Kursen bis zu ihrer Durchführung. In Lehr-Lern-Situationen wird die Aneignung von Inhalten unterstützt, ihr Transfer für Anwendungsbereiche vorbereitet und der Lernerfolg über Evaluationsmaßnahmen eingeschätzt. Dieser immer wiederkehrende Kreislauf wird in Abbildung 2 verdeutlicht.

Hinzu kommt als eine weitere wichtige Tätigkeit die Beratung der Interessenten, Teilnehmenden und Lernenden. Da Beratungsprozesse aber in jedem dieser Bereiche möglich sind – beispielsweise als umfassende Weiterbildungsberatung vor Beginn von Lernprozessen, als Einstufungsberatung für konkrete Maßnahmen, als Lernberatung während einer Veranstaltung oder als Kompetenzberatung im Rahmen des Lerntransfers – erhält Beratung in diesem zirkulär angelegten Prozess keinen eindeutig definierten Platz. Vielmehr ist sie als Querschnittsaufgabe zu verstehen, die jede Person, die in der Erwachsenenbildung tätig ist, zu unterschiedlichen Zeiten und bei vielfältigen Gelegenheiten übernimmt.

Erwachsenenbildung bedeutet also in jedem Fall eine Form von Handlung. Im Unterschied zu systemtheoretischen Zugriffen, die Erwachsenenbildung als System aus der Vogelperspektive betrachten und damit eher abstrakt bleiben, basieren unsere Ausführungen auf der Einsicht, dass die »Lernvermittler« Teil des Feldes sind, in dem sie agieren.

Erwachsenenbildung zielt auf eine Praxis, in der über die Gestaltung und das Herstellen von Lernmöglichkeiten die Entfaltung der beteiligten Individuen im Mittelpunkt steht. Die Praxis folgt dabei den inhaltlichen Interessen der Adressaten und Teilnehmenden, wählt ihre Themen aber auch selbst, indem Angebote geschaffen werden. Dabei bedient sie sich besonderer Methoden der Vermittlung, die die Interessen, Bedürfnisse, Begründungen und Vorerfahrungen lernender Erwachsener berücksichtigen. Eine so verstandene Erwachsenenbildung wird theoretisch mit einem kritisch-pragmatistischen Ansatz begründet (Faulstich 2003).

Das bedeutet nun keineswegs, dass die strukturellen, systemischen Verhältnisse unberücksichtigt bleiben könnten. Im Gegenteil: Sie fließen als Prämissen in Handlungszusammenhänge mit ein, werden von diesen umgestaltet und verändert. Der Begriff des »Habitus«, den der französische Soziologe Pierre Bourdieu (1930–2002) geprägt hat, kennzeichnet diesen Zusammenhang von Struktur und Aktion.

Es gibt kaum zwei Lernvermittler, die das gleiche Aktivitätsspektrum aufweisen. Zu unterschiedlich sind die beteiligten Institutionen, die anzueignenden Themen, die Vielzahl der Methoden und die Interessen der Lernenden. Dies drückt sich in vielfältigen Tätigkeitsbezeichnungen aus. Die Kontexte reichen von der allgemeinen Erwachsenenbildung, der politischen Bildung, der kulturellen Bildung über die berufsbezogene und betriebliche Weiterbildung bis zu Beschäftigungen in öffentlich-rechtlichen Institutionen des zweiten Bildungswegs.

Weiterführende Literatur

Dewe, B./Frank, G./Huge, W. (1988): Theorien der Erwachsenenbildung. Ein Handbuch. München: Hueber.

Nolda, S. (2008): Einführung in die Theorie der Erwachsenenbildung. Grundwissen Erziehungswissenschaft. Darmstadt: Wissenschaftliche Buchgesellschaft.

Begriff: Erwachsenenbildung

Erwachsenenbildung wird im Rahmen dieses Buches begriffen als ein Handeln zur Gestaltung von Lernangeboten. Dabei genießt die Aneignung von Themen durch die Lernenden, ausgehend von ihren Interessen, Priorität.
Die Vermittlung zwischen Lerninteressen und Lernthemen ist die Hauptaufgabe der Lehrenden. Sie unterstützen die Aneignung von Lernthematiken der verschiedenen Gegenstandsbereiche bezogen auf die Lerninteressen der Adressaten.

1.2 Handlungsfelder in der Erwachsenenbildung

Die Vielfalt der beruflichen Handlungsfelder in der Erwachsenenbildung wird im Folgenden anhand von zwei fiktiven »Fällen« vorgestellt. Die Beispiele von zwei Personen, die in unterschiedlichen organisatorischen und inhaltlichen Kontexten in der Erwachsenenbildung hauptberuflich tätig sind, bieten einen ersten Einblick in die Vielfalt von Tätigkeiten, Aufgaben und Entscheidungsnotwendigkeiten.

Beispiel Julia Müller: Weiterbildung im Unternehmen

Julia Müller leitet die Abteilung für Personalentwicklung (PE) in einem Versicherungsunternehmen mit 2.300 Mitarbeitern. Sie ist Diplom-Erziehungswissenschaftlerin mit dem Schwerpunkt Erwachsenenbildung.
Julia Müller ist der Personalabteilung zugeordnet und leitet ein Team von vier Beschäftigten. Diese sind: eine Teamassistentin, eine Personalentwicklerin und zwei Personalentwickler, die die drei Hauptsparten des Versicherungsunternehmens betreuen: die Sparte »Kraftfahrzeugversicherung«, die Sparte »Rechtsschutzversicherung« und die Sparte »Schutzbrief«. Die Mitarbeiter haben im jeweiligen Unternehmensbereich ein Büro und einen zweiten Schreibtisch im Teambereich PE.
Die Leiterin trifft ihre Mitarbeiter meistens in den Sparten. Mindestens einmal wöchentlich (meistens montags vormittags 9–11 Uhr) gibt es einen festen Termin im Bereich PE. Die drei Personalentwickler sind aber häufig im Teambereich PE anzutreffen, um dort die umfangreiche Materialsammlung (Bibliothek, Medien, Foliensammlung) zu nutzen und um Erfahrungen auszutauschen und gemeinsame Planungen zu entwickeln, zum Beispiel die Besprechung spartenübergreifender Entwicklungsprogramme.
Es hat viele Anstrengungen gekostet, die Personalentwickler zu akzeptierten Gesprächspartnern der Sparten zu machen. Gemessen wird die Personalarbeit in Leitungsgesprächen immer noch an finanziellen Beiträgen zur Wirtschaftssituation des Unternehmens, obwohl die Formel »Das Personal steht im Mittelpunkt« oft wiederholt wird.

Am Dienstag, 26. Oktober 2010, hat Julia Müller ihren ersten Termin um 9 Uhr. Nachdem sie bereits ab 8 Uhr ihre E-Mails durchgesehen und zum Teil beantwortet hat, führt sie ein Coaching-Gespräch mit ihrer Mitarbeiterin Susanne Walder. Diese ist sich über einige Abläufe in der Sparte »Schutzbrief« nicht im Klaren. Sie hat das Gefühl, teilweise ausgebootet zu werden, und möchte sich mit ihrer Chefin beraten.
Um 11 Uhr folgt ein Termin in der Geschäftsleitung, bei dem es um die Auswertung eines Strategieworkshops geht, an dem Julia Müller wie alle Bereichsleiter teilgenommen hat. Im nächsten Strategieworkshop soll über strategische Ziele der Bildungs- und Personalentwicklungsarbeit im Unternehmen diskutiert werden.
Zum Mittagessen geht das PE-Team möglichst gemeinsam in die Kantine, weil hier gut informell gesprochen werden kann.
Um 15 Uhr trifft Frau Müller einen externen Berater, der für das Unternehmen arbeitet und Seminare im Rahmen des Führungskräftetrainings für Nachwuchskräfte durchführt. Es gab Klagen über seinen Transfererfolg: Einige Teilnehmende hatten den Eindruck, die Zeit wenig effektiv verbracht zu haben. Ein Spartenleiter hat daraufhin empfohlen, den Trainer zu ersetzen.
Ab 17 Uhr hat Julia Müller Zeit reserviert, um den neuesten »Bildungscontrolling-Bericht« fertigzustellen. Darin will sie darlegen, inwieweit die Tätigkeit ihres Teams im letzten Quartal einen Beitrag zum Erreichen der Unternehmensziele geleistet hat. Das ist vor allem wichtig, um von den anderen Bereichsleitern anerkannt zu werden. Denn die PE ist ständig mit dem – zwar nicht offen geäußerten, aber immer mitschwingenden – Vorwurf konfrontiert, ihr Erfolg sei nicht messbar. Die PE-Arbeit soll also über den Bildungscontrolling-Bericht legitimiert werden.
Kurz vor dem Nachhausegehen um 19 Uhr legt Julia Müller sich noch ihre Seminarmaterialien »Coaching-Gespräche« heraus. Am nächsten Tag führt sie ein Seminar für Führungskräfte durch, deren Ziel es ist, Mitarbeiter durch Coaching zu führen. Ein Einführungsworkshop dazu hatte bereits eine Woche zuvor stattgefunden. Veranstaltungen wie diese sind Julia Müller besonders wichtig, weil sie dann selbst unterrichten und vermitteln kann. Sie tritt in einen Erfahrungsaustausch und bekommt Abstand zu organisatorischen und administrativen Aufgaben, die sie nicht immer interessant findet.

Beispiel Andreas Schneider: Erwachsenenbildungsträger

Andreas Schneider ist Leiter des vor einigen Jahren gegründeten Bildungszentrums in einer Kreisstadt mit 30.000 Einwohnern. Er war ursprünglich Lehrer und ist über ein Zusatzstudium in die Erwachsenenbildung gekommen.
Im »Haus der Begegnung« ist er jetzt Chef eines Stabes von 13 Mitarbeiter/innen (davon 6 Teilzeitkräfte): 4 Fachbereichsleiter/innen der Volkshochschule (zwei Männer, zwei Frauen), 5 Sozialpädagog/innen für die Begegnungsstätte (Jugendzentrum und Seniorentreff) (drei Männer, zwei Frauen), 2 Sachbearbeiterinnen und 2 Sekretärinnen. Die Fachbereichsleiter an der Volkshochschule arbeiten darüber hinaus – je nach Größe des Aufgabengebiets – mit etwa 20 bis 40 freiberuflich tätigen Dozent/innen, Referenten, Seminar- und Exkursionsleitern zusammen. Die meisten von ihnen haben ein akademisches Studium absolviert.
Herr Schneider hat am 26. Oktober um 8:30 Uhr den ersten Termin. Er trifft den Stadtkämmerer, um über die defizitäre Situation seines Haushaltes für das »Haus

der Begegnung« zu sprechen. Mit dem bisher genehmigten Budget kann Schneider nur noch bis Mitte November Veranstaltungen durchführen. Schneider und der Stadtkämmerer (die beide in derselben Partei sind) beraten, inwieweit der Stadtrat bereit sein könnte, einen zusätzlichen Haushaltsansatz zu beschließen.
Um 10:30 Uhr fährt Herr Schneider zum Rektor der örtlichen Grundschule, um mit ihm die weitere Nutzung der Räume in der Grundschule durch die Volkshochschule zu besprechen.
Die Zeit nach dem Mittagessen hat er sich reserviert, um die Überarbeitung des Konzeptes für das »Haus der Begegnung« zu schreiben, die der Stadtrat für nächste Woche von ihm erwartet (Vorlage im Jugend- und Kulturausschuss). Er will versuchen darzulegen, welche Bedeutung diese Arbeit für den sozialen Zusammenhang in der Kreisstadt hat. Dazu muss die Teilnahmestatistik aufbereitet werden.
Um 14:30 Uhr bringt ihm seine Sekretärin den neuesten Bericht über Teilnehmende, Teilnehmerstunden etc. Er dokumentiert eine ständige Aufwärtsentwicklung.
Für 16 Uhr hat er einen Vertreter der Firma »Computerunterstütztes Lernen – CUL« eingeladen. Mit ihm möchte er über die Einführung einer Selbstlernstation mit Multimedia-Ausstattung zu einem akzeptablen Preis verhandeln (einen Raum dafür hat er schon reserviert).
Nach einem kurzen Abendessen zu Hause fährt er in die Realschule, weil heute die erste Veranstaltung seines Kurses »Kommunikation im Beruf« stattfindet. Solche Veranstaltungen führt er bereits seit seinem Zusatzstudium durch. Mit den Teilnehmern will er mit einer Kommunikationsübung in die Thematik einsteigen.
Um 22:30 Uhr kommt er nach Hause, nachdem er mit einem Teilnehmer des Kurses noch ein längeres Beratungsgespräch geführt hat. (Dieser Teilnehmer hat am nächsten Morgen ein wichtiges Gespräch mit seinem Chef und brauchte noch Tipps.)

1.2.1 Differenzen und Gemeinsamkeiten in Tätigkeitsfeldern der Erwachsenenbildung

Die Beispiele zeigen sowohl unterschiedliche als auch ähnliche Tätigkeitsschwerpunkte der Hauptverantwortlichen in der betrieblichen Weiterbildung und einer städtischen Einrichtung wie dem »Haus der Begegnung«. Sie zeigen aber auch Unterschiede in der Finanzierung, der rechtlichen Einbettung und der Vernetzung des jeweiligen Arbeitsbereichs.

Für beide, die Leiterin der Personalentwicklung und den Leiter des städtischen Bildungszentrums, gilt, dass im Mittelpunkt ihrer Arbeit Tätigkeiten stehen, die das Lernen Erwachsener unterstützen: die Organisation von Veranstaltungen und Räumlichkeiten, die Planung von Angeboten, die Anstellung und Betreuung/Beratung von freiberuflichen Dozenten und Trainern oder die eigene Vermittlungstätigkeit in Veranstaltungen. Beide müssen die strukturellen und organisatorischen Voraussetzungen schaffen, um diese Arbeit überhaupt leisten zu können, indem sie sich für eine adäquate Finanz-, Personal- und Sachausstattung ihres Bereichs einsetzen.

Am Beispiel der betrieblichen Weiterbildung wird die strukturelle Einbettung der Personalentwicklung in den Gesamtbetrieb deutlich und damit ihre Abhängigkeit von betriebswirtschaftlichen Zielen. Controlling überwacht die gewinnorientierte Steuerung der Abteilung und dient gleichzeitig der Legitimation nach außen. Die Angebote der Personalentwicklung werden ausschließlich für die Mitarbeiterinnen und Mitarbeiter der Versicherung angeboten, Außenstehende haben keinen Zugang.

Dagegen erscheint die Finanzierung des kommunalen Bildungszentrums über öffentliche Gelder weitgehend gesichert, ein finanzielles Minus wird in der Regel über den städtischen Haushalt aufgefangen. Der Leiter des »Hauses der Begegnung« ist der Stadt gegenüber rechenschaftspflichtig. In unserem Beispiel wird akzeptiert, dass Bildung in öffentlicher Verantwortung über Steuergelder finanziert wird und nicht unbedingt gewinnbringend arbeitet. Das »Haus der Begegnung« ist in der Kreisstadt mit verschiedenen Einrichtungen vernetzt, Schulen dienen als Unterrichtsstätten, ein modernes Selbstlernzentrum soll eingerichtet werden, sodass der Zugang für unterschiedliche Zielgruppen gesichert ist.

1.2.2 Organisatorische Einbettung der Erwachsenenbildung

Die Beispiele demonstrieren die mögliche Bandbreite von Erwachsenen- und Weiterbildungseinrichtungen in Bezug auf Finanzierung, Zugänglichkeit, rechtliche und organisatorische Einbettung und Zielsetzungen. Die folgende Übersicht zeigt weitere Aspekte der Systematisierung:

- *Funktionen:* Erwachsenenbildung wird für unterschiedliche Aufgaben angeboten. In der Regel wird differenziert in allgemeine, politische, kulturelle, berufliche und wissenschaftliche Zielsetzungen. Diese Aufteilung differenziert aber keineswegs trennscharf die Verwendungszusammenhänge durch die Teilnehmenden.
- *Themen:* Die Themen der Erwachsenenbildung sind so vielfältig wie das menschliche Wissen. Es haben sich aber Schwerpunkte herauskristallisiert, die sich systematisieren lassen: Politik/Ökologie/Ökonomie, Naturwissenschaft/Technik, EDV, Kunst/Kultur/Musik, Gesundheit, Sprachen, Grundbildung, berufliche Weiterbildung.
- *Angebotsspektrum:* Es wird zwischen generalistischen und spezialistischen Angebotsspektren unterschieden:
  Generalistische Angebote stehen prinzipiell jedem Interessierten offen, der die individuellen Voraussetzungen mitbringt, an ihnen teilzunehmen. *Spezialistische Angebote* können zum einen thematische Spezialisierung bedeuten, sodass nur Personen mit den entsprechenden Vorkenntnissen teilnehmen können. Zum anderen können sie sich auch auf Angebote speziel-

ler Einrichtungen/Organisationen beziehen, die nur Mitgliedern zugänglich sind. Beispiele sind Weiterbildungsangebote von Berufsorganisationen wie Ärzte- oder Rechtsanwaltskammern, Fortbildungen im Bereich Banken und Versicherungen und Lehrerfortbildung über Landesinstitute.

- *Lernorte:* Lernen kann in Kursen, Seminaren, Vorträgen organisiert sein, arbeitsplatzbezogen oder arbeitsintegriert stattfinden. Auch Einrichtungen wie Bibliotheken, Museen, Galerien oder Sportvereine können zu Lernorten werden, in denen beiläufiges, informelles Lernen stattfindet. Beim selbstorganisierten Lernen mit und ohne mediale Unterstützung werden jeweils individuelle Lernorte geschaffen.
- *Zugänge:* Die Frage, ob ein Zugang als *offen* oder *geschlossen* bezeichnet wird, richtet sich nach der Art des Angebots, der Anbieter und der Träger. Offen sind Zugänge, wenn keine Voraussetzungen an inhaltliche Vorkenntnisse bestehen und die Einrichtung für jeden zugänglich ist. Geschlossen bedeutet auf der Ebene der Angebote die Erfüllung von Zugangsvoraussetzungen; in Bezug auf Einrichtungen muss eine Mitgliedschaft bestehen.
- *Rechtliche Einbettung:* Erwachsenenbildung kann als kulturhoheitliche Aufgabe von Städten, Kommunen und Gemeinden über den Haushalt finanziert werden und ist rechtlich über die Erwachsenenbildungsgesetze der Länder verankert. Im Bereich der beruflichen und betrieblichen Weiterbildung gelten arbeitsrechtliche Vorgaben, die in Tarifverträgen, Freistellungsgesetzen und Betriebsvereinbarungen abgesichert werden.
- *Träger:* Träger gelten als übergeordnete, rechtliche Einheit. Sie agieren nicht selbst als Bildungsanbieter, organisieren und finanzieren diese aber. Träger sind beispielsweise Unternehmen und Betriebe, Verbände (Wohlfahrtsverbände, Unternehmerverbände), Kirchen, Gewerkschaften, Parteien, Nichtregierungsorganisationen, Stiftungen, Parteien, Schulen (2. Bildungsweg), Universitäten/Fachhochschulen, Kammern (Handels- und Handwerkskammern, berufsständische Kammern wie Ärzte-, Apotheker- und Rechtsanwaltskammern), Städte und Kommunen. Kennzeichnend ist eine Pluralität der Träger und Einrichtungen.
- *Regulation:* Die Konsequenz der Trägerpluralität sind vielfältige Formen der Regulation: Träger und Einrichtungen können *staatlich* oder *öffentlich* gefördert werden, sie können als Vereine und Stiftungen organisiert sein, deren Gemeinnützigkeit anerkannt ist. Viele Träger und Einrichtungen sind marktförmig organisiert und werden als Privatunternehmen als Gesellschaft bürgerlichen Rechts (GbR) oder als Gesellschaft mit beschränkter Haftung (GmbH) geführt.

> **Vertiefung**
>
> **Überblick über Weiterbildungsangebote**
>
> Die Datenbank »KURSnet« der Bundesagentur für Arbeit weist zum Thema »Aus- und Weiterbildung« der Bundesagentur für Arbeit fast 600.000 Veranstaltungen aus, die von etwa 20.000 Einrichtungen angeboten werden. Die Datenbank gibt einen Überblick über den Bildungsmarkt und informiert über die Details jeder einzelnen Veranstaltung (infobub.arbeitsagentur.de/kurs/portal, Abruf: 11.02.2010).

Das Spektrum der Weiterbildungsanbieter reicht also von betrieblichen Personalabteilungen über kommerzielle Weiterbildungsunternehmen bis hin zu Volkshochschulen und Bildungsvereinen.

1.2.3 Erwachsenenbildung als didaktisches Handeln

Die Vielfalt der Träger, Einrichtungen und Angebote führt dazu, dass das didaktische Handeln in der Erwachsenenbildung geprägt ist durch unterschiedliche Reichweiten. Es geht nicht nur um »Unterricht« bezogen auf Lehr-Ensembles. Es gibt auch keinen »Stoff« im Sinne feststehender Inhalte, über die die Lernenden belehrt werden müssten, sondern es geht um Interessen und Probleme aus den Lebenszusammenhängen der Adressaten.

Ein Mitte der 70er Jahre vorgestelltes Modell von fünf Ebenen didaktischen Handelns hat in der Erwachsenenbildung große Resonanz gefunden, weil mit seiner Hilfe die Differenziertheit des Feldes und die Reichweite seiner Horizonte abgebildet werden können (Flechsig/Haller 1977, S. 2; vgl. ausführlich Kap. 2 in diesem Buch).

Auf den Punkt gebracht:
Die fünf Ebenen didaktischen Handelns

- Ebene 1: gesellschaftliche Zusammenhänge und Politik einbeziehen
- Ebene 2: Institutionen-Entwicklung voranbringen
- Ebene 3: Lernbereiche/Programme planen
- Ebene 4: Veranstaltungen/Kurse planen
- Ebene 5: Lehr-Lern-Vorgänge durchführen, auswerten und übertragen

Deutlich wird die Unterscheidung zwischen *Mikrodidaktik*, die sich auf die Vorbereitung und Durchführung von Veranstaltungen und Lehr-Lern-Vorgänge bezieht (Ebene 4 und 5), und *Makrodidaktik*, bei der es um die Organisation und Planung der Rahmenbedingungen, der Institutionen und Lernbereiche geht (Ebenen 1 bis 3). Vorherrschend sind allerdings auch in der Erwachsenenbildung Debatten zu mikrodidaktischen Aspekten, wodurch methodische Fragen den Diskurs dominieren. Dabei wird aber übersehen, dass didaktisches Handeln von den Lerninteressen der Teilnehmenden ausgeht und damit der Themenbezug im Vordergrund stehen sollte, dem methodische Fragen nachgeordnet sind.

Die nachfolgende Tabelle schlägt eine Systematik für die Aufgabenfelder und ihnen zugeordnete Tätigkeitsfelder vor, die makro- und mikrodidaktisches Handeln in der Erwachsenenbildung umfassen. Die konkreten Handlungen, die sich daraus ergeben, sind jeweils mit Aufzählungspunkten genannt.

Aufgabenfelder	**Tätigkeiten**
Leitung und Management	Organisation der Institution: • Zielformulierung für die Organisation • Finanz-/Ressourcenbeschaffung • Koordination der Arbeitsbereiche • Controlling • Personaleinsatz, -entwicklung • Fortbildungsplanung für das Personal • Repräsentation und Vertretung
Öffentlichkeitsarbeit	Entwicklung der »Corporate Identity«: • Marketing • Präsentation der Institution • Finanzmittelbeschaffung (Fundraising) • Presse- und Funk-/Fernseharbeit
Weiterbildungsbedarfs-analyse	Durchführung einer Bedarfserhebung: • Angebots- und Nachfrageorientierung • Bedarfsorientierung • Methoden der Bedarfserhebung • Qualifikationsanalysen • Potenzialanalysen
Programmplanung auf der Ebene der Anbieter	Programmvorbereitung: Planung und Organisation: • Adressaten- und Zielgruppenanalyse • Programmentwicklung • Angebotsplanung • Dozentenauswahl und -koordination • Veranstaltungsorganisation • Projektorganisation
Veranstaltungs-/ Kursplanung	Themenauswahl: • Festlegung von Lernzielen • Festlegung von Lernsequenzen • Erstellung oder Auswahl von Materialien und Medien • Festlegung der Methoden
Durchführung/Unterrichten	Durchführen von Lehr-Lern-Prozessen: • Teilnehmerbezug • Inhaltsbezug/Problembezug • Methodenwahl • Medieneinsatz • Durchführung der Lehre • Umgang mit Gruppenprozessen

Aufgabenfelder	Tätigkeiten
Qualitätssicherung	Auswahl des Qualitätsmanagementsystems: • Management des Qualitätsprozesses • Organisation der Akkreditierung • Management der Re-Akkreditierung
Evaluation	Festlegung des Evaluationsfelds und der Evaluationsinstrumente: • Festlegung des Evaluationsgegenstandes • Entwicklung von Fragestellungen • Festlegung geeigneter Evaluationsansätze: Selbst- oder Fremdevaluation, prozessorientiert oder summativ, qualitative oder quantitative Verfahren • Durchführung der Evaluation • Auswertung der Ergebnisse • Bewertung der Ergebnisse • Empfehlungen zur Verbesserung der Praxis
Transfersicherung	Festlegung der Transferziele: • Auswahl von Transferstrategien • Überprüfung der Inhalte auf ihren Transfergehalt • Integration von Transferelementen bereits in der Planung einer Veranstaltung • Teilnehmerorientierung • Verständigung über Lernfeld und Anwendungsfeld • Überprüfung des Transfererfolgs
Beratung	Entwicklung von Beratungsangeboten: • Arbeits- und Berufsberatung • Karriereberatung/-orientierung • Weiterbildungsberatung • Adressatenberatung • Lernereinstufung • Lernberatung • Lernbegleitung

Tab. 1: Dimensionen der makro- und mikrodidaktischen Tätigkeitsbereiche in der Erwachsenenbildung

Zusammenfassung

Aufgabe der Erwachsenenbildung als Teil des Gesamtbildungssystems ist es, *Bildungs- und Lernmöglichkeiten für Erwachsene* zu schaffen und zu nutzen. Seit dem Ende des Zweiten Weltkriegs (1939–1945) ist eine differenzierte Träger- und Einrichtungslandschaft entstanden, in der diese Lernprozesse durch professionell arbeitende Erwachsenenbildner/innen geplant, organisiert, durchgeführt und evaluiert werden. Inhaltlich beziehen sich Angebote der Erwachsenenbildung auf das zugängliche »Weltwissen«. Dieses wird in der Regel in die thematischen Bereiche allgemeine, politische, kulturelle, berufliche und wissenschaftliche Erwachsenenbildung eingeteilt.

2. Vermittlung als Unterstützung des Lernens – didaktische Perspektiven

Hauptaufgabe der Erwachsenenbildung ist es, Lernprozesse von Erwachsenen anzustoßen und zu fördern. Die Lernenden werden bei ihren vielfältigen Bemühungen unterstützt, sich persönlich weiterzuentwickeln, sich Wissen entsprechend ihren individuellen und beruflichen Interessen anzueignen und ihre gesellschaftliche, politische und berufliche Handlungsfähigkeit zu erweitern.

Diese Lernprozesse von Erwachsenen ereignen sich teilweise implizit oder während anderer Formen des Handelns wie Arbeiten, Spielen – oder dann, wenn sich Menschen ehrenamtlich in Vereinen oder Parteien engagieren, im Urlaub in anderen Ländern mit neuen Kulturen konfrontiert werden oder Tageszeitungen, Fachzeitschriften oder Bücher lesen. Diese Aneignung von Wissen und Fähigkeiten findet statt, ohne dass dazu Veranstaltungen, Kurse, Seminare oder Ähnliches besucht werden. Hierbei handelt es sich um informelles Lernen oder »Lernen *en passant*« (Reischmann 2004).

Diese Formen des Lernens zeichnet aus, dass sie sich eher indirekt durch die mit dem Lernprozess verbundenen Handlungen und durch die Interaktion mit anderen Personen ereignen. Die Lernaktivität liegt auf der Seite der Lernenden, und es gibt kein Gegenüber in der Person eines Lehrenden, der die Inhalte für den Vermittlungsprozess plant, auswählt, organisatorisch vorbereitet, methodisch präsentiert, in einem Interaktionsprozess vermittelt und nach dem Lernerfolg fragt.

2.1 Was ist Didaktik?

Lernen, das explizit zielgerichtet organisiert wird, steht im Mittelpunkt didaktischer Überlegungen und Zielsetzungen der Erwachsenenbildung: Didaktik bezieht sich primär auf absichtsvolle, geplante und organisierte Veranstaltungen des Lehrens und Lernens und geht von zwei Beteiligten oder Beteiligtengruppen aus: den *Lehrenden* auf der einen und den *Lernenden* auf der anderen Seite, die in einen vielschichtigen Interaktionsprozess eintreten. Die Aufgabe der Lehrenden ist es, einen Gegenstand so zu vermitteln, dass der aktive Aneignungsprozess der Lernenden unterstützt wird. Dies setzt die Planung verschiedener Schritte voraus, die vor, während und nach dem Vermittlungsprozess erfolgen.

Definition: Didaktik

- In einem weiten Sinne versteht man unter »Didaktik« die Wissenschaft vom Lehren und Lernen.
- Eine enge Definition begreift Didaktik als »Theorie des Unterrichts«. Bei dieser Definition wird davon ausgegangen, dass die Tätigkeit des Lehrens und Lernens bestimmt wird durch Strukturmomente des Unterrichts wie Intentionalität, Inhaltlichkeit, Methode, Organisation und Medienabhängigkeit (Kron 1993, S. 45). Diese Betrachtungsweise bezieht sich vor allem auf das Lernen in schulischen Zusammenhängen.
- Allgemeiner formuliert Hans-Dietrich Raapke: Für ihn umfasst der Begriff die »Ziele, Inhalte und Methoden des Lehrens und Lernens sowie deren Bedingungen und die Evaluation« (Raapke 1985, S. 18).

Entscheidend ist der Zusammenhang zwischen den Zielen, Inhalten, Methoden und den Bedingungen, die dem Vermittlungsprozess zugrunde liegen. Unter Bedingungen werden nicht nur die spezifischen Kontexte der Einrichtung (Zielsetzung, finanzielle Regelungen, Personalstruktur), in der eine Veranstaltung stattfindet, und die Veranstaltungsform (z. B. Seminar, Vortrag, Workshop, projektbezogenes Lernen) verstanden. Eine Rolle spielen auch die Zusammensetzung der Teilnehmenden, ihre Interessen, ihre Begründungen, sich einen bestimmten Lernstoff anzueignen, ihr Vorwissen und ihre Bildungs- und Lernerfahrungen (vgl. Kap. 5).

Raapke charakterisiert diese vielfachen Zusammenhänge und die Rolle, die Lehrende einnehmen, um die unterschiedlichen Interessen auszugleichen, indem er Didaktik als ›zwischen den Stühlen‹ beschreibt:

> »Didaktik gilt entweder als Expertenkönnen oder ein Talent, über das Leute mit viel Erfahrung in der Lehre wie selbstverständlich verfügen. Didaktik scheint immer etwas ›dazwischen‹ zu sein, zwischen Lehrenden und Lernenden, zwischen dem lernenden Subjekt und dem verobjektivierten Inhalt. Unter wissenschaftlichem Anspruch spricht man von der Didaktik gern als einer Vermittlungswissenschaft.«
> (Raapke 1985, S. 18)

Während Raapke dafür plädiert, »den Begriff Didaktik auf das organisierte Lehren und Lernen einzugrenzen, also auf das Lehren und Lernen in oder mithilfe eigens dafür geschaffener Institutionen mit einem gewissen Grad an Systematisierung und Kontinuität in den Zielen, Inhalten und Methoden dieses Lehrens und Lernens« (Raapke 1985, S. 18 f.), erscheint es heute sinnvoll, von einem weiteren Didaktikbegriff für die Erwachsenenbildung auszugehen.

Lernzusammenhänge in der Erwachsenenbildung beschränken sich nicht auf organisierte Unterrichtsprozesse. Vielmehr sind heterogene Strukturen, Zielsetzungen, Organisationsformen, Angebote und Lernende kennzeichnend. Lernen findet formal organisiert, medial vermittelt oder selbstorganisiert statt, es wird in diesem Zusammenhang auch von der »Entgrenzung« des Lernens gesprochen – eine Feststellung, die beschreibt, was Erwachsenenbildung seit Beginn auszeichnet: das Nebeneinander von selbstbestimmten, autodidaktischen, individuell gesteuerten Lernprozessen und institutionell eingebundenen, organisierten Lernformen.

Vor dem Hintergrund der vielfältigen Möglichkeiten des Lernens und seiner Beteiligten schlägt Karl-Heinz Flechsig vor, für die Erwachsenenbildung den Begriff »didaktisches Handeln« zu benutzen.

Auf den Punkt gebracht:
Erwachsenenbildung als didaktisches Handeln

- »*Zum einen* legt [der Begriff didaktisches Handeln], anders als beispielsweise ›Lehren‹, nicht fest, wer an der Organisation von Prozessen des Lehrens und der Wissensvermittlung im Einzelfall beteiligt ist und wer diese Prozesse trägt. Er umfasst somit ›heterodidaktisches‹ und ›autodidaktisches‹ Handeln.
- *Zum anderen* weist der Begriff ›didaktisches Handeln‹ darauf hin, dass es dabei nicht nur um unmittelbares Lernen und interpersonales Handeln geht, sondern auch um mittelbares und indirektes, z. B. die Gestaltung und Organisation von Lernorten, die Entwicklung von Lernmaterialien und Medien, die Einrichtung von Programmen und das Evaluieren und Zertifizieren von Kursen.
- *Drittens* stellt der Begriff den Tätigkeitsaspekt des Weiterlernens heraus, d. h. den Umstand, dass es handelnde Subjekte (›Lerner‹) sind, die letztlich darüber entscheiden, ob und in welchem Maße Lernen stattfindet. [...]
- *Viertens* schließlich stellt der Begriff des didaktischen Handelns eine gewisse Absicherung gegenüber einer rein individualistischen oder gar individualpsychologischen Betrachtung von Sachverhalten der Weiterbildung dar. [...]
- Allgemein gesprochen geht es bei didaktischem Handeln im Bereich der Weiterbildung darum, individuelle, kollektive und institutionelle Prozesse und Strukturen unter dem Gesichtspunkt zu analysieren, zu konzipieren und zu realisieren, die darauf ausgerichtet sind, Lernen und Lehren sowie Wissensüberlieferung und Wissensaneignung zu beeinflussen.« (Flechsig 1989, S. 4)

Zunächst wurde Didaktik für den Bereich der Schule als Handlungswissenschaft definiert, die unterscheidet zwischen allgemeiner Didaktik und besonderer oder spezieller Didaktik. Um die Eingebundenheit didaktischer Fragestellungen in den gesellschaftlich-historischen Wirklichkeitszusammenhang und damit ihre Veränderbarkeit anzuzeigen, entwickelte Wolfgang Klafki 1963 eine Ordnung der Didaktik nach Gegenstandsfeldern, die bis heute als gültig angesehen wird.

Auf den Punkt gebracht:
Die fünf Gegenstandsfelder der Didaktik nach Klafki

Didaktik kann sein
1. die Wissenschaft vom Lehren und Lernen,
2. die Theorie oder Wissenschaft vom Unterricht,
3. die Theorie der Bildungsinhalte,
4. die Theorie der Steuerung von Lernprozessen,
5. die Anwendung psychologischer Lehr- und Lerntheorien (Klafki 1963).

Besondere oder spezielle Didaktik kann sich beziehen auf Adressaten (Personen in verschiedenen Lebensphasen und Entwicklungsstufen oder differenziert nach Geschlecht, Milieuzugehörigkeit, ethnischer Herkunft), auf Institutionen (Schulen, Hochschulen, Betriebe, Erwachsenenbildungseinrichtungen) oder auch auf Fächer (hier sind vor allem Fachdidaktiken von Schulfächern gemeint).

2.1.1 Entwicklung didaktischer Ansätze in der Erwachsenenbildung

Eine Auseinandersetzung mit didaktischen Überlegungen und Ansätzen in der Erwachsenenbildung korrespondiert zeitlich mit den Anfängen ihrer Institutionalisierung in den ersten Dekaden des 20. Jahrhunderts.

Es lässt sich für die frühe Phase der deutschen Volksbildung feststellen, dass didaktische Begründungen des Lehr-Lern-Prozesses Faktoren berücksichtigten, die bis heute bestimmend sind:

- Prämissen didaktischen Handelns (Anthropologie, Psychologie, Sozialisation)
- gesellschafts- und bildungstheoretische Implikationen
- bildungspolitische und institutionelle Kontexte

Die Entwicklung didaktischer Konzepte ist jeweils geprägt vom wissenschaftlichen, gesellschaftlichen und (bildungs)politischen Zeitgeist und den damit verbundenen Interessen. So war für die Weimarer Zeit in der »Neuen Richtung« reformpädagogisches Denken bestimmend. Nach dem Zweiten Weltkrieg prägten *re-education*, Erfahrungen von Flüchtlingen sowie die geisteswissenschaftliche Pädagogik die didaktischen Ansätze der Erwachsenenbildung. Seit Mitte der 60er Jahre beeinflussten didaktische Überlegungen die Bildungsreform.

Weiterführende Literatur

Lehner, M. (1989): Didaktik und Weiterbildung. Zur historischen Rekonstruktion des didaktischen Denkens in der Erwachsenenbildung. Weinheim: Deutscher Studien Verlag.

Didaktische Ansätze der Erwachsenenbildung reagierten also jeweils auf bildungspolitische und wissenschaftliche Entwicklungen und Strömungen. Im Zusammenhang mit der Diskussion um Chancengleichheit im Bildungssystem in den 70er Jahren wurden beispielsweise Zielgruppenansätze diskutiert (vgl. Kap. 4.2).

Erkenntnisse der psychologischen Lernforschung (Behaviorismus, Kognitionstheorie, subjektwissenschaftliche Lerntheorie) wurden ebenso wie didaktische Ansätze der allgemeinen Erziehungswissenschaft (bildungstheoretische, curriculumtheoretische, identitätstheoretische Konzepte) rezipiert und adaptiert.

In den 70er Jahren wurden Ideen der Kommunikationstheorie (interaktionistische Ansätze), in den 80er und 90er Jahren Ideen der Philosophie (Deutungsmusteransatz, Konstruktivismus) aufgenommen. Vor dem Hintergrund der subjektwissenschaftlichen Lerntheorie von Klaus Holzkamp wurde die Vermittlungsperspektive der Didaktik hervorgehoben.

Weiterführende Literatur

Faulstich, P./Ludwig, J. (2004): Expansives Lernen. Baltmannsweiler: Schneider Hohengehren.

Die jeweiligen theoretischen Bezüge, Zielsetzungen und das Verständnis von Lehren und Lernen werden in ihren Dimensionen in der nachfolgenden Tabelle verdeutlicht.

	bildungstheoretisch-kritische Ansätze	**curriculumtheoretische Ansätze**	**identitätstheoretische Ansätze**	**konstruktivistische Ansätze**	**kritisch-pragmatistische Ansätze**
Menschenbild	entwickelte Persönlichkeit	Funktionen/ Rollen	Individualisierung	Kommunikationspartner	handlungsfähiges Subjekt
Gesellschaftsbild	Demokratie	Industriegesellschaft	Modernitätskrise	Erlebnisgesellschaft	Demokratie
theoretischer Bezug	Bildungstheorie/ Kritische Theorie	Kognitionstheorie	symbolischer Interaktionismus	Konstruktivismus	Kritische Psychologie/Kritische Theorie/Pragmatismus
Zielsetzungen	Aufklärung/ Bildung	gesellschaftliche Qualifikation	Biografizität	Kreativität	subjektiver Weltaufschluss
Lernen	Weltbegreifen: Verstehen der Dialektik von Theorie und Praxis	Training	Reflexion	Erleben	Aneignen
Lehren	Erschließen	Anleitung/ Vermittlung	Beobachten	Anregen/ Ermöglichen	Partizipation/ Kooperation/ Vermittlung

b.w.

Inhalte	gesellschaftliche Schlüsselfragen	Verwendungs-situationen	generative Themen	Soziokultur	subjektiv begründete Schlüsselfragen und ihr gesell-schaftlicher Bezug
Rolle der Lehren-den/Vermittelnden	Vermittelnde	Lehrende	Deutende	Ermöglichende	Vermittelnde

Tab. 2: Didaktische Ansätze in der Erwachsenenbildung (adaptiert und erweitert nach Siebert 2003, S. 88; Faulstich/Zeuner 2008, S. 50)

Die tabellarische Darstellung didaktischer Ansätze zeigt ihre Abhängigkeit von und Wechselwirkung mit bildungs- und gesellschaftspolitischen Entwicklungen, wissenschaftlichen Erkenntnissen, der Rezeption von Nachbarwissenschaften, den individuellen Interessen der Forschenden und des Personals sowie von gesellschaftlichen/bildungspolitischen Interessen, wobei verschiedene didaktische Ansätze/Konzepte/Modelle gleichzeitig existierten und existieren.

2.1.2 Dimensionen didaktischen Handelns in der Erwachsenenbildung

Didaktisches Handeln in der Erwachsenenbildung ist abhängig von der jeweiligen Verortung der didaktisch Handelnden. Als didaktische Handelnde sind hier sowohl Personen wie auch, im übertragenen Sinn, Träger und Einrichtungen gemeint. Denn es spielt durchaus eine Rolle, ob sich Lehrende einer wissenschaftstheoretischen Position zuordnen und daraus ihr didaktisches Handeln ableiten oder ob sie sich ausschließlich auf Erfahrungen und Alltagswissen über das Unterrichten beziehen. Gleichzeitig ist anzunehmen, dass die übergeordneten Zielsetzungen unterschiedlicher Träger wie z. B. Kirchen, Gewerkschaften, Parteien und politische Stiftungen, Arbeitgeberverbände usw. die Sichtweise auf Bildungs- und Lernprozesse und Inhalte mit beeinflussen.

Eine radikal-konstruktivistische Position zieht bestimmte inhaltliche und methodische Konsequenzen für die Planung einer Veranstaltung nach sich, eine kritisch-pragmatistische andere.

Im ersten Fall gehen Lehrende davon aus, dass die Inhalte von den Teilnehmenden festgelegt werden. Die Rolle der Lehrenden besteht vor allem darin, die Lernprozesse zu begleiten und Lernen zu ermöglichen, indem sie vielfältige inhaltliche und methodische Unterstützung anbieten.

Vor einem kritisch-pragmatistischen Hintergrund legen Lehrende Themenbereiche fest und gehen von subjektiven Interessen der Teilnehmenden aus. Sie sehen ihre Rolle als Vermittler von Wissen und gleichzeitig als Moderatoren der Lernprozesse der Teilnehmenden. Zielsetzung ist es, die Handlungsmöglichkeiten der Teilnehmenden zu erweitern, indem subjektive Aneignungsprozesse in vielfältiger Weise unterstützt werden. Die Bedingungen des Lernumfelds werden dabei ebenfalls zu Lerngegenständen.

Didaktisches Handeln in Einrichtungen wird ebenfalls durch theoretische Positionen und Vorannahmen bestimmt: So ist zu erwarten, dass die gleichen Inhalte von verschiedenen Einrichtungen jeweils sehr unterschiedlich angeboten und vermittelt werden, je nachdem, vor welchen Hintergrund sie handeln.

Reflexionen zu Kapitel 2.1

Überlegen Sie, wie eine Bildungsveranstaltung zum Thema »Klimawandel« inhaltlich begründet und geplant werden könnte …
… in einer evangelischen Akademie,
… in einem Schulungszentrum eines Automobilherstellers,
… bei einer Wochenendveranstaltung eines Naturschutzverbandes und
… in der Akademie einer liberalen Partei.

Unabhängig von ihrer theoretischen Verortung beziehen sich didaktische Ansätze vorrangig auf konstante Faktoren, die je nach theoretischer Ausrichtung und Zielsetzung unterschiedlich gewichtet werden: auf das Bildungsverständnis, auf gesellschaftliche und individuelle Bezüge und wissenschaftstheoretische Begründungszusammenhänge. Diese Faktoren dienen der Systematisierung und Einschätzung der Reichweite didaktischer Ansätze.

Bildungsverständnis

Ihrer Tradition nach ist Erwachsenenbildung in der Aufklärung verwurzelt. Lernen von Erwachsenen vollzog sich, historisch gesehen, immer mit dem Anspruch, einen Weg aus der »selbst verschuldeten Unmündigkeit« (Kant 1784) zu suchen und fehlendes Wissen und Können zu kompensieren, um sich selbst zu vervollkommnen (Röhrig 2009).

In der Weimarer Republik (1919–1933) und nach dem Zweiten Weltkrieg (1939–1945) wurde Erwachsenenbildung demokratietheoretisch begründet und daraus die Zielsetzung abgeleitet, dass die Menschen dazu befähigt werden müssten bzw. sich selbst befähigen sollten, in der Demokratie situationsgerecht zu handeln und sich an ihrer Gestaltung zu beteiligen.

In diesem Sinne verstehen sich bildungstheoretisch-kritische und auch subjektwissenschaftlich begründete didaktische Ansätze bis heute und begründen damit auch inhaltliche Festlegungen, die den Weg zu Bildung unterstützen. Die curriculumtheoretisch, identitätstheoretisch oder konstruktivistisch begründeten didaktischen Ansätze verzichten auf den umfassenden Anspruch an die Ausformung von Allgemeinbildung. Im Mittelpunkt steht stärker die Vorbereitung auf die Bewältigung von Handlungssituationen (im Sinne von Qualifikation) oder eher die Entwicklung von Subjektivität, wobei der Inhalt des Lernens vom Subjekt aus bestimmt wird (vgl. Faulstich/Zeuner 2008, S. 48 ff.).

Gesellschaftlicher/individueller Bezug

Der gesellschaftliche oder individuelle Bezug didaktischer Konzepte wird je nach wissenschaftstheoretischer Verortung des didaktischen Ansatzes unterschiedlich berücksichtigt. Entweder wird für die Ausarbeitung des Ansatzes eine kritische Analyse der gesellschaftlichen Rahmenbedingungen zugrunde gelegt, oder sie werden als gegeben und damit prinzipiell als kaum beeinflussbar und wenig veränderbar gesetzt.

Zu der ersten Variante sind diejenigen didaktischen Konzepte zu rechnen, die sich auf bildungstheoretisch-kritische Ansätze beziehen. Gesellschaftliche Verhältnisse werden für didaktische Konzepte als Bedingungshintergrund relevant. Mit anderen Worten: Die Analyse gesellschaftlicher Bedingungen kann jeweils spezifische Ausformungen eines Bildungssystems begründen und erklären.

Konstruktivistische Ansätze sehen das gesellschaftliche Umfeld dagegen nicht als objektiv erfahrbar an, sondern als jeweils subjektiv konstruiert. Es wird in der Regel nicht als Bestandteil des Lernens berücksichtigt. Lerntheoretische didaktische Ansätze betrachten das Lernen als Prozess; im Vordergrund des Interesses steht die Optimierung von Lernprozessen. Identitätstheoretische Ansätze konzentrieren sich auf individuelle Entwicklung und die Verbesserung individueller Reflexionsfähigkeit. Gesellschaftliche Bezüge werden zu den lernenden Personen in Beziehung gesetzt, soweit sie sie beeinflussen, aber weniger als Lerngegenstände betrachtet.

Theoretische Bezüge

Didaktische Ansätze in der Erwachsenenbildung beziehen sich aus unterschiedlichen Gründen auf erziehungs- oder sozialwissenschaftliche Theorien:

- *Erstens*, weil der Bezug auf Theorien die Lehr- und Handlungsziele didaktischer Ansätze begründet, die so über ein Alltagsverständnis hinausgehen.
- *Zweitens* kann der Bezug auf Theorien zu einer kritischen Auseinandersetzung mit der Frage führen, inwiefern didaktische Ansätze und damit Lehr-Lern-Prozesse im Zusammenhang von gesellschaftlichen und bildungspolitischen Interessen und Problemlagen instrumentalisiert werden.

- *Drittens* legitimiert der Bezug auf Theorien professionelles didaktisches Handeln von Erwachsenenbildern in Institutionen und kann zu einer kritischen Auseinandersetzung mit kurzfristigen didaktischen und methodischen Moden führen (vgl. Nolda 2008; Siebert 2004a; Faulstich 2003; Dewe/Frank/Huge 1988).

2.2 Die Rolle der Didaktik im Planungshandeln

Bereits im ersten Kapitel haben wir auf den Handlungszyklus hingewiesen, der in einer wiederkehrenden Abfolge die Bedarfserhebung und -entwicklung an den Beginn von Planungen für Programme oder Angebote in der Erwachsenenbildung stellt. Diesem folgen die Programmplanung (vgl. Kap. 4) und die konkrete Veranstaltungsplanung (vgl. Kap. 5), die Durchführung von Veranstaltungen (vgl. Kap. 6) und die Evaluation der Abläufe und Ergebnisse (vgl. Kap. 8) sowie der Transfer des Gelernten (vgl. Kap. 9).

Fragen der Didaktik liegen allen diesen Schritten zugrunde, indem sie auf verschiedenen Ebenen theoretisch das Handeln der Lehrenden begründet. Dieser Zyklus bezieht sich sowohl auf die Makro- als auch auf die Mikroebene didaktisches Handelns.

Diese Terminologie ist nicht ganz einheitlich: Während in der Didaktik als Makroebene zumeist die Ebene der Angebots- und Programmplanung einer Erwachsenenbildungseinrichtung bezeichnet wird und als Mikroebene das didaktische Handeln in Bezug auf die Planung und Durchführung konkreter Lehr-Lern-Prozesse benennt, werden bezogen auf das *gesamte* System der Erwachsenenbildung drei Ebenen unterschieden, wobei die Begriffe Makro- und Mikroebene erneut auftauchen. Sie sollen zukünftig so verwendet werden, wie im unten stehenden Kasten und in Abbildung 3 auf S. 37 ausgeführt.

Auf den Punkt gebracht:
Makro-, Meso- und Mikroebene

- *Makroebene:* Politiken, Ordnungspolitik, europäische Bildungspolitik; nationale Bildungspolitik, Bildungspolitik der Länder und Kommunen, rechtliche Regelungen, Finanzierung
- *Mesoebene:* Träger, Organisationen, Einrichtungen, Personen (professionell Handelnde und Teilnehmende)
- *Mikroebene:* Planung von Bildungsmaßnahmen/Lernprozessen auf Einrichtungsebene und die Durchführung von Veranstaltungen (didaktisches Handeln)

Programmplanungshandeln ist demnach in einen weiteren Kontext eingebettet. Übergeordnet und für die Bedingungen der Erwachsenenbildung prägend sind die gesellschaftlichen Rahmenbedingungen. Sie beeinflussen die rechtliche Einbindung der Erwachsenenbildung, ihre Finanzierung, die Ausbildung von Erwachsenenbildner/innen und den Weiterbildungsmarkt grundlegend.

Der institutionelle Kontext wird bestimmt über die Träger und die von ihnen getragenen Einrichtungen. Gleichzeitig existieren aber auch marktförmig ausgerichtete Einrichtungen oder Institute (z. B. Sprachschulen) oder betriebliche Weiterbildungsabteilungen, die ihre Arbeit an Unternehmenszielsetzungen orientieren. Unabhängig von der Art der Einrichtung wirken gesellschaftspolitische und ökonomische Entwicklungen auf die Zielsetzungen und Angebote. Didaktisches Handeln im engeren Sinn findet im Wesentlichen auf der Ebene der Einrichtungen statt.

Tietgens hat für seine Systematisierung didaktischer Handlungsebenen die von Flechsig/Haller in den 70er Jahren für die allgemeine Erziehungswissenschaft vorgeschlagene Einteilung mit Blick auf die Erwachsenenbildung modifiziert und adaptiert, sodass sie ihrem spezifischen Handlungsrahmen entspricht.

Auf den Punkt gebracht: Ebenen didaktischen Handelns in der Erwachsenenbildung

- gesellschaftliche Rahmenbedingungen
- institutionelle Rahmenbedingungen
- aufgabenspezifische Didaktik (Fachdidaktik)
- Veranstaltungsplanung/Programmplanung
- Unterrichtsgestaltung (Tietgens 1992, S. 13 ff.)

Die Zusammenhänge, die sich daraus für didaktisches Handeln in der Erwachsenenbildung ergeben, werden in Abbildung 3 verdeutlicht: Die makro- und mesodidaktischen Ebenen charakterisieren die übergeordneten Einflüsse, die auf das mikrodidaktische Handeln einwirken. Die in der Erwachsenenbildung tätigen Personen, unabhängig davon, ob sie hauptberuflich arbeiten oder in einem anderen Beschäftigungsverhältnis stehen, müssen die Rahmenbedingungen berücksichtigen, die sich daraus ergeben. Denn sie bestimmen, welche Adressaten und Zielgruppen eine Einrichtung anspricht, ob eher angebots- oder nachfrageorientiert gearbeitet wird, welche methodischen Zugänge sinnvoll sind, welcher Medieneinsatz möglich ist.

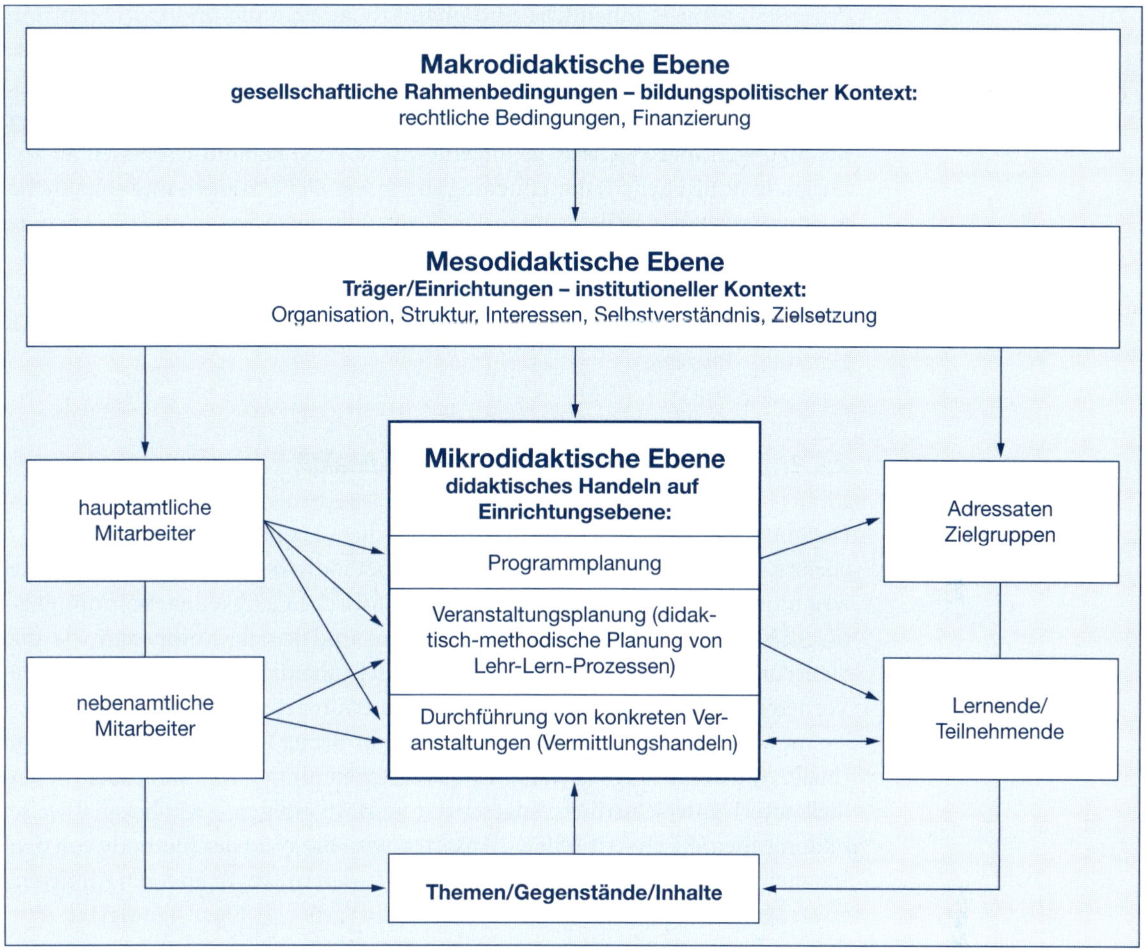

Abb. 3: Didaktisches Handeln im gesellschaftlichen und institutionellen Kontext (vgl. Zeuner 2004, S. 14)

2.2.1 Didaktisches Handeln auf Einrichtungsebene

Die in Abbildung 3 dargestellte mikrodidaktische Ebene meint das didaktische Handeln auf der Ebene der Einrichtungen von Erwachsenenbildung. Hierbei sind zwei Dimensionen/Handlungsbereiche zu unterscheiden: Zunächst einmal gibt es die Dimension der Programmplanung, die sich auf die zusammenhängenden Prozesse von der Analyse des Bildungsbedarfs über die Angebotsplanung und die Durchführung der Angebote bis zu ihrer Evaluation bezieht. Dieser Handlungsbereich wird in der Regel von hauptamtlichen Mitarbeiter/innen übernommen (vgl. Kap. 4). Zum anderen beinhaltet die mikrodidaktische Ebene die Dimension der didaktisch-methodischen Gestaltung von Lehr-Lern-

Prozessen, also die inhaltliche und methodische Planung und Durchführung konkreter Veranstaltungen. Diesen Handlungsbereich füllen alle Personen aus, die in Lehr-Lern-Prozessen vermittelnd tätig sind (vgl. Kap. 5 und 6).

Die Dimensionen didaktischen Handelns sind modellhaft zu verstehen, um Bedingungen und Wechselwirkungen zwischen den Handlungsebenen aufzuzeigen. Institutionelle Rahmenbedingungen wie Zielsetzungen und inhaltliche Ausrichtung haben Bedeutung für die Veranstaltungsplanung und die Ansprache bestimmter Adressaten und Zielgruppen. Ziele der Institution korrespondieren mit den angebotenen Inhalten und beeinflussen die mikrodidaktische Planung auf der Ebene der inhaltlichen und methodischen Gestaltung des Lehr-Lern-Prozesses.

2.2.2 Didaktisches Handeln als Mikrodidaktik

Die mikrodidaktische Ebene des didaktischen Handelns auf Einrichtungsebene erfordert Kompetenzen, die über methodisch-didaktische Kenntnisse weit hinausgehen. Notwendig sind organisatorische Fähigkeiten, Kommunikationsfähigkeiten, Wahrnehmungsfähigkeiten und soziale Kompetenz, da die Steuerung des Lehr-Lern-Prozesses neben der inhaltlichen und methodischen Vorbereitung ein hohes Maß an Interaktion erfordert.

Im Mittelpunkt didaktischen Handelns in Bezug auf die Vermittlung von Inhalten steht die Frage nach dem angemessenen Einsatz von Methoden, deren Stellenwert unterschiedlich eingeschätzt wird. In einigen – wie beispielsweise bildungstheoretisch-kritischen – Ansätzen wird die Wahl der Methode von den Inhalten abhängig gemacht, die vermittelt werden sollen. In anderen Ansätzen, etwa lerntheoretischen, erhalten Methoden größere Eigenständigkeit. Die Reichweite unterschiedlicher methodischer Zugänge und Verfahren für die Vermittlung kann an dieser Stelle nicht diskutiert werden (vgl. dazu Kap. 6), vielmehr geht es um die prinzipielle Einschätzung der Sinnhaftigkeit des Methodeneinsatzes.

In der Erwachsenenbildung hat die Diskussion um »angemessene« Methoden, d. h. Methoden, die sowohl Inhalt und Lernziel als auch den Voraussetzungen der Teilnehmenden gerecht werden, eine lange Tradition. Bereits in den 20er Jahren zielten methodische Überlegungen in der Erwachsenenbildung primär darauf, die Selbsttätigkeit der Lernenden zu unterstützen (Zeuner 1998).

Lehr-Lern-Prozesse entstehen in einem Dreiecksverhältnis zwischen den Gegenständen/Inhalten, die gelernt werden sollen, den Lernenden und den Lehrenden, die eine Wechselwirkung eingehen. Eine zweite Ebene, die Lehr-Lern-Prozesse beeinflusst, ist das Verhältnis zwischen der Zielsetzung des Lehr-Lern-Prozesses, den angewandten Methoden und dem gesellschaftspolitischen und institutionellen Kontext.

Ein Unsicherheitsfaktor in der Planung von Lernprozessen in der Erwachsenenbildung sind die Lernenden selbst: Lehrende können im Rahmen der allgemeinen Erwachsenenbildung von einem inhaltlichen Interesse der Teilnehmenden ausgehen, da diese in der Regel aus eigenem Antrieb eine Veranstaltung besuchen. Trotzdem ist ihnen wenig bekannt über Vorwissen, Erwartungen und Lernerfahrungen der Teilnehmenden. Lerngruppen werden zufällig zusammengesetzt und sind damit zumeist heterogen. Das stellt Lehrende vor die Herausforderung, trotzdem teilnehmerorientiert, d. h. ausgehend von den Interessen der Teilnehmenden, die Inhalte didaktisch und methodisch so anzubieten, dass allen eine Aneignung möglich wird (vgl. Kap 5).

Problematischer werden mikrodidaktische Planungen, wenn Teilnehmende Veranstaltungen nicht freiwillig besuchen: Kursbesuche, die über die Agenturen für Arbeit angeordnet werden, oder auch die mehr oder weniger erzwungene Teilnahme an Veranstaltungen der betrieblichen Weiterbildung führen zu weitergehenden Problemen bis hin zu Lernwiderständen, die ebenfalls didaktisch-methodisch antizipiert und aufgefangen werden sollten (vgl. Kap. 5).

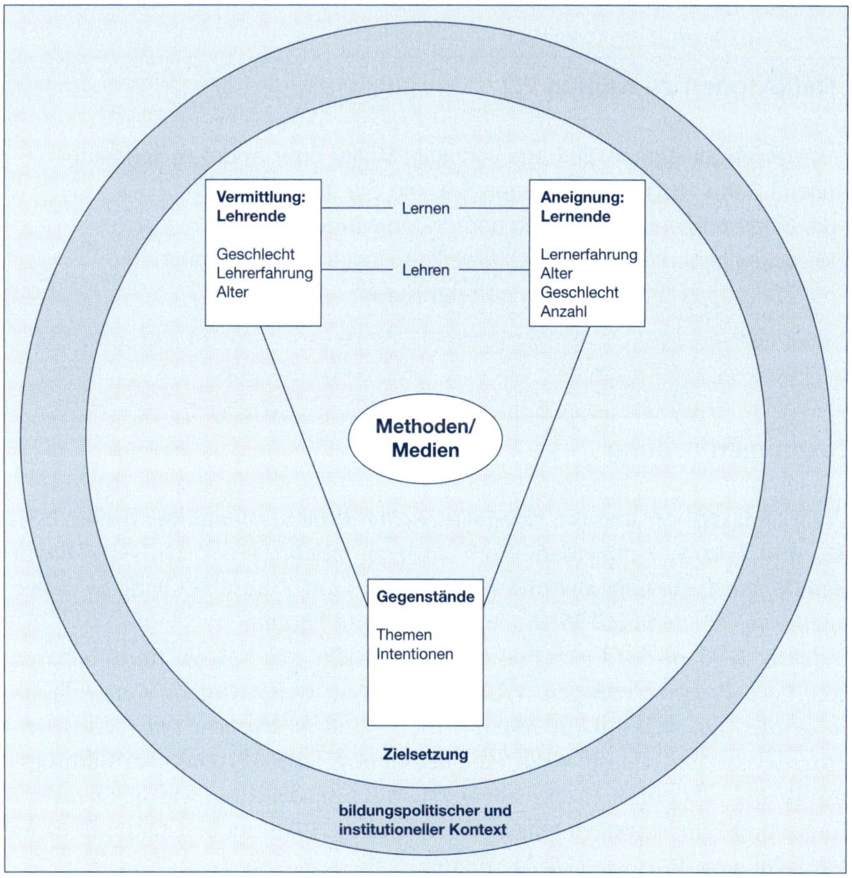

Abb. 4: Didaktisches Vermittlungs- und Aneignungsfeld

Für die verschiedenen Schritte des Lehr-Lern-Prozesses haben Fragen zur Didaktik und Methodik einen unterschiedlichen Stellenwert: Auf der Planungsebene eines Lehr-Lern-Prozesses stehen didaktische Überlegungen und Begründungen im Vordergrund. Auf der Ebene der Durchführung eines Lehr-Lern-Prozesses entscheiden angemessene Methoden über gelingendes Lernen, nicht didaktische Ansätze (vgl. Jank/Meyer 2008, S. 55 ff.).

Die Sinnhaftigkeit einer Methode steht in engem Zusammenhang mit der Zielsetzung des Vermittlungsprozesses: Geht es um reine Wissensvermittlung, kann ein Vortrag sinnvoll sein; geht es um die Anwendung eines Computerprogramms, ist selbsttätiges Arbeiten mit dem Programm für die Lernenden unerlässlich. Für die Einübung politischer Beteiligung ist die Vermittlung demokratischer Grundprinzipien und -kenntnisse zwar notwendig, aber nicht hinreichend, um politisches Verhalten zu üben. Es gilt also bei der Festlegung von Methoden darüber zu entscheiden, mit welchem Ziel welcher Inhalt vermittelt werden soll – insofern gibt es kaum richtige oder falsche Methoden, sondern nur einer Lernsituation angemessene oder unangemessene Methoden (vgl. Kap. 6).

Reflexionen zu Kapitel 2.2

Versetzen Sie sich in die Lage von Julia Müller oder Andreas Schneider (siehe Seite 18 f.) und überlegen Sie, wie Sie die Kurse, die beide anbieten, didaktisch begründen würden. Berücksichtigen Sie dabei den jeweiligen institutionellen Rahmen, die Zielgruppe und Zielsetzungen der Kurse.

Zusammenfassung

Unter Didaktik werden zum einen *wissenschaftliche Begründungen* für das Lehren und Lernen verstanden. Zum anderen zeichnet sich Didaktik durch *Handlungsorientierung* aus und klärt Fragen zum Zusammenhang zwischen Interessen, Themen und Methoden, Lehren und Lernen.

Didaktik wird in der Erwachsenenbildung nicht nur auf die unmittelbaren Lehr-Lern-Prozesse bezogen. Vielmehr wird ein weiter Begriff von Didaktik verwendet, der sich auf die *Makro-*, *Meso-* und *Mikroebene* von Lehr-Lern-Prozessen bezieht. Damit werden die Bedingungen des Lernens über Bildungspolitik und -ökonomie (Makroebene) ebenso berücksichtigt wie die Ebene der Träger und Einrichtungen (Mesoebene) und die Planung und Durchführung von Lehr-Lern-Prozessen (Mikroebene).

3. Weiterbildungsbedarf

Eine zielgerichtete Planung und Durchführung von Lernangeboten erfordert eine Klärung des Bedarfs, wie es im Handlungszyklus in Abbildung 2 (auf Seite 16) dargestellt ist. Bedarf wird als Zielgröße interpretiert, die eine Orientierung für Planungsprozesse in der Erwachsenenbildung geben soll. Statt unscharfer Angebotsspektren steht im Mittelpunkt der Planung eine Nachfragestruktur, die die Entwicklungsperspektiven eines Programms und damit auch Träger- und Einrichtungsprofile abbilden soll. Ziel der Einrichtungen ist es, den dominierenden Bezug auf Angebotsorientierung abzulösen. Dieser wird unterstellt, dass sie »Katalogmaßnahmen« verkaufen möchte, die an den Bedarfsstrukturen der »Praxis« vorbeigehen.

Es ist aber genauer zu fragen, was mit »Nachfrageorientierung« gemeint ist und welche Programmentwicklungsstrategien konzipiert werden können. Im Zentrum dieser Diskussion steht der übergreifende Begriff des Bedarfs, der sich an den Interessen der unterschiedlichen beteiligten Akteure orientiert.

3.1 Bedarf – ein problematischer Begriff

Der Bedarfsbegriff ist klärungsbedürftig. Zumeist wird suggeriert, Bedarf sei eine feste Größe, die direkt ermittelbar, bestimmbar und messbar sei. Damit wird von scheinbar sachlichen, vorgegebenen Anforderungsvorstellungen ausgegangen, die die Entwicklung von Konzepten zur Bedarfserhebung möglich machen. Zu bedenken ist aber, dass das politische System, das Bildungssystem und Weiterbildungswesen sowie Unternehmen keineswegs statisch sind. Das gilt auch für die Gesellschaft als Ganzes und ihre Teilbereiche. Da sich die politische, ökonomische und soziale Entwicklung in einer ständigen Dynamik befindet, ist zu fragen, wie die Erwachsenenbildung mit diesen Veränderungen umgehen kann.

Bei einer auf Reaktion beschränkten Handlungsweise würde sich die Erwachsenenbildung Gestaltungsmöglichkeit nehmen, indem sie ihre gesellschaftliche Rolle auf eine technizistische Perspektive verkürzte, in der nur auf Änderungen reagiert wird. Eine antizipative, offene Haltung gegenüber der Unübersichtlichkeit sozialer Trends, der Unsicherheit von Märkten und ihren Folgen für Unternehmen und Gesellschaft führt notwendigerweise dazu, dass die Erwachsenenbildung gesellschaftliche Entwicklungsperspektiven formuliert und durch Angebote unterstützt.

Bildungsbedarfe, ob aus der Perspektive von Erwachsenenbildungsträgern und -einrichtungen oder Unternehmen, müssen daher dynamisch, perspektivisch und personenorientiert bestimmt werden. Bedarfe ergeben sich immer nur aus spezifischen Problemen und in Bezug auf konkrete Akteure.

3.1.1 Begründungen und Dimensionen von Bildungsbedarf

Bildungsbedarf kann also nur bestimmt werden, wenn die beteiligten Akteure ihn erkennen und akzeptieren. Bedarf ist ein Konstrukt, das unter bestimmten Bedingungen auf verschiedenen Ebenen des Bildungssystems benannt werden kann.

In Unternehmen werden seit den 80er Jahren Fragen zur Analyse des Weiterbildungsbedarfs am intensivsten diskutiert. Da sich die wirtschaftliche Entwicklung unmittelbar auf die Unternehmen auswirkt, sahen und sehen sie sich häufig mit dem Problem konfrontiert, dass bedingt durch technologische Entwicklungen die Qualifikationsanforderungen an die Arbeitnehmer steigen.

Die Diskrepanz zwischen erforderlichen und tatsächlichen Fertigkeiten und Kenntnissen führt unter Umständen zu Produktionsproblemen oder wirtschaftlichen Einbußen. In diesem Zusammenhang wird häufig angenommen, dass eine gezielte Personalentwicklung die Probleme lösen kann. Aus der Diskrepanz zwischen geforderten Qualifikationen und betrieblichen Erwartungen wird ein sogenannter »Soll-Ist-Vergleich« abgeleitet, über den der Weiterbildungsbedarf definiert werden soll.

Beispiel Julia Müller:
Bedarfsplanung im Unternehmen

Julia Müller (siehe Seite 18 f.) argumentiert in der Abteilungsleitersitzung oft mit dem Hinweis auf den Unternehmenswandel und das Innovationspotenzial der betrieblichen Weiterbildung. Sie verweist auf Rekrutierungsprobleme für Gruppen von Fachkräften und auf die Notwendigkeit, diese im Unternehmen selbst zu qualifizieren. Daher hat sie darauf gedrängt, dass ein Personalmanagementsystem aufgebaut wurde, in dem die Kompetenzen des vorhandenen Personals erfasst werden.
Es gab allerdings erhebliche Probleme bei der Systematik und der Analyse des Potenzials der Beschäftigten. Von der Einführung des »Deutschen Qualifikationsrahmens« erhofft sie sich ein akzeptiertes Instrumentarium, das zumindest die Einheitlichkeit der Kompetenzerfassung verstärkt. Allerdings weiß sie selbst, dass die prognostische Tragfähigkeit solcher Verfahren beschränkt ist. Dennoch stärkt dies ihre Position in Finanzverhandlungen und klärt Entscheidungswege.

In der Erwachsenenbildungslandschaft werden auf der Träger-, vor allem aber auf der Einrichtungsebene Bildungsbedarfe erhoben. Oder sie werden aufgrund von Erfahrungen angenommen, um dann über gezieltes Programmplanungshandeln in Angebotsstrukturen übersetzt zu werden. Zielsetzung ist die Formulierung eines bedarfsorientierten Programms, das die Adressaten anspricht und damit den Fortbestand einer Einrichtung legitimiert und sichert (vgl. Gieseke 2008; vgl. Kap. 4).

Auf der Handlungsebene der Betriebe führen Personalentwicklungs- und/oder Weiterbildungsabteilungen übergeordnet Bedarfserhebungen durch. Es werden auch in Einzelabteilungen die Fachvorgesetzten damit beauftragt, den Bedarf an die organisierenden Abteilungen zu melden. Denkbar sind Bedarfserhebungen, die sich auf die Arbeitnehmer/innen als Einzelpersonen beziehen, auf bestimmte Zielgruppen wie Arbeitnehmer/innen mit einem spezifischen Aufgabenzuschnitt, auf Projektgruppen oder auf vollständige Abteilungen (vgl. Meier 2005).

Im Rahmen der Veranstaltungsplanung bzw. -durchführung in der Erwachsenenbildung sind unabhängig von Träger und Einrichtung Befragungen der Teilnehmenden möglich, die Aufschluss geben über ihre Interessen und Motive, Veranstaltungen zu besuchen. Daran kann ein Kursleiter/eine Dozentin die konkrete Planung orientieren.

In der betrieblichen Weiterbildung werden Bedarfsanalysen notwendig, die Aufschluss darüber geben, wann welche Weiterbildung eingesetzt werden kann, wenn sich die folgenden Probleme zeigen (vgl. Leiter u. a. 1982, S. 36 f.).

Auf den Punkt gebracht:
Indikatoren für Weiterbildungsbedarf

In Bezug auf die Mitarbeiter/innen:
- hohe bzw. steigende Abwesenheit (z. B. Erhöhung des Krankenstandes oder der Unfallquote)
- häufiger Personalwechsel
- niedriges bzw. sinkendes Leistungsniveau
- niedrige bzw. sinkende Produktion
- niedriges bzw. sinkendes Qualitätsniveau der Produkte

In Bezug auf die Produktion/die Produkte:
- Produktänderungen
- technische/technologische Veränderungen
- personelle Änderungen
- wirtschaftliche Änderungen
- Änderungen durch die Gesetzgebung
- politische Änderungen
- Standortwechsel

Es ist zu fragen, ob diese Probleme tatsächlich durch Weiterbildung gelöst werden können oder ob andere Maßnahmen wie Umstrukturierungen, Versetzungen oder neue Zielbestimmungen in Betrieben notwendig wären.

3.1.2 Bedarfsbegriffe

Ein sehr formaler Begriff versteht unter einer Bildungsbedarfsanalyse einen Soll-Ist-Abgleich zwischen erwarteten und tatsächlichen Qualifikationen, Kenntnissen und Fertigkeiten, die notwendig sind, um bestimmte Aufgaben durchzuführen.

Begriff: Weiterbildungsbedarf (I)

»Für die Ermittlung des Qualifizierungsbedarfs ist immer ein Vergleich von Soll und Ist erforderlich. Während das Ist die vorhandenen Qualifikationen der Mitarbeiter beschreibt, gibt das Soll die für eine effiziente Aufgabenerfüllung notwendigen Qualifikationen an. Die Differenz von Soll und Ist stellt den Weiterbildungsbedarf dar.«
(Bundesvereinigung der Deutschen Arbeitgeberverbände 1988, S. 13)

Eine solche Definition unterstellt, dass der »Soll-Wert« ohne Weiteres benannt werden kann, was aber in der Regel nicht der Fall ist. Sie folgt einem deterministischen Argumentationsmuster, das von einer logischen, linearen Ableitung der Faktoren Arbeitsplätze – Aufgaben – Anforderungen – Qualifikation – Lernen ausgeht.

Ein solches technizistisches Modell wird mit Sachzwängen begründet und blendet die Handlungsspielräume und Interessen aller Beteiligten ebenso aus wie die häufig auch von Unternehmensleitungen nur schwer zu beantwortende Frage unternehmerischer Zukunftsstrategien in Bezug auf Produkte und Märkte. In der betrieblichen Realität führen diese fehlenden Perspektiven häufig zu innovationsarmen Anpassungsstrategien.

Zwar können Qualifikationen zur Aufgabenerfüllung am Arbeitsplatz als Kern der Bedarfe unterstellt werden, aber alle Versuche, diese zu erfassen, führen zu erheblichen Schwierigkeiten, da das Verhältnis von Technik, Organisation und Personal bereits auf der Ebene einzelner Arbeitsplätze keineswegs festgelegt ist.

Die verschiedenen Variablen und die Interessen der beteiligten Personen werden in einer weitergehenden Definition von Herbert Grüner berücksichtigt, indem zwischen den individuellen Bedürfnissen und extern definiertem Bedarf unterschieden wird.

Begriff: Weiterbildungsbedarf (II)

»Unter betrieblichem Weiterbildungsbedarf soll [...] die Diskrepanz zwischen Ist und Soll im Verhalten bzw. der Leistung einer Person im Unternehmen verstanden werden, die durch ein Weiterbildungsgut aufgehoben werden könnte. Eine mögliche Diskrepanz ergibt sich durch den Vergleich des selbst erlebten/empfundenen Verhaltens bzw. der Leistung (Ist) zum gegenwärtigen Zeitpunkt und dem selbst gesetzten oder herangetragenen Soll des Verhaltens bzw. der Leistung des einzelnen zum gegenwärtigen oder einem zukünftigen Zeitpunkt. Die Objektausrichtung geschieht mit der Absicht, die Soll-Ist-Abweichung zu beseitigen.« (Grüner 2000, S. 106)

Die individuellen Bedürfnisse erklärt Grüner vor dem Hintergrund der von dem amerikanischen Psychologen Abraham Maslow (1908–1970) entwickelten – in ihrer Formalität durchaus problematischen – Bedürfnishierarchie und dem Motivationsmodell nach Heinz Heckhausen (1926–1988).

Maslow unterschied unter der Annahme, dass für jeden Menschen Daseinsbewältigung und Lebenserfüllung Ziel und Möglichkeit sein müssten, die fünf Bedürfnisstufen: physiologische Bedürfnisse, Sicherheitsbedürfnisse, soziale Bedürfnisse, das Bedürfnis nach Selbstachtung und das Bedürfnis nach Selbstverwirklichung (Grüner 2000, S. 94).

Heckhausen stellte ein Motivationsmodell vor, das individuelle Handlungen begründet. »Der Anreiz zum Handeln wird nicht durch das Ergebnis ausgelöst, sondern durch die Folgen der Handlung, die stets zielgerichtet ist. Situation, Handlung, Ergebnis und Folgen sind über subjektive Wahrscheinlichkeiten miteinander verknüpft. Die Folgen von Handlungsergebnissen stellen Anreize dar und gehen in die Selbst- und Fremdbewertung ein« (Grüner 2000, S. 95).

Bezogen auf die Frage, wann und warum Menschen bereit sind zu lernen und damit an Weiterbildung teilzunehmen, argumentiert Klaus Holzkamp (1927–1995), Begründer der Kritischen Psychologie, grundsätzlich: Menschen werden dann Lernprozesse initiieren, wenn sie Handlungsprobleme erfahren, die durch Lernen überwunden werden können (Holzkamp 1995). Die Begründungen für das Lernen werden also jeweils subjektiv erfahren und können daher auch nicht von außen »erzeugt« werden (vgl. Kap. 6).

Diese Einstellung gegenüber dem Lernen, ebenso wie die Frage der Erweiterung von Handlungsspielräumen und die Befriedigung individueller Bedürfnisse, spielen für das Individuum eine gewichtige Rolle und sollten bei der Frage nach dem Weiterbildungsbedarf nicht ausgeklammert werden.

3.2 Bedarf als Handlungsfeld in der Erwachsenenbildung

Implizit weist Grüners Definition damit auf das in Bedarfsanalyseerhebungen enthaltene Konfliktpotenzial hin: Der Abgleich zwischen Soll und Ist kann nicht über Kennzahlen oder Ähnliches erfasst werden. Vielmehr sind der Ausgangspunkt eher Defizitanalysen in Bezug auf die Qualifikationen der beteiligten Personen. Diese Perspektive ist erstens problematisch, weil die Diskrepanz zwischen Selbsteinschätzung und von außen gesetzten Erwartungen zu Widerständen führen kann. Zweitens ist zu fragen, auf welche Weise in einem scheinbar objektiv ermittelten Bedarf individuelle Weiterbildungsbedürfnisse der Beteiligten berücksichtigt werden.

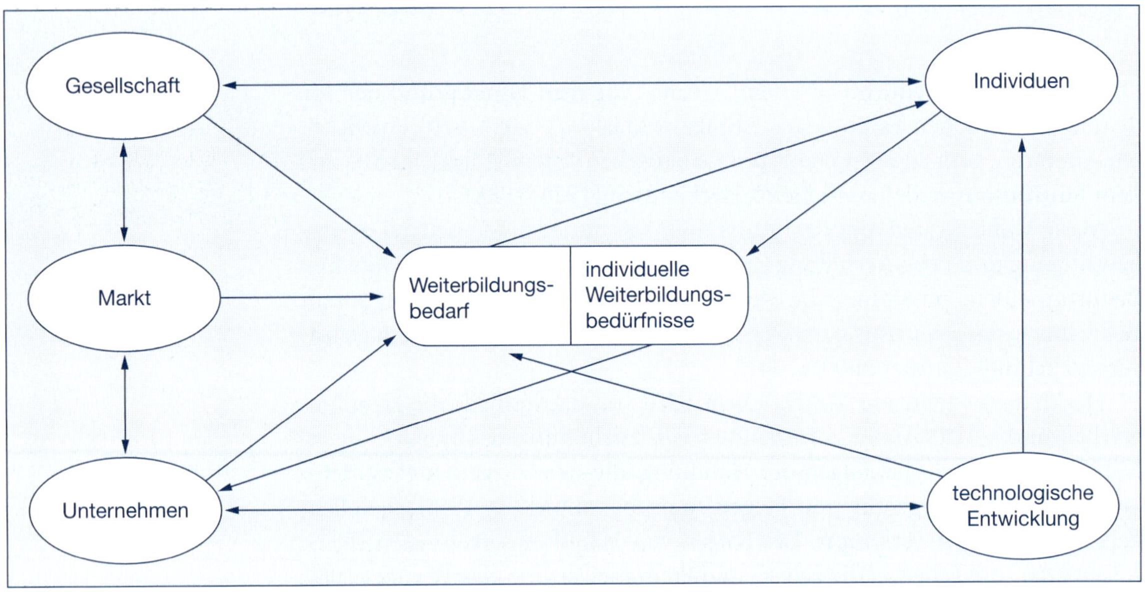

Abb. 5: Bestimmende Faktoren für Weiterbildungsbedarf/Weiterbildungsbedürfnisse

Ausgangspunkt einer betrieblichen Weiterbildungsbedarfsanalyse sind Überlegungen zum individuellen Sinn wie betrieblichen Nutzen der Weiterbildung. Dabei wird angenommen, dass berufliche Weiterbildung die Entfaltung individueller Anlagen der Beschäftigten unterstützt, ihre berufliche Entwicklung fördert und den Arbeitsplatz sichert. Weitergehende Interessen der Beschäftigten, die durch Weiterbildung gesichert werden können, beziehen sich auf:

- Konsummöglichkeiten
- Arbeitsplatzsicherung
- Erweiterung des Handlungsspielraumes
- Möglichkeiten des Aufstiegs
- Einkommenssteigerung
- persönliche Entfaltung
- Arbeitsplatz- und Berufswechsel
- Bewältigung der Arbeitsanforderungen

Für die Betriebe wird eine Investition in Weiterbildung als Wettbewerbs- und Standortvorteil gewertet, und es werden weitere Effekte erwartet:

- Gewinnsteigerung
- Bindung an Unternehmen
- Erweiterung des Handlungsspielraumes
- Arbeitsmarktunabhängigkeit
- Anpassung an neue Entwicklungen
- Kostensenkung
- Personaleffizienz und Flexibilität
- Mitarbeiterzufriedenheit
- Erschließung neuer Märkte

Über die Individuen und Betriebe hinaus lassen sich gesamtgesellschaftliche/öffentliche Interessen definieren, die durch Weiterbildung befriedigt werden können:

- Arbeitsmarktstabilität
- Einkommensausgleich
- Wirtschaftswachstum
- sozialer Friede

(Faulstich 1998, S. 107)

Auch wenn die Reichweite und Aussagekraft von Weiterbildungsbedarfsanalysen Grenzen hat, spielen sie in der betrieblichen Weiterbildung nach wie vor eine bedeutende Rolle. Dies zeigt sich in der auf die betriebliche Praxis zielenden Literatur, in der sich zahlreiche Beispiele für Bedarfsanalyseinstrumente finden.

Die technizistische Perspektive auf die Erhebung des Weiterbildungsbedarfs (Faulstich 1998; Husemann 1999) wird von Unternehmen und Institutionen hinterfragt, und es wird sehr viel stärker aus Sicht der Adressaten argumentiert. Dieser Perspektivwechsel spiegelt sich auch in den vorgeschlagenen Instrumenten, die partizipative Komponenten integrieren und so die Bedürfnisse der Adressaten von vornherein stärker berücksichtigen (z. B. Allespach 2005; Linderkamp u. a. 2007; Büchter 1999).

Diese Ansätze der Bedarfserhebung zielen auf eine *pragmatische Bedarfsentwicklung*, in der Bedarfe als Ergebnis gesellschaftlicher Kontexte und Perspektiven sowie betrieblicher und politischer Diskussionsprozesse und Aushandlungen begriffen werden, die sich nicht auf eine innerbetriebliche Ursache-Wirkung-Kette reduzieren lassen.

Werden in einem Bedarfsentwicklungsmodell Rahmenbedingungen und Spielräume berücksichtigt, ergeben sich durch Technik- und Organisationsentwicklung Prämissen für Bedarfe. Diese werden erst aufgrund von Aushandlungsprozessen konkretisiert, die von den Interessen der unterschiedlichen Akteure ausgehen.

Akteure der Bedarfsentwicklung sind: Adressaten, Bildungspersonal, Personalentwickler, Fachvorgesetzte, Management, Unternehmensleitungen, Förderer, Erwachsenenbildungsträger, Regionalpolitik, Gewerkschaften, Unter-

Weiterführende Literatur

Wöltje, J./Egenberger, U. (1996): Zukunftssicherung durch systematische Weiterbildung. München: Lexika (Kap. 4).

Meier, R. (2005): Praxis Weiterbildung. Personalentwicklung, Bedarfsanalyse, Seminarplanung, Seminarbetreuung, Transfersicherung, Qualitätssicherung, Bildungsmarketing, Bildungscontrolling. Offenbach: Gabal (Kap. 2).

Gieseke, W. (2008): Bedarfsorientierte Angebotsplanung in der Erwachsenenbildung. Bielefeld: W. Bertelsmann.

nehmensverbände und politische Instanzen. Es besteht also ein komplexes und kompliziertes Geflecht, in dem ausgehandelt wird, was als Bedarf festgelegt werden kann und soll.

Die Bedarfsfrage stellt sich auf verschiedenen Ebenen und mit unterschiedlicher Reichweite: Gesamtwirtschaft, Branchen, Region, Unternehmen, Betriebe und Arbeitsplätze. Es ergeben sich aufgrund fehlender Ableitbarkeit prinzipielle Kriteriendefizite bei der Kurs- und Programmplanung.

3.3 Methoden der Bedarfserhebung in der Weiterbildung

Im Folgenden geben wir einen Überblick über bekannte Ansätze und Instrumente zur Bedarfsanalyse und Bedarfsentwicklung im Hinblick auf ihren Ansatz, ihre Perspektiven, Zielsetzungen und Reichweite. Bei Methoden zur Bedarfserhebung wird zunächst zwischen direkten und indirekten Methoden unterschieden.

Als *direkte* Methoden gelten Versuche zur systematischen Erfassung von Informationen über den Qualifikationsbedarf, die mithilfe empirischer Verfahren durchgeführt werden.

Indirekte Methoden der Bedarfserfassung – einige von diesen werden nicht nur im Bereich der betrieblichen Weiterbildung eingesetzt, sondern auch von Erwachsenenbildungsträgern und -einrichtungen – interpretieren relevante Kontextinformationen.

Auf den Punkt gebracht:
Indirekte Methoden der Bedarfserfassung

- Beobachtung von Weiterbildungsangeboten der Konkurrenz
- Literaturrecherchen
- Gesetzes- und Verordnungsanalysen
- Expertenbefragung
- Medienanalysen
- Weiterbildungsberatung der Verbände
- berufsbezogene Anforderungsanalysen
- Analyse des internen/externen Weiterbildungsangebots
- Analyse der Arbeitsmarktlage

3.3.1 Instrumente zur Analyse vorhandener Kompetenzen

Instrumente der Kompetenzanalyse werden in der Regel in Unternehmen eingesetzt, um einen Überblick über die Fähigkeiten der Belegschaft zu gewinnen. Dabei ist zu unterscheiden zwischen *Qualifikationsanalysen* und *Potenzial-*

analysen. Während bei Qualifikationsanalysen die formal erworbenen und zertifizierten Qualifikationen und die am Arbeitsplatz angeeigneten Kompetenzen und Fähigkeiten erhoben werden, leitet die Potenzialanalyse Perspektiven für die Beschäftigten ab. Hier spielen die subjektiven Interessen und die Bildungs-, Lern und Entwicklungsbedürfnisse eine große Rolle. Die entsprechenden Instrumente beruhen in der Regel auf kommunikativen Methoden.

Grüner unterscheidet »Bedarfsursachen«. Es ist auch möglich, von unterschiedlichen Dimensionen oder Perspektiven zu sprechen: den Individuen, dem Unternehmen und der Umwelt. Für jede Perspektive sind unterschiedliche Analyse- bzw. Erhebungsverfahren sinnvoll, um Auskunft über Interessen und Bedürfnisse zu erhalten.

Individuum	**Unternehmen**	**Umwelt**
Biografie/Lebenslauf	Mitarbeiterleistungsbeurteilung	Betriebsvergleich
Einstellungs- und Klimatest	Assessment Center	Konkurrenzdatenvergleich
Mitarbeiterleistungsbeurteilung	Kennzahlenanalyse	Arbeitsmarktdatenauswertung
Betriebszugehörigkeitsfeststellung	Einstellungs- und Klimatests	Tarifvertrag
Personalbogenauswertung	Fehlerhäufigkeitsbestimmung	Gesetze/Verordnungen
Fehlerhäufigkeitsbestimmung	Führungshäufigkeitsbestimmung	Arbeitsplatzanalyse
	Führungsstilanalyse	
	Betriebsbegehung	
	Bedarfsmeldung	

Tab. 3: Methoden/Instrumente der Ist-Bestimmung nach Bedarfsursachen (Grüner 2000, S. 128)

3.3.2 Bestimmung von Kompetenzentwicklungsperspektiven

Die Erhebung zukünftiger Soll-Qualifikationen setzt voraus, dass Betriebe oder auch Einrichtungen der Weiterbildung Entwicklungsperspektiven formulieren können. Dies ist für Betriebe, deren mittel- und langfristige Unternehmensstrategien von schwer kalkulierbaren politischen und ökonomischen Entwicklungen abhängig sind, durchaus problematisch.

Sinnvoll ist es daher, antizipativ bestimmte Entwicklungen im Hinblick auf überschaubare Zeiträume strategisch zu planen, die unter Umständen auch eine gezielte Personalentwicklung einschließen. Erst so wird es möglich, Aufschluss über zukünftige Anforderungen für die Ausübung bestimmter Tätigkeiten zu erlangen. Genutzt werden dann eher instrumentelle Methoden.

Individuum	Unternehmen	Umwelt
Stellenbeschreibung	Stellenbeschreibungen	Expertenvorschau/Prognoseverfahren
Anforderungsprofil	Anforderungsprofile	
	Analyse der Planungsdaten	
	Analyse der Geschäftspolitik	
	Analyse der Unternehmensphilosophie	
	Leitbildauswertung	
	Führungsgrundsätze	
	Geschäftsstrategien	
	Organigramme	
	Expertenvorschau/ Prognoseverfahren	

Tab. 4: Methoden/Instrumente der Soll-Bestimmung nach Bedarfsursachen (Grüner 2000, S. 128)

Weiterführende Literatur

Gerhard, R. (1992): Bedarfsermittlung in der Weiterbildung: Beispiele und Erfahrungen; eine Handreichung. Baltmannsweiler: Schneider Hohengehren.

Diese Instrumente können, wenn sie entsprechend strukturiert werden, partizipative Anteile enthalten und die Perspektive der Beschäftigten stärker einbeziehen. Die so gewonnenen Informationen sind aber angesichts der Komplexität des Planungsproblems nie vollständig, sondern zielen auf erhöhte Rationalität von Weiterbildungsprogrammentscheidungen.

3.4 Partizipative Methoden der Bedarfserhebung

Mittlerweile haben Erfahrungen mit direkten, instrumentellen Konzepten zu einer Perspektivverschiebung bei Bedarfsklärungen geführt. Aufgrund empirischer Erhebungen setzte sich die Erkenntnis durch, dass Bedarfsanalysen eher in größeren als in kleineren Unternehmen durchgeführt werden und dass ihr Nutzen skeptisch beurteilt wird. Gründe hierfür scheinen zum einen fehlende methodische Kenntnisse zur Bedarfserhebung zu sein, zum anderen die Einseitigkeit mancher Instrumente, die die Interessen der verschiedenen Beteiligten zu wenig berücksichtigen.

Des Weiteren erkannten Gewerkschaften und Betriebsräte, dass Weiterbildung im Rahmen von Mitbestimmungsmöglichkeiten ein gestaltbares Politikfeld ist. In diesem Sinn wurden von Gewerkschaften Instrumente zur Bestimmung des Weiterbildungsbedarfs entwickelt, die mit partizipativen Methoden die Perspektive aller Beteiligten, vor allen Dingen die der Arbeitnehmer, integrieren (vgl. z. B. Allespach 2005).

Das vom Bundesministerium für Bildung und Forschung (BMBF) geförderte Forschungsnetz »FreQueNz« mit einem Instrumentarium zur Früherkennung von Qualifikationserfordernissen hat versucht, eine Kombination verschiedenster Verfahren vorzulegen und daran Bedarfsentwicklungen festzumachen (Bullinger 2006). »FreQueNz« kombiniert ein breites Instrumentarium von Partialanalysen.

Beispiel:
Früherkennung von Weiterbildungsbedarf mittels »FreQueNz«

- repräsentative Analysen der Qualifikationsnachfrage auf dem Arbeitsmarkt
- Analysen von Stellenanzeigen
- Inserentennachbefragungen
- Betriebsbefragungen
- Beobachtung von Trends und neuen Angeboten auf dem Weiterbildungsmarkt
- Erschließung des Expertenwissens von Beratern und Begleitern betrieblicher Veränderungen
- Früherkennung der Qualifikationsentwicklung in den Humandienstleistungen
- Beratungs- und Qualifizierungsprojekt LEA (Leben und Arbeiten)
- Früherkennung von neuen und/oder sich verändernden Qualifikationserfordernissen für benachteiligte Personengruppen
- arbeitsnahe Dauerbeobachtung der Qualifikationserfordernisse mit dem Ziel der Früherkennung von Veränderungen in der Arbeit und in den Betrieben
- Ermittlung von Trendqualifikationen als Basis zur Früherkennung von Qualifikationsentwicklungen
- branchenspezifisches Informationssystem zur betrieblichen Qualifikationsentwicklung unter Nutzung der Netzwerke der Wirtschaft
- Qualifikationserfordernisse in den Ländern der OECD: Ermittlung, Analysen und Implementierung

3.5 Weiterbildungsbedarf als Fiktion?

Vielfach bleiben aber entsprechende Ansätze noch immer dem technizistischen und instrumentellen Ableitungs- und Machbarkeitskonzept verhaftet. Eine personalorientierte Strategie der Weiterbildungsentwicklungsplanung setzt demgegenüber zunehmend auf kommunikative Methoden der Entwicklung des Weiterbildungsbedarfs. Dazu ist eine Reihe von Konzepten entwickelt worden, die partizipative Strategien ermöglichen. Die bekanntesten Modelle sind Werkstattzirkel, Qualitätszirkel, Lernwerkstatt, Beteiligungsgruppen und Bedarfsentwicklungszirkel. In solchen Konzepten kommunikativer Weiterbildungsentwicklung können Ziele der verschiedenen Akteure artikuliert und eingebracht werden.

In einem solchen erweiterten Kontext ist die »Nachfrageorientierung« als Entwicklungsstrategie unterkomplex. Sie greift nur eine der Bestimmungsgrößen möglicher Bedarfe auf und verabsolutiert diese. Dahinter steht häufig eine naive Vorstellung einer »Passgenauigkeit« zwischen Kompetenzerwerb und Arbeitsplatzeinsatz. Dies setzt normative Postulate, die empirisch prinzipiell nicht einlösbar sind. Vielmehr kommt es gerade darauf an, für die Weiterbildungsentwicklung eine relative Autonomie der Diskussion zu sichern, um ein Erstarren der Systeme zu verhindern.

Um sich überhaupt der Frage zu nähern, ob ein Problem über Weiterbildung der Mitarbeiter gelöst werden kann, sollten sich Vorgesetzte und Mitarbeiter zunächst mit grundlegenden, vielleicht teilweise auch relativ leicht zu beantwortenden Fragen systematisch auseinandersetzen. Wenn die Antworten darauf hinweisen, dass manche Probleme tatsächlich durch Weiterbildung gelöst werden können, sollten entsprechende Maßnahmen durchgeführt werden.

Auf den Punkt gebracht:
Checkliste Weiterbildungsbedarf

1. Was ist das Problem? Was klappt nicht oder nicht mehr?
2. Was ist die Perspektive?
   - Was soll anders werden?
   - Was soll erreicht werden?
   - Wie wichtig ist die Problemlösung?
3. Warum soll Weiterbildung helfen? Welche anderen Problemlösungsstrategien gibt es?
4. Wer soll weitergebildet werden?
   - Wer ist Adressat?
   - Wie groß ist die Zielgruppe?
5. Welche Ressourcen stehen zur Verfügung?
   - Wie viel Zeit wird beansprucht?
   - Wie hoch sind die Kosten
   - Wer trägt die Kosten?
6. Was sind Ziele und Inhalte?
7. Welche Methoden sind anwendbar?
8. Wie wird die Rückwirkung auf die Arbeitstätigkeiten sichergestellt?

Weiterbildungsbedarf ist also eine Konstruktion, die überhaupt erst wirksam wird, wenn die beteiligten Akteure ihn in Übereinstimmung definieren können und auch bereit sind, ihn anzuerkennen. Was nicht als Bedarf akzeptiert wird, ist auch keiner.

Reflexionen zu Kapitel 3

Versetzen Sie sich in die Situation von Julia Müller (s. o.), die zur Legitimation ihrer Abteilung einen Controlling-Bericht schreiben muss. Überlegen Sie, ob es für sie nützlich wäre, in dem Betrieb eine Weiterbildungsbedarfsanalyse durchzuführen.

- Welche Methoden und Ansätze würden sich eignen, um die Relevanz der eigenen Abteilung für das Unternehmen zu verdeutlichen und gleichzeitig tatsächlich zielgerichtete Weiterbildung anzubieten bzw. zu organisieren?

Mit welchen Methoden könnte Andreas Schneider (s. o.) herausfinden, ob das Programm des »Hauses der Bildung« tatsächlich den Bedürfnissen der Adressaten entspricht?

- Wie könnte er die Nachfrage erhöhen und gleichzeitig ein Angebot vorhalten, das dem Profil der beteiligten Einrichtungen entspricht?

Zusammenfassung

Die Frage, wie und ob Weiterbildungsbedarf analysiert, erhoben und entwickelt werden kann, wird kontrovers diskutiert.

In der *betrieblichen Weiterbildung* ist seit den 80er Jahren der Soll-Ist-Abgleich die Regel, also eine Analyse der notwendigen Qualifikationen der Arbeitskräfte im Vergleich zu ihren tatsächlichen Qualifikationen. Die Ergebnisse werden genutzt, um gezielt Personalentwicklung zu planen und zu realisieren. Dabei haben sich die Anforderungen an die Bedarfserhebung von einer Angebots- zu einer Nachfrageorientierung verschoben, bei der die Bedürfnisse und Interessen der Mitarbeiter/innen stärker berücksichtigt werden.

Auf der Ebene der *Träger und Einrichtungen der Erwachsenenbildung* gehört regelmäßige Bedarfsentwicklung mittlerweile ebenfalls zum Kreislauf didaktischen Planungshandelns. Hier ist der Bedarfsabgleich aber komplizierter, weil die Planung schwierig bestimmbare Größen wie gesellschaftliche und politische Entwicklungen, Adressaten und deren Bildungsinteressen einbeziehen muss und gleichzeitig eigene Zielsetzungen, Aufgaben und Interessen der Institutionen berücksichtigt werden sollen.

4. Programmplanung

Nachdem in den vorherigen Kapiteln Grundlagen der Didaktik und der Bedarfsanalyse thematisiert wurden, geht es im folgenden darum, den nächsten Schritt des Handlungszyklus vorzustellen (vgl. Abb. 2): die Programmplanung. Es bezieht sich vor allem auf die mesodidaktische Ebene von Weiterbildungseinrichtungen oder -abteilungen. Im Mittelpunkt steht die Frage, auf welche Weise Weiterbildungseinrichtungen oder Weiterbildungsabteilungen ihr Angebotsspektrum entwickeln und vorhalten und welche Programmprofile umgesetzt werden. Die möglichen Programmschwerpunkte beziehen sich auf die übergeordneten Zielsetzungen einer Einrichtung, ihren Bildungsauftrag und die Adressatengruppen.

Programmplanung in den Einrichtungen gewährleistet Vermittlungsleistungen, die themenorientiertes Lernen unterstützen und dessen methodische Durchführung vorbereiten. Programmplanung ist zu verstehen als Scharnier zwischen Bedarf, Interessen und Bildungsauftrag. Dabei bewegt sich Programmplanung im Spannungsverhältnis zwischen den Erwartungen der Adressaten als potenziell Teilnehmenden, dem Aufgabenverständnis der verantwortlichen Erwachsenenbildner/innen, den Anforderungen der Einrichtungen, der Träger (also der Geldgeber wie Städte, Gemeinden und Kommunen) und der Politik.

Beispiel Andreas Schneider und Julia Müller: Programmplanung

Für die Volkshochschule legt Andreas Schneider für jedes Semester einen Entwurf der Programmplanung vor, der auf Fortschreibungen erfolgreicher Kurse, Anregungen von Dozenten und Teilnehmenden und eigenen Beobachtungen von Entwicklungsmöglichkeiten beruht. Dieser Entwurf geht an den Beirat, der aus Vertretern der kommunalen Parteien, Dozenten und Teilnehmervertretern besteht. Einige Kursangebote sind Selbstläufer, wie z. B. Sprachen, bei anderen Veranstaltungen wird nachgefragt, ob sie ins Programm der VHS gehören, wie z. B. Musik und Sport. Einige sind regelmäßig umstritten, wie z. B. Kurse mit Anklängen an die Esoterik. Das verbindliche Programm entsteht aus dem Aushandlungsprozess der Beteiligten.
Julia Müller hat eine halbjährliche Programmplanungskonferenz etabliert, an der die Leiter/innen der Fachabteilungen mitwirken und der Betriebsrat zu beteiligen ist. Die Fachabteilungen beziehen sich auf technische und organisatorische Umstellungen

und zu erwartende Qualifikationsanforderungen, wie z. B. nach der Einführung eines neuen EDV-Systems.
Der Betriebsrat warnt vor zu enger Auslegung und betont die Notwendigkeit fachübergreifender Kompetenzen, auch um die Flexibilität des Unternehmens zu erhalten. Letztlich liegt die Programmentscheidung aber in der Hand der Personalverantwortlichen bzw. des Vorstandes.

4.1 Begründungen für Programmplanung

Programmplanung kann sich auf unterschiedliche Ebenen didaktischen Handelns beziehen. Wir werden uns auf Programmplanung auf Einrichtungsebene konzentrieren, Planung kann aber auch größere (Teil-)Bereiche des Bildungssystems betreffen. Beispiele dafür sind die Bildungsreformen in der Bundesrepublik Deutschland in den 70er Jahren oder der Bologna-Prozess in Bezug auf das Hochschulwesen seit der Jahrtausendwende.

Ein kurzer historischer Rückblick zeigt, dass Programmplanung in der Erwachsenenbildung seit ihren Anfängen als eine wichtige Aufgabe gilt. Ihr wurde mit der Veröffentlichung des Strukturplans für das Bildungswesen durch den Deutschen Bildungsrat 1970 erstmals besondere Aufmerksamkeit geschenkt, als die Idee entwickelt wurde, Erwachsenenbildung zur »vierten Säule« des Bildungssystems auszubauen. Die Planung bezog sich auf die Makroebene des Bildungssystems und hätte umfangreiche, über die Einrichtungen hinausgehende Planungsaktivitäten erfordert. Dafür wären strukturelle, rechtliche, finanzielle und organisatorische Vorgaben zum Ausbau der Weiterbildung erforderlich gewesen, die aber nicht erfolgten.

Die Weiterbildungsgesetze der Länder in den 70er Jahren legten Förderbestimmungen fest, die das Planungshandeln von Trägern und Einrichtungen beeinflussten, indem Vorleistungen in Bezug auf das hauptamtliche pädagogische Personal und eine landesweite Präsenz festgeschrieben wurden. Fördervorschriften können Organisationsveränderungen erzwingen, wenn z. B. die Einführung von Qualitätssicherungssystemen verlangt wird (vgl. Kap. 7). Diese beeinflussen das Selbstverständnis und das Selbstbild von Einrichtungen und damit in einem weiteren Schritt die Programmplanung (vgl. Höffer-Mehlmer 1999, S. 691).

In den 90er Jahren wurden die Einrichtungen mit dem Anspruch konfrontiert, sich »marktgerecht« zu verhalten. Dadurch veränderten Einrichtungen ebenfalls ihr Planungshandeln und führten Diskussionen um Angebots- oder Nachfrageorientierung. Dieser Perspektivwechsel erschwert die Programmplanung, da ökonomische Kriterien neben den bisher gültigen inhaltlichen und pädagogischen Kriterien an Gewicht gewonnen haben (vgl. Gieseke 2000, S. 30 f.).

Ein weiterer Aspekt, der für viele Bereiche der Erwachsenenbildung eine große Rolle spielt und Veränderungen hervorruft, ist die Forderung nach »lebenslangem« und »selbstgesteuertem« Lernen, die einhergeht mit Erwartungen an die Schaffung von Rahmenbedingungen für »Neue Lernkulturen« (Heuer 2003, S. 163).

Weitere politische Einflussnahme ergibt sich bei Trägern und Einrichtungen der berufsbezogenen Weiterbildung durch die Abhängigkeit von der Finanzierung über die Arbeitsgesetzgebung (Sozialgesetzbuch III seit dem 1. Januar 1998) oder über die Förderung durch Projektmittel von Bund, Ländern, des Europäischen Sozialfonds und des Europäischen Programms »Lebenslanges Lernen«. Teilprogramme wie »Leonardo da Vinci« für die berufliche Weiterbildung oder »Grundtvig« für die Erwachsenenbildung beeinflussen unter bestimmten Bedingungen ebenfalls die Programmplanung von Einrichtungen.

Programmplanung auf Einrichtungsebene kann charakterisiert werden als eine wiederkehrende, zirkuläre Tätigkeit, die folgende Schritte beinhaltet: Auswertung von Angebotsvergleichen und Teilnehmerstatistiken, didaktische Lebensweltanalysen, Beratungskontakte als Planungsressourcen, Übernahme curricularer Planungsinstrumente, Zielgruppenentwicklung (Arnold/Wiegerling 1983, S. 34). Planung beruht auf Strategien der Handelnden, die unterschiedlich sein können und durch kommunikative Prozesse entstehen. Ziel von Programmplanung ist es in jedem Fall, ein Angebot zu schaffen, das den Bedarfen der Adressaten und Zielgruppen einer Einrichtung entspricht.

Auf den Punkt gebracht: Planung als subjektiver Prozess

»Planungen sind keine technischen Vorgänge, sondern interpretative, kommunikative Prozesse. Sie sind durch den Filter von Interessen, Nachfragen, Gewohnheiten, neu in die Öffentlichkeit gespültem Wissen, durch neue Techniken, die auf den Markt drängen, und durch jeweils tendenzweise Verhaltenserwartungen geprägt.« (Gieseke 2008, S. 47)

Programmplanung stellt hohe Anforderungen: Die Planenden müssen neue Ideen entwickeln, ein Gefühl für Trends haben, den »Markt« und die »Konkurrenz« kennen und daraus abgeleitete Indikatoren in Planungsperspektiven umwandeln. Die externen Faktoren werden ergänzt durch interne, auf die Einrichtung bezogene, also auf die Frage des Bildungsauftrags, des Inhaltsbezugs, der Adressaten und Zielgruppen. Programmplanungshandeln vollzieht sich im Rahmen und in Bezug auf bestimmte Einrichtungen, deren Profile und Schwerpunkte gewahrt bleiben müssen.

Programmplanungshandeln ist damit keine autonome Handlung, sondern vollzieht sich im Kontext institutioneller Rahmenbedingungen. Besondere Bedeutung kommt der Kommunikation mit den Kursleiter/innen und anderen Institutionen sowie Abstimmungsprozessen nach außen zu – von Wiltrud Gieseke als »Angleichungshandeln« charakterisiert.

Auf den Punkt gebracht: Programmplanung im sozialen Kontext

»Das Programm von Weiterbildungsinstitutionen ist somit Ausdruck der jeweiligen Zeit und ihrer Wissenstransformation und -bedürfnisse, gebrochen durch gesellschaftliche Machtverhältnisse. Die Individuen können diese Prozesse durch konsequente Nachfrage mitsteuern. Programme entstehen also nicht im ›luftleeren Raum‹. Die Programmplanung zielt mit der Erkundung von Bedürfnissen und Bedarf auf Akzeptanz in der Region. Kommunikative Aushandlungsprozesse im Sinne von Angleichungshandeln machen zeitbezogene bedarfs- und bedürfnisgerechte Reaktionen möglich. Diese Reaktionsfähigkeit macht die besondere Planungsqualität von Weiterbildungsinstitutionen aus. Sie sind im positiven Sinn Seismografen, um mit Bildung auf aktuelle Herausforderungen zu reagieren.« (Gieseke 2003, S. 203)

Programmplanungshandeln muss differenzierte Interessen berücksichtigen, die sich in den Bedürfnissen der verschiedenen Akteure widerspiegeln. Während die bildungspolitische Ebene (also gesetzliche Regelungen, regionale und/oder kommunale Vorgaben), die Erwartungen der Bundesagentur für Arbeit (die einen großen Teil der berufsbezogenen Weiterbildung fördert) und auch die Ebene der Trägererwartungen und -vorgaben aufgrund ihrer Vielfalt nicht generell einschätzbar und damit nicht differenziert darstellbar sind, ist es möglich, generalisierende Aussagen zu der »anderen Seite« der Akteure zu machen: zu den Adressaten und Zielgruppen als zukünftigen Teilnehmerinnen und Teilnehmern.

4.2 Adressaten und Zielgruppen der Erwachsenenbildung als Grundlage des Programmplanungshandelns

Die Frage, wer Interesse hat, an Erwachsenenbildungsveranstaltungen teilzunehmen, beschäftigt die dort Tätigen, seit die Erwachsenenbildung in den 20er Jahren in größerem Umfang institutionalisiert wurde. Da die Erwachsenenbildung im Gegensatz zum Schul-, Ausbildungs- und Hochschulwesen nicht mit festen inhaltlichen Vorgaben arbeitet und ihr die Teilnehmenden nicht zugewiesen werden, ist die Frage, wer aus welchen Gründen und Interessen Erwachsenenbildungsveranstaltungen besucht, außerordentlich bedeutsam (vgl. Schiersmann 1999). Denn welche Adressaten, Zielgruppen und Teilnehmende angesprochen werden, hat unmittelbare Auswirkungen auf die Programmplanung und damit auch auf die inhaltliche und wirtschaftliche Legitimation einer Einrichtung.

Adressaten, Zielgruppen und Teilnehmende sind Gruppen, denen vor dem Hintergrund von inhaltlichen Zielsetzungen einer Einrichtung, Bedarfserhebungen, Befragungen und Erfahrungen bestimmte Eigenschaften zugeschrieben werden. Ausgehend vom gedanklichen Konstrukt einer bestimmten Gruppe werden Angebote entwickelt.

- *Adressaten* sind eine zunächst unspezifische Gruppe, die eine Einrichtung mit ihrem Programm ansprechen möchte. Die Einrichtung geht davon aus, dass ihr inhaltliches Profil und das Angebot, das sich daraus ergibt, die Interessen von Personenkreisen treffen, die dann an Veranstaltungen teilnehmen. In diesem Fall wird das Programm angebotsorientiert gestaltet. Möglich ist auch, dass eine Einrichtung über Erhebungen die Bildungsbedürfnisse oder inhaltlichen Interessen von Personengruppen bestimmt hat und als Folge ihr Programm nachfrageorientiert zusammenstellt.
- *Zielgruppen* wurden unter verschiedenen Aspekten definiert: Schiersmann unterscheidet einen lernpsychologischen Ansatz, einen bildungs- und sozialpolitischen Ansatz und eine politisch akzentuierte Zielsetzung (Schiersmann 1999, S. 558 f.).
- *Teilnehmende* in der Erwachsenenbildung sind diejenigen, die in Veranstaltungen präsent sind. Sie sind im Rahmen des erwachsenenbildnerischen Planungshandelns auf der Ebene der Veranstaltungsplanung relevant (vgl. Kap. 5).

Vertiefung

Zielgruppen-Ansatz nach Schiersmann

Mehr zum Thema „Zielgruppen-Ansatz« finden Sie im Download-Bereich.

4.2.1 Teilnahmeverhalten

Erhebungen zur Teilnahme an Weiterbildung zeigen, dass bis heute in der Weiterbildung Selektionsmechanismen wirken. Mit der Ausnahme des gestiegenen Anteils von Frauen, die in vielen Bereichen häufiger teilnehmen als Männer, hat sich das Teilnahmeverhalten nicht sehr verändert.

Regelmäßige Erhebungen zum Teilnahmeverhalten in der Weiterbildung wurden in Deutschland im »Berichtssystem Weiterbildung« bis 2006 veröffentlicht (Kuwan u. a. 2006), seitdem werden einige Daten im nationalen Bildungsbericht veröffentlicht (vgl. Autorengruppe Bildungsberichterstattung 2008) und seit 2008 im Rahmen einer europäischen statistischen Erfassung im »Adult Education Survey« (Rosenbladt/Bilger 2008).

Die Daten des Berichtssystems Weiterbildung, die von 1979 bis 2003 im dreijährigen Turnus zur Weiterbildungsteilnahme der erwachsenen Bevölkerung (19 bis 64 Jahre) erhoben wurden, beruhen auf einer repräsentativen Stichprobe der Bevölkerung, in der etwa 7.000 Personen schriftlich, 2.003 durch Interviews befragt wurden (Kuwan u. a. 2006, S. 14). Alle Untersuchungen hatten das Ziel, differenzierte Aussagen zur Weiterbildungsbeteiligung der Bevölkerung zu erhalten.

Die Ergebnisse zeigen einige Trends bei der Weiterbildungsteilnahme, die sich nicht wesentlich verändert haben – obwohl sich die Teilnahmequote von 1979 (23 Prozent) bis 1997 (48 Prozent) insgesamt stetig erhöhte. Danach ging die Teilnahmequote wieder zurück und verharrt seitdem bei etwas mehr als 40 Prozent aller Erwachsenen.

Trotz einer höheren Teilnahmequote in den 90er Jahren im Vergleich zu den 80er Jahren lassen sich bis heute Tendenzen nachweisen, die auch als »doppelte Selektivität« der Weiterbildung charakterisiert werden. Personen mit höheren Bildungsabschlüssen nehmen häufiger an Weiterbildung teil als Personen aus bildungsfernen Schichten. Diese werden also, obwohl sie bereits benachteiligt sind, noch weiter benachteiligt (Faulstich 1981, S. 69 ff.).

Als Faktoren in Bezug auf Selektionsmechanismen, die sich im Laufe der Jahre auch nicht wesentlich verändert haben, können definiert werden:

- *demografische Faktoren:* Jüngere Personen nehmen häufiger an Weiterbildungsmaßnahmen teil als Ältere (Kuwan u. a. 2006, S. 90).
- *Bildungsstand:* Je höher schulische Vorbildung und berufliche Qualifikation sind, desto wahrscheinlicher ist die Teilnahme (Kuwan u. a. 2006, S. 105).
- *Berufliche Qualifikation:* Personen mit Hochschulabschluss oder Meister- bzw. Fachschulabschlüssen nehmen häufiger an Weiterbildung teil als Personen ohne Berufsausbildung oder mit einer abgeschlossenen Lehre oder einem Berufsfachschulabschluss (Kuwan u. a. 2006, S. 110).
- *Berufliche Position:* Leitende Angestellte und höhere Beamte nehmen häufiger teil als ausführende Angestellte und Beamte des einfachen, mittleren und gehobenen Dienstes und Arbeiter (Kuwan u. a. 2006, S. 84).
- *Betriebsgröße:* Je größer der Betrieb, desto größer das Weiterbildungsangebot (Kuwan u. a. 2006, S. 182).
- *Erwerbstätigkeit:* Nichterwerbstätige und Arbeitslose nehmen seltener teil als Berufstätige (Kuwan u. a. 2006, S. 73).
- *Geschlecht und Weiterbildung:* Frauen nahmen 2003 insgesamt etwas seltener an Weiterbildung teil als Männer (40 Prozent zu 42 Prozent). In der allgemeinen Weiterbildung liegt ein Verhältnis von 27 Prozent (Frauen) und 24 Prozent (Männer) bei der Teilnahme vor. In der beruflichen Weiterbildung verändert sich dieses Verhältnis von 24 Prozent zu 28 Prozent. Betrachtet man allerdings vollerwerbstätige Männer und Frauen gesondert, dann zeigt sich, dass Frauen zu 35 Prozent, Männer zu 34 Prozent an beruflicher Weiterbildung teilnehmen (Kuwan u. a. 2006, S. 121).

Weitere Faktoren, die ebenfalls Selektionstendenzen in der Weiterbildung bestärken, sind beispielsweise der ethnische Hintergrund, der Wohnort (der das erreichbare Angebot bestimmt), die bildungspolitischen Rahmenbedingungen des jeweiligen Landes oder der Region, also strukturelle Bedingungen (Rosenbladt/Bilger 2008, Kap. 8).

4.2.2 Zielgruppen

Die Ansprache bestimmter Zielgruppen und ihre Berücksichtigung in der Programmplanung gehen aus vom tatsächlichen oder auch zugeschriebenen Bildungsbedarf und von den Interessen dieser Gruppen. Schwierig ist es, im Rahmen des Programmplanungshandelns die wirklichen Interessen bestimmter Zielgruppen zu erfragen. Spezielle Angebote ergeben sich in der Regel aus dem Angebotsprofil einer Einrichtung oder weil sich Einrichtungen für öffentlich finanzierte Maßnahmen bewerben.

Die Debatte um Chancengleichheit im Bildungssystem und die Bildungsreformen in den 70er Jahren lenkten die Aufmerksamkeit verstärkt auf bestimmte Bevölkerungsgruppen, die durch das Schul- und Ausbildungssystem benachteiligt wurden. Bis heute wird der Erwachsenenbildung unter anderem eine Kompensationsfunktion zugeschrieben, um Defizite auszugleichen.

Problematisch war und ist, dass durch die Definition einer Zielgruppe diejenigen, die ihr zugeordnet werden, stigmatisiert werden. Der Versuch einer Einbeziehung bestimmter Gruppen hat zugleich ihre Ausgrenzung zur Folge und kann politisch instrumentalisiert werden. Trotzdem ist Zielgruppenorientierung als Programmplanungsprinzip generalisiert und zugleich entpolitisiert worden. Veranstaltungsprogramme wie »Englisch für Hausfrauen«, »EDV-Grundkenntnisse für Schichtarbeiter« oder »Gesunde Ernährung für Senioren« stellen nur noch ein Zerfallsprodukt der ursprünglichen Reformbestrebungen dar, weil die Idee der Entwicklung politischer Handlungsfähigkeit und Gestaltungsfähigkeit weitgehend aufgegeben wurde.

Zielgruppenorientierung als Planungsansatz in der Erwachsenenbildung wurde aber durchaus auch kritisch gesehen: »Der bildungs- und sozialpolitische Ansatz der Zielgruppenarbeit steht außerdem vor dem Dilemma, (ungewollt) mit der Zuschreibung von Defiziten arbeiten zu müssen. Die damit verbundenen Prozesse unbeabsichtigter Stigmatisierung wurden in den letzten Jahren zunehmend als problematisch erkannt« (Schiersmann 1999, S. 559).

Trotz dieser bekannten und auch reflektierten Probleme wurden und werden Zielgruppenansätze in der Erwachsenenbildung verfolgt, um bestimmte Gruppen überhaupt zu erreichen. Arbeiterschaft und untere Angestellte wurden in der Weimarer Republik erstmals als Zielgruppen der Volksbildung definiert. In der Nachkriegszeit bis in die 70er Jahre wurde ebenfalls versucht, sie vor allem durch die Volkshochschulen und die Arbeitsgemeinschaft »Arbeit und Leben« anzusprechen. Im Zuge der Diskussionen der Frauenbewegung um Gleichberechtigung in den 70er und 80er Jahren wurde die Bildung von Frauen in den Blick genommen.

Die veränderten ökonomischen Bedingungen der 70er und 80er Jahre führten zu einem Anwachsen der Arbeitslosenzahlen. Gleichzeitig wurde über das Arbeitsförderungsgesetz (in unterschiedlicher Form von 1969 bis 1998 gültig) die Bildung von Arbeitslosen gefördert.

Als Reaktion auf die positive wirtschaftliche Entwicklung in den 50er Jahren wurden in den 60er Jahren Gastarbeiter zunächst in den südeuropäischen Ländern, später im damaligen Jugoslawien und in der Türkei angeworben. In den 70er und 80er Jahren wurden im Rahmen der »Ausländerpädagogik« Sprachkurse angeboten. Seit der Verabschiedung des neuen Zuwanderungsgesetzes 2005 werden vermehrt Integrationskurse angeboten, die Sprachkurse und Kurse zur politischen Bildung umfassen.

Der demografische Wandel eröffnet seit einigen Jahren den Blick auf die Gruppe der Älteren, die vermehrt an Weiterbildung teilnehmen und für die – eine interessierte und zahlungskräftige »Kohorte« – spezielle Angebote entwickelt werden.

Eine weitere, sehr heterogene Zielgruppe wird seit ca. zehn Jahren unter dem Stichwort »Bildungsbenachteiligte« zusammengefasst. Zu dieser Gruppe werden u. a. Personen gerechnet, die nicht lesen und schreiben können. Für sie werden Grundbildungskurse angeboten. Hinzu kommen »Nichtteilnehmer«, die von Weiterbildungseinrichtungen überhaupt nicht erreicht werden (Brüning/Kuwan 2002).

Vertiefung

Zielgruppen von Erwachsenenbildung

Mehr zum Thema »Zielgruppen« finden Sie im Download-Bereich.

Reflexionen zu Kapitel 4.2

- Überlegen Sie, auf welche Weise Julia Müller in ihrem Betrieb Zielgruppen definieren könnte und wie sie diese ansprechen könnte.
- Welche Möglichkeiten gibt es für Andreas Schneider, neue Zielgruppen für das »Haus der Begegnung« anzusprechen?

4.3 Milieus, Sozialisation und Biografie

Mittlerweile wird versucht, die weiterbildungspolitisch intendierte Abgrenzung von Zielgruppen durch sozialwissenschaftliche Empirie und Theorie zu untermauern. Die wichtigste Herangehensweise der neueren Adressatenforschung ist der »Milieu-Ansatz«, der das Schichtenmodell abgelöst hat. Im Anschluss an die Theorie des französischen Soziologen Pierre Bourdieu (1930–2002) werden »soziale Milieus« identifiziert, die sich durch ähnliche gesellschaftliche Lagen und Lebensstile kennzeichnen lassen. Neben sozialen Faktoren werden bei der Zuordnung auch Mentalität und Alltagsästhetik berücksichtigt, wodurch sich eine im Verhältnis zum Schichtenmodell differenziertere Sozialstruktur ergibt.

Milieus bezeichnen, anders als Schichten, Teilkulturen innerhalb einer Gesellschaft. Gemeinsame Lebensstile, die durch subjektive Erfahrungen und Werthaltungen charakterisiert werden, scheinen für die Zugehörigkeit zu einem bestimmten sozialen Milieu größere Bedeutung zu haben als die objektive soziale Lage. Aus dem Zusammenhang von sozialer Lage, Mentalität und Milieu entwickelt die Studie des Sinus-Instituts die Sozialmilieus der pluralisierten Klassengesellschaft (Sinus Sociovision 2010).

Das erste Projekt, das Teilnehmende der Erwachsenenbildung unter dem Milieu-Aspekt untersuchte, wurde von der Friedrich-Ebert-Stiftung in Auftrag gegeben – einem der großen Anbieter politischer Bildung. Im Mittelpunkt stand die Frage nach einer milieuspezifischen Programmgestaltung, indem Adressaten nach ihren inhaltlichen Interessen gefragt wurden, aber auch danach, wie ein Lernort attraktiv gestaltet werden könnte (Flaig/Meyer/Ueltzhöffer 1997).

Zum vorherrschenden Ansatz ist das Milieukonzept in den Arbeiten der Forschergruppe um Rudolf Tippelt und Heiner Barz geworden. Diese haben in vier Studien – zu Freiburg (Tippelt/Eckert/Barz 1996), der Region München (Tippelt u. a. 2003, eher qualitativ), einer umfassenden Untersuchung bezogen auf die gesamte Bundesrepublik (Barz/Tippelt 2004; 2007) und aktuell zur Zielgruppe der Älteren (Tippelt u. a. 2009) – diesen Ansatz immer weiter ausgearbeitet und mit verschiedenen methodischen Zugängen versehen.

Die Untersuchungen, die mittlerweile einen Zeitraum von mehr als 15 Jahren abdecken, zeigen übereinstimmend eine starke Abhängigkeit zwischen Milieuzugehörigkeit, sozialer Lage, Weiterbildungsinteressen und Bildungsbiografie, sodass ähnliche Ergebnisse vorliegen wie in früheren empirischen Erhebungen zu Adressaten, die von einem Schichtenmodell ausgingen (vgl. Zeuner/Faulstich 2009, Kap. 4.1). Durch die Untersuchungen wird weiterhin die »doppelte Selektivität« der Weiterbildung bestätigt, die Menschen mit geringem sozialem Status und eher niedrigem Bildungshintergrund bei der Teilnahme benachteiligt (vgl. Bremer 2007).

> **Weiterführende Literatur zum Thema »Migranten und Aus- und Weiterbildung«**
>
> Diese Thematik hat in den letzten Jahren stetig an Bedeutung zugenommen und ist entsprechend eng mit den Ausbildungs-, Fort- und Weiterbildungsinstitutionen der Erwachsenenbildung verknüpft. Einen guten Einstieg bietet u.a. der Band, der ebenfalls in der Reihe »Bachelor | Master« erschienen ist.
>
> Mecheril, P. u. a. (2010): Bachelor | Master: Migrationspädagogik. Weinheim und Basel: Beltz.

Wir haben es also in der Weiterbildung mit unterschiedlichen Teilnehmergruppen zu tun. Diese unterscheiden sich zunächst durch sozialstatistische Merkmale, die den Verlauf ihrer Sozialisation kennzeichnen. Die Bildungsreformdebatte hatte die benachteiligenden Merkmale mit einer Kunstfigur, dem »katholischen Arbeitermädchen vom Lande«, gekennzeichnet. Im Hinblick auf die Weiterbildung müsste mittlerweile die »ältere muslimische, türkischstämmige Arbeitnehmerin im Gastgewerbe in Bayern« als typische weiterbildungsbenachteiligte Person gelten. Berücksichtigt werden also soziale Schicht, Migrationshintergrund, Religion, Geschlecht, Berufsausbildung, Branche, Region. Diese Merkmale kennzeichnen die Rahmenbedingungen für die Weiterbildungsteilnahme.

Die Gründe für die individuelle Chance auf Weiterbildungsteilnahme sind aber noch wesentlich differenzierter. Die Mitglieder gleicher sozialer Milieus entwickeln einen Habitus, der die Aktivitäten rahmt, aber das Weiterbildungsverhalten nicht vollständig bestimmt.

4.4 Weiterbildungsmarketing

Programmplanung als Außendarstellung der Weiterbildungsinstitution ist zunehmend eingebunden in Marketingstrategien. Auslöser für die Tatsache, dass Marketing in die wissenschaftliche Diskussion um Weiterbildung eingedrungen ist, sind die verstärkte Ökonomisierung und Kommerzialisierung dieses Bereichs. Dadurch entsteht ein Spannungsfeld zwischen Effektivität und Reflexivität, zwischen Betriebswirtschaftslehre und Bildungswissenschaft. Die Entstehung höherer Anteile von Marktmäßigkeit des Weiterbildungssystems ist zurückzuführen auf das Aufkommen privater Weiterbildungsanbieter und die gleichzeitig sinkenden Zuschüsse für die öffentlich verantwortete Erwachsenenbildung. Dies hat Ende der 80er und Anfang der 90er Jahre einen »Marketingboom« ausgelöst.

Obwohl zunächst sehr extensiv und intensiv debattiert, stellt das Marketing eine unbewältigte Thematik in der Erwachsenenbildung dar. Es wurde lange Zeit auf der programmatischen Ebene diskutiert, und es wurden vor allem ideologische Grundpositionen ausgetauscht. Dies ist auch darauf zurückzuführen, dass hier Begrifflichkeiten aus divergierenden Theoriekontexten und die entsprechende Gegenüberstellung von Verkaufsstrategien und Bildungsperspektiven aufeinanderstoßen.

Entsprechend fehlt es nicht an kritischen Stimmen, und vorgetragen wird die Befürchtung, dass Erwachsenenbildung zur Hilfswissenschaft der Betriebswirtschaft verkommen könne. Mikroökonomisch gefasst meint »Marketing« die Planung, Organisation, Durchführung und Kontrolle der Unternehmensaktivitäten durch Ausrichtung der Leistungsprogramme auf den Kunden, um absatzmarktbezogene Unternehmensziele zu erreichen (zusammenfassend Schöll 2009, S. 437).

Vertiefung

Planungskulturen

Mehr zum Thema »Marketing-Planungskulturen« finden Sie im Download-Bereich.

Weiterführende Literatur

Böttcher, W./Hogrebe, N./Neuhaus, J. (2010): Bachelor | Master: Bildungsmarketing. Qualitätsentwicklung im Bildungswesen. Weinheim und Basel: Beltz.

4.5 Programmplanung: Überlegungen zur Praxis

Wiltrud Gieseke konnte durch ihre qualitativen empirischen Studien nachweisen, dass Programmplanung im Wesentlichen als »kommunikatives Angleichungshandeln« der Planenden im Sinne der Austarierung von Interessen erfolgt (Gieseke 2003). Es wird in Einrichtungen der Erwachsenenbildung zumeist von widersprüchlichen Erwartungen gerahmt. Sie ergeben sich zum einen aus den Ansprüchen von Trägern, Leitungspersonal und Mitarbeiter/innen und zum anderen aus dem Zwang zur Wirtschaftlichkeit.

Es ist demnach zu fragen, wie sich dieses Handeln in der Praxis gestaltet. Zu überlegen ist, auf welche Weise diese Aufgabe zielgerichtet bearbeitet werden kann, wenn gleichzeitig deutlich ist, dass dieses Handeln nicht schematisch erfolgt, weil von ständig wechselnden Bedingungen und Situationen auszugehen ist.

Das Problem besteht also darin, einerseits nicht »rezepthaft« vorgehen zu können, andererseits sich aber zu vergegenwärtigen, dass es Handlungsbereiche und Handlungsfelder gibt, die unabhängig von der spezifischen Situation berücksichtigt und in ihren jeweiligen Ausprägungen reflektiert werden müssen. Das bedeutet, dass Planende über bestimmtes Wissen und bestimmte Handlungskompetenzen verfügen sollten, die unabhängig sind von einer konkreten Planungsaufgabe (zu den Tätigkeitsbereichen im Rahmen des Planungshandelns vgl. Tab. 1).

Die Komponenten, die sich weitgehend auf die einrichtungsinternen Handlungsabläufe beziehen, werden notwendigerweise ergänzt durch die Berücksichtigung externer Bedingungen und Konstellationen, die das Programmplanungshandeln beeinflussen. Dazu gehören:

- bildungspolitische und rechtliche Vorgaben
- Arbeitsmarktentwicklungen
- regionale Weiterbildungsstruktur/das regionale Umfeld
- Einflüsse von Medien auf die thematischen Trends
- gesellschaftliche Entwicklungen, durch die Themen eine Öffentlichkeit erlangen
- Forschungsergebnisse/Wissenschaftspopularisierung

Programmplanung wird auf der einen Seite durch Routinen bestimmt, wenn Programme von Erwachsenenbildungseinrichtungen und Anbietern eher vor dem Hintergrund von Erfahrungen im Sinne eines Fortschreibens erfolgreich angebotener und durchgeführter Programme erstellt werden. Dabei werden Ansprüche von Trägern, Selbstbild und Identitäten von Einrichtungen sowie der jeweilige Bildungsauftrag berücksichtigt (Gieseke 2006, S. 78).

Auf der anderen Seite ändern sich vor allem die externen Faktoren und Bedingungen nicht immer in berechenbarer Weise, und die Programmplanenden müssen im Rahmen ihres Handelns die jeweiligen Innen- und Außenansprüche in Beziehung setzen und einander angleichen. Programmplanung vollzieht sich als Suchbewegung und ist keine autonome Handlung, sondern das Resultat kommunikativen Handelns im Kontext institutioneller Rahmenbedingungen (Gieseke 2003, S. 202).

Programmplanung kann deswegen nicht eindeutig und rezepthaft beschrieben werden, weil es zahlreiche Faktoren enthält, die in unterschiedlichen Kombinationen und auch nur in Teilen berücksichtigt werden (müssen), um ein für eine spezifische Einrichtung adäquates Programm zu entwickeln. Neben den in Tabelle 1 dargestellten Handlungsbereichen definiert Gieseke (2008, S. 56–59) weitere Bereiche.

Auf den Punkt gebracht:
Handlungsbereiche der Programmplanung

- Bestandsaufnahme
- Adressatenanalyse
- Themenfindung
- Konzeptionserarbeitung und -umsetzung
- Sicherung von Rahmenbedingungen
- Gewinnung von Kursleiter/innen und Zusammenarbeit mit ihnen
- Verfassen von Programmverzeichnissen und Ankündigungstexten
- institutionelle Kooperationen
- organisatorische Begleitung
- Evaluation

Diese Handlungsbereiche werden nach Bedarf und Situation ganz oder in Teilen berücksichtigt. Dennoch können wiederkehrende Fragen formuliert werden, die in Planungsprozessen in jedem Fall berücksichtig werden müssen.

Checkliste:
Programmplanung

Adressaten-/Zielgruppenbezug
- Inwiefern wird auf die Interessen und Probleme der Adressaten eingegangen?
- Wie können die Adressaten Aufbau und Ablauf des Programms beeinflussen?

Programm/Thematik
- Wie aussagefähig sind die Titel der Veranstaltungen?
- Was ist das Profil des Programms?
- Welchen Bezug haben die einzelnen Programmpunkte zueinander?
- Welche (Teilnehmer-)Interessen sind formuliert?
- Wie kann das Programm überprüft werden?

Programmplanung vollzieht sich also als Suchbewegung. Sie ist keine autonome Handlung, sondern das Resultat kommunikativen Handelns im Kontext institutioneller Rahmenbedingungen (Gieseke 2003, S. 202). Besondere Bedeutung kommt der Kommunikation mit den Kursleiter/innen und anderen Institutionen sowie Abstimmungsprozessen nach außen zu. Programmplanung zeichnet sich durch eine hohe Vernetzung aus, die zwar durchaus Komponenten von Bildungsmanagement beinhaltet, aber auch pädagogisch-reflexive Kompetenzen der Planungshandelnden erfordert.

Das Wissen um die Komplexität programmplanerischen Handelns in Bezug auf die unterschiedlichsten Einflussgrößen sollte zu einem bewussten und zielgerichteten Handeln führen, indem inhaltliche Interessen/Zielsetzungen von Trägern und Einrichtungen, von Leitung und Mitarbeiter/innen und von Adressat/innen und Teilnehmer/innen auf den jeweiligen Bildungsauftrag bezogen und zu den ökonomischen und politischen Erwartungen und Ansprüchen in Beziehung gesetzt werden.

Reflexionen zu Kapitel 4.5

- Überlegen Sie, auf welche Weise Julia Müller und Andreas Schneider jeweils die Programme für ihre Abteilung bzw. Einrichtung planen können.
- Welche Schritte sind notwendig?
- Welche Partner sollten sie ansprechen?
- Ist einzuschätzen, wer welche Interessen vertritt und welche Faktoren den Planungsprozess jeweils beeinflussen werden?

Zusammenfassung

Zentrale Bedeutung bei Tätigkeiten in der Erwachsenenbildung haben die Bereitstellung von *Angeboten* und die Eröffnung von *Lernmöglichkeiten* für Erwachsene. Programmplanung ist ein Aufgabenbereich didaktischen Handelns, der sich auf die mikrodidaktische Ebene bezieht.
Die Erstellung eines Programms einer Einrichtung oder einer Weiterbildungsabteilung im Betrieb orientiert sich sowohl an *internen Zielsetzungen und Interessen* als auch an *externen Bedingungen und Vorgaben*. Programmplanung ist »Angleichungshandeln«, das diese unterschiedlichen Faktoren mittels kommunikativen Handelns berücksichtigen muss.

5. Veranstaltungsplanung

Im vorigen Kapitel wurden Dimensionen des Programmplanungshandelns vorgestellt und diskutiert, die im Wesentlichen Aufgabe hauptamtlich in der Erwachsenenbildung beschäftigter Personen sind. Die konkrete Veranstaltungsplanung betrifft alle, die an Lehr-Lern-Prozessen beteiligt sind.

Ebenso wie bei der Programmplanung besteht die Herausforderung bei der Veranstaltungsplanung für die Planenden darin, vorausschauend zu verfahren, da sie nicht über vollständige Informationen verfügen. Sie gehen zwar in der Regel von einem Thema für die Veranstaltung aus und können dieses methodisch vorbereiten (vgl. Kap. 2). Ebenfalls können sie Informationen über die Einrichtung, ihre Räumlichkeiten und die technische Ausstattung erhalten. Der »blinde Fleck« in der Planung sind allerdings die Teilnehmenden. Sicherlich impliziert eine Veranstaltung die Ansprache bestimmter Adressaten, zu denen Vorannahmen bestehen (vgl. Kap. 4). Ob diese dann aber auch tatsächlich teilnehmen oder ob Personen mit ganz anderen als den antizipierten Vorkenntnissen und Erfahrungen, Interessen und Bedürfnissen kommen, klärt sich erst in der Veranstaltung.

Die Frage ist also, wie trotz der Unsicherheiten und Unwägbarkeiten in Bezug auf die Zusammensetzung der Teilnehmenden eine Veranstaltung geplant werden kann, an deren Ende die Erwartungen der Lernenden und Lehrenden erfüllt werden.

5.1 Dimensionen der Veranstaltungsplanung

Wie bei der Programmplanung müssen auch bei der Planung konkreter Veranstaltungen zwei Dimensionen vergegenwärtigt und reflektiert werden: das Prinzip der *Teilnehmerorientierung* und die besondere *Qualität des Lernens Erwachsener.* Auf dieser Grundlage sind folgende wiederkehrende Planungsschritte zu bearbeiten:

- Themenauswahl
- Bestimmung von Lernzielen
- Festlegung von Lernsequenzen
- Auswahl von Methoden
- Planung von Materialien- und Medieneinsatz

Diese Planungsschritte bilden ein Gerüst, das unter Berücksichtigung der jeweiligen Bedingungen modifiziert werden kann und muss. Sie setzen voraus, dass sich die Planenden Gedanken machen, wer mit welchen Interessen warum an einer Veranstaltung teilnimmt und wie diese Interessen in die Planung aufgenommen werden können. Erhard Meueler formuliert dazu die folgenden Fragen, die sich Planende für das didaktisch-methodische Arrangement einer Veranstaltung stellen sollten.

Checkliste:
Veranstaltungsplanung – Leitfragen

1. Wer ist mein Gegenüber (die Teilnehmenden)?
2. Welches sind die von ihnen zu bewältigenden Probleme und Situationen?
3. Wie geht es den Teilnehmenden angesichts dieser Aufgaben?
4. Wie bedeutsam ist für mich selbst dieser Problembereich?
5. Welche »objektiven« Lernerfordernisse ergeben sich meiner fachlichen Kenntnis nach aus der Problemanalyse unter Punkt 2?
6. Welche subjektiven Lernbedürfnisse und Lernwünsche vermute ich aufseiten der Teilnehmenden, und wie ermittle ich sie zu Beginn des Seminars?
7. Wie balanciere ich mit den Teilnehmenden die von mir identifizierten Lernerfordernisse und die von ihnen genannten Lernwünsche so miteinander aus, dass wir uns auf einlösbare Ziele einigen können (Lehr-Lern-Vertrag)?
8. Welche Methoden und Sozialformen (z. B. Einzelarbeit, Kleingruppenarbeit), die zur Erreichung der verabredeten Ziele hilfreich erscheinen, wollen wir einsetzen?
9. Womit wollen wir beginnen, und was folgt als Zweites, was als Drittes (Aufbau des Seminars, Zeitgestaltung)?
10. Wer wird für was verantwortlich sein (Aufteilung von Aufgaben zwischen Lehrenden und Lernenden)?
11. Was wollen wir als praktischen Erfolg unserer Bemühungen (Handlungskompetenzen) anstreben? (Meueler 2009, S. 985 f.)

Diese Fragen sind konsequent so formuliert, dass die Wünsche und Bedürfnisse der (häufig noch unbekannten) Teilnehmenden in der Planungsphase berücksichtigt werden. Es wird deutlich, dass Dozent/innen, die Veranstaltungen auf diese Art planen, Unwägbarkeiten einkalkulieren und damit Änderungen der eigenen Planung antizipieren und akzeptieren. Sie können, ausgehend vom Thema, in Bezug auf mögliche Adressaten bzw. Zielgruppen Vorannahmen formulieren, etwa als Antwort auf die Fragen 2, 3 und 6. Ebenso können sie, bezogen auf das Thema, bestimmte didaktische Ansätze für sinnvoll halten und den thematisch-zeitlichen Ablauf festlegen.

Meuelers Planungsansatz enthält große Offenheit, die Raum gibt für die Interessen der Teilnehmenden. Das bedeutet: Eine solche Planung ist immer vorläufig und gilt nur bis zum ersten Zusammentreffen in der Veranstaltung. Sie basiert aber, außer auf der inhaltlichen und didaktischen Expertise von

Lehrenden, auch auf theoretischen Kenntnissen von Prinzipien, die in der Erwachsenenbildungswissenschaft diskutiert werden und die den notwendigen Reflexionshintergrund bieten, um eine solche offene Form der Planung begründet einzusetzen. Es geht dabei um *Teilnehmerorientierung* (Kap. 5.2), *Lernfähigkeit* und *Lernwiderstände* Erwachsener (Kap. 5.3) und um die resultierenden Dimensionen der Veranstaltungsplanung (Kap. 5.4).

5.2 Teilnehmerorientierung

Das Prinzip der Teilnehmerorientierung wurde vor allem in den 70er und 80er Jahren in der Erwachsenenbildung intensiv in Abgrenzung zu didaktischen Ansätzen in Schule und Hochschule diskutiert. Diese wurden als fremdbestimmt und einem demokratischen Gesellschaftsverständnis zuwiderlaufend kritisiert. Mit ihrem in den 70er Jahren erfolgten organisatorischen und institutionellen Ausbau wurden der Erwachsenenbildung neben politischen Zielsetzungen (wie der Demokratisierung von Wissen) auch ausgleichende Funktionen übertragen.

Weiterführende Literatur

Breloer, G./Dauber, H./Tietgens, H. (1980): Teilnehmerorientierung und Selbststeuerung in der Erwachsenenbildung. Braunschweig: Westermann.

Erwachsenenbildung sollte über Zielgruppenarbeit die Bevölkerungsgruppen ansprechen, deren Bildungschancen aufgrund ungünstiger sozialer und biografischer Bedingungen eingeschränkt waren. Damit sollten zum einen qualifikatorische Defizite ausgeglichen werden, wodurch der Ausbau der Erwachsenenbildung auf struktureller Ebene legitimiert wurde. Zum anderen sollte Erwachsenenbildung unter dem Stichwort »Lebenshilfe« die Persönlichkeitsentwicklung unterstützen und geriet damit teilweise in die Nähe der Therapie. Überlegungen, wie »bildungsferne« Gruppen dennoch von der Erwachsenenbildung profitieren könnten (vorausgesetzt, sie werden tatsächlich erreicht), führten zu Aspekten wie der Berücksichtigung ihrer Lebenswelt, ihrer Lernerfahrungen und ihrer beruflichen Erfahrungen, Interessen und Probleme.

Mittlerweile greifen Diskussionen zum Lernen Erwachsener aus der Perspektive subjektiver Lerninteressen Elemente der Teilnehmerorientierung wieder auf (Ludwig 2004). Insofern erscheint es sinnvoll, zunächst die Bedeutung der Teilnehmerorientierung und ihre impliziten Möglichkeiten und Grenzen zu klären, da sie eine Grundlage für das Verständnis lerntheoretischer Ansätze bildet.

Das Prinzip der Teilnehmerorientierung bedeutet, die Perspektiven der Teilnehmenden in Lehr-Lern-Prozessen in Bezug auf ihre Lerninteressen, Erfahrungen und Erwartungen ernst zu nehmen und sie in die Planung und Durchführung von Veranstaltungen mit einzubeziehen, womit »eine Konzentration auf den Lernenden als Subjekt seines Lernprozesses erfolgt ist« (Breloer 1980, S. 21). Ausgangspunkt sind anthropologische Überlegungen, die von der Vorstellung erwachsener Menschen als mündiger und urteilsfähiger Personen ausgehen, die fähig sind, ihre eigenen Interessen auch in Bezug auf Bildungs- und Lernprozesse zu artikulieren.

5.2.1 Teilnehmerorientierung: Konzepte oder Stile

Es gibt nicht »das« Konzept von Teilnehmerorientierung, vielmehr finden sich verschiedene Ansätze, die sich vor allem hinsichtlich der Reichweite der Entscheidungs- und Eingriffsmöglichkeiten für die Teilnehmenden und der jeweiligen Rolle der Lehrenden unterscheiden. Breloer differenziert drei Stile, die Teilnehmerorientierung charakterisieren:

- *kooperativer Stil:* Lehrende werden zu »Sachwaltern« der Lernenden. Teilnehmerorientierung in diesem Sinn bedeutet die Entwicklung von Lernhilfen. Lehrende machen ihr inhaltliches und methodisches Vorgehen transparent, die Inhalte (also der Sachbezug) werden von den Lehrenden bestimmt. Teilnehmerorientierung wird verstanden »als Vorgang der Passung von etwas, was feststeht« (Breloer 1980, S. 34).
- *funktionalistischer Stil:* Auch hier sollen Interessen der Teilnehmenden berücksichtigt werden, tatsächlich sind ihre Einflussmöglichkeiten aber eher gering. Inhalte und auch Methoden werden nach wie vor von den Lehrenden bestimmt. Breloer bezeichnet diesen Stil als »teilnehmerorientierten Führungsstil«. Der Lehrende »rechnet jedenfalls nicht damit, dass Teilnehmer in einem noch zu klärenden Sinne Subjekte des Lernens sein können, als auch die Veränderung der Ziele, Inhalte und Arbeitsweisen vorzunehmen in der Lage sind«. In Bezug auf die Lehrenden sieht Breloer »das traditionelle Grundmuster der sachlichen Führungsautorität« durchschimmern (ebd.).
- *kritisch-konstruktiver Stil:* Dieses Konzept der Teilnehmerorientierung greift Gedanken der kritischen Erziehungstheorie auf und setzt als notwendige Dimensionen die Idee der Selbstverwirklichung des Subjekts und die Berücksichtigung geschichtlich-gesellschaftlicher Bedingungen voraus, um Lernzielpartizipation der Teilnehmenden zu ermöglichen (Breloer 1980, S. 47). Das Konzept versucht, vorhandene didaktische Ansätze zu integrieren, soweit sie die Subjektrolle der Lernenden berücksichtigen.

5.2.2 Teilnehmerorientierung als Subjektorientierung

Breloer entwickelte in Abgrenzung zum kooperativen und funktionalistischen Stil eine theoretisch begründete Konzeption der Teilnehmerorientierung, die über eine »Befragung« der Teilnehmenden in einer Veranstaltung hinausgehen soll. Er versteht Teilnehmerorientierung in diesem Sinn als didaktisches Konzept.

Definition: Teilnehmerorientierung

»Teilnehmerorientierung bedeutet nicht nur die Orientierung *am* Teilnehmer, sondern auch die Orientierung *des* Teilnehmers im Sinne des *Sich-Orientierens* bzw. Orientierung durch den Teilnehmer. […] Teilnehmerorientierung als pädagogischer Begriff kann daher in einem bisher ungewohnten Sinn als das *Suchen der Richtung* durch die Teilnehmer, als Sich-Orientieren, als *genuiner Bildungsvorgang* begriffen werden, dem der institutionelle Rahmen nicht Selbstzweck, sondern allenfalls Stütze ist.« (Breloer 1980, S. 50; Hervorhebungen vom Lektorat).

Breloer definiert für sein Modell der Teilnehmerorientierung (vgl. Abb. 6) sechs Aspekte, die deutlich machen, dass Teilnehmerorientierung mehrdimensional zu verstehen ist und die Teilnehmenden eine aktive Rolle übernehmen. Die Perspektiven der Teilnehmenden werden durch den individuellen/biografischen Kontext ebenso geprägt wie durch den institutionellen/gesellschaftlichen Kontext. Diese Kontexte treten bei der Formulierung von Lerninteressen in eine Wechselwirkung, die ebenfalls Angleichungshandeln und kommunikatives Handeln der Beteiligten erfordern (vgl. Kap. 4).

Vertiefung

Dimensionen der Teilnehmerorientierung

Mehr zum umfassenden Themenkomplex »Teilnehmerorientierung« finden Sie im Download-Bereich.

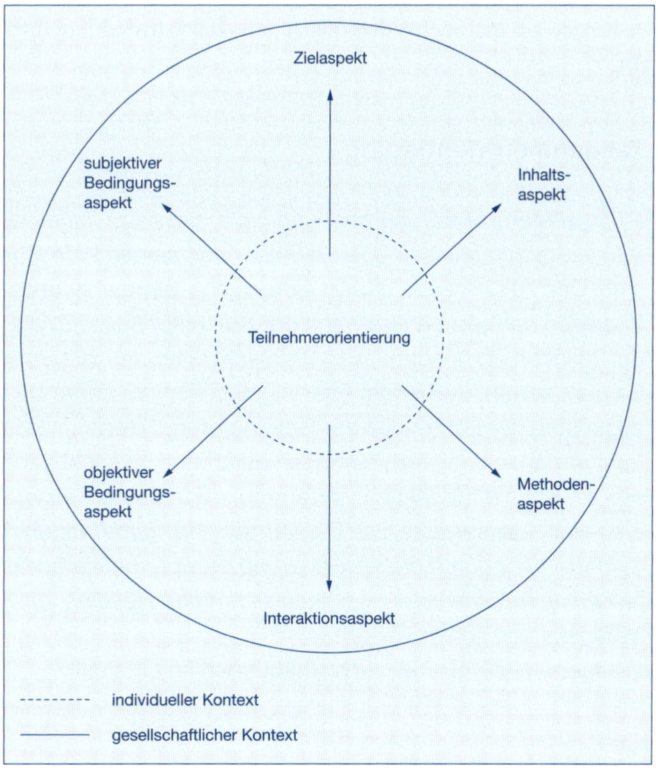

Abb. 6: Dimensionen der Teilnehmerorientierung (Breloer 1980, S. 49)

5.2.3 Teilnehmerorientierung – funktionalistisches Modell

Die von Breloer entwickelten Aspekte einer kritisch-konstruktiven Teilnehmerorientierung wurden in der Folge der Kritik unterzogen und teilweise als zu weitreichend eingeschätzt. Ein Modell, das einige der Kriterien aufnimmt, aber die Rolle und Aufgabe der Lehrenden anders definiert, hat Hans Tietgens ebenfalls in den 70er Jahren entwickelt.

Dabei setzt er sich kritisch mit der Anforderung auseinander, Lehrende und Lernende müssten in jedem Fall in Lernprozessen gleichberechtigt agieren. Trotzdem sollte die Interaktion zwischen Lehrenden und Lernenden »symmetrisch«, also nicht repressiv sein.

Er zeigt aber beispielhaft an den Faktoren »Lernhilfe«, »Gruppendynamik« (affektive Entwicklungen in einer Lerngruppe), »Methodenwechsel« und »Sprachverhalten«, dass das Verhalten und die Rolle von Lehrenden abhängig sind von spezifischen Konstellationen und Situationen (Tietgens 1979, S. 166 f.).

Empirische Erhebungen in den 70er Jahren und auch später haben gezeigt, dass Lernende von den Lehrenden adäquate Reaktionen auf sich ergebende Situationen in Lehr-Lern-Prozessen erwarten. Das bedeutet: Vermittlungsprozesse laufen nicht immer vorhersehbar ab und können daher auch nicht schematisch bewältigt werden. Daraus leitet Tietgens eine Rolle für Lehrende ab, in der sie als Sachwalter zwischen Teilnehmenden und Inhalten vermitteln.

Teilnehmerorientierung

»*Teilnehmerorientierung bedeutet nicht, dass alle Initiativen vom Lernenden ausgehen müssen oder daß nur nach seinen Wünschen verfahren wird.* Das zu Lernende besitzt eine eigene Stringenz, und es ist im Interesse der Lernenden, wenn der Kursleiter nicht nur als Treuhänder der Teilnehmer, sondern auch als Sachwalter des zu Lernenden tätig ist. Es geht darum, daß er die Führungsfunktion, zu der er beauftragt ist, zugunsten der Lernenden zur Geltung bringt. Teilnehmerorientiertes Lehrverhalten kann sich demnach durchaus mit sachbezogenem decken. Für die soziale Interaktion im Lernprozeß bedeutet Teilnehmerorientierung also nicht Laisser-faire-Stil. *Die Verhaltensanforderungen an den Kursleiter sind vielmehr durch die Vereinbarung darüber gefiltert, was die Teilnehmer lernen wollen. Insofern lassen sie sich nur in Relation zur Funktion der Veranstaltung konkretisieren.*«
(Tietgens 1979, S. 168, Hervorhebungen im Original)

Um dieser Art der Teilnehmerorientierung gerecht zu werden, fordert Tietgens Lehrende auf, eine teilnehmerorientierte Gesprächsführung und einen teilnehmerorientierten Unterrichtsstil anzustreben. Gleichzeitig spricht er Lehrenden aber eine *Führungs- und Steuerungsfunktion* zu, die in Lehr-Lern-Prozessen seitens der Lehrenden die Berücksichtigung bestimmter Kriterien voraussetzt. Tietgens (1979, S. 170) fordert,

- Übersichtlichkeit herzustellen,
- eine Mitte zwischen zügigem Fortschreiten und Entgegenkommen zu finden,
- Vorgänge auf der affektiven Ebene zu beachten, ohne sich von ihnen abhängig zu machen,
- einen Umgangston zu praktizieren, der sich nicht von dem außerhalb des Kurses unterscheidet, und
- in einer Weise gegenzusteuern, die verhindert, dass einzelne Teilnehmer in der Gruppe dominant werden.

In Bezug auf die Rolle der Lehrenden als Sachwalter eines Themas weist Tietgens darauf hin, dass Teilnehmerorientierung nicht heißen kann, ein Thema zu vereinfachen oder zu banalisieren, um Lernschwierigkeiten oder Lernwiderständen von Teilnehmenden zu begegnen. Vielmehr plädiert er im Sinne der Teilnehmerorientierung dafür, Lernmethoden einzusetzen, die für die Bearbeitung komplexer Thematiken besonders geeignet erscheinen und das selbstständige Lernen unterstützen (Tietgens 1979, S. 173).

Wir haben die beiden Modelle der Teilnehmerorientierung – subjektorientiert bzw. funktionalistisch – ausführlicher referiert, weil sie Anknüpfungspunkte an Diskussionen bieten, die ebenfalls selbstbestimmtes Lernen und Subjektorientierung in den Vordergrund stellen, dabei aber – zumindest in der konstruktivistischen Diskussion – die Bedingungen des Umfeldes der Lernenden kaum berücksichtigen.

Bei den Diskussionen um selbstorganisiertes Lernen wird nicht ernsthaft hinterfragt, welche Faktoren selbstbestimmtes Lernen behindern. Dazu gehören subjektbezogene Faktoren wie Sozialisation, Biografie und Lernerfahrungen und objektive Faktoren wie die Bedingungen der sozialen Struktur und der Institutionen. Genauso wenig wird gefragt, ob die Teilnehmenden den Anspruch an selbstbestimmtes Lernen überhaupt erfüllen können und warum sie zuweilen sogar mit Widerständen auf Lernanforderungen reagieren. Die Diskussion um Teilnehmerorientierung der 70er und 80er Jahre sollte den Blick auf ihre Möglichkeiten, aber auch ihre Grenzen werfen und davon ausgehend realistische Perspektiven für die Veranstaltungsplanung eröffnen.

Reflexionen zu Kapitel 5.2

Julia Müller bereitet ein Seminar zu »Coaching-Gesprächen« vor, das sie für Führungskräfte des Hauses durchführen soll.

- Überlegen Sie im Sinne eines Ansatzes der Teilnehmerorientierung, welche Dimensionen der Teilnehmerorientierung Julia Müller bei der Planung ihrer Veranstaltung berücksichtigen sollte und wie sie Wünsche/Interessen der Teilnehmenden antizipieren könnte.

Andreas Schneider bietet einen VHS-Kurs zu »Kommunikation im Beruf« an.

- Welchen Problemen sieht er sich vermutlich gegenüber, wenn er diesen Kurs teilnehmerorientiert im Sinne eines kritisch-konstruktiven Ansatzes nach Breloer plant? Wie könnte er diese Schwierigkeiten lösen?

5.3 Lernen im Erwachsenenalter

Weiterführende Literatur

Knowles, M. S. (2007): Lebenslanges Lernen. Andragogik und Erwachsenenbildung. 6. Auflage. München: Elsevier.

Eine zweite wesentliche Dimension, die bei der Veranstaltungsplanung sinnvollerweise berücksichtigt werden sollte, sind Kenntnisse über das Lernen Erwachsener und die Reflexion der Prozesse, die sich dabei ereignen können.

Lernen Erwachsener ist in besonderem Maße Anschlusslernen: Lernende knüpfen an frühere Erfahrungen an. Erwachsenenbildung muss sich also auf die Vorkenntnisse, Einstellungen und Fähigkeiten der Lernenden beziehen, was sich im Prinzip der Teilnehmerorientierung spiegelt.

Kern der Teilnehmerorientierung ist der Erfahrungsbezug. Erfahrungen sind Einordnungen neuer Wahrnehmungen in vorhandene Ordnungsmuster, die dadurch umgebaut werden. Neues wird also auch gelernt, indem Routinen aufgebrochen werden, Verhaltensstrukturen reorganisiert und Wissensbestände re-interpretiert werden.

Nicht alle Lernprozesse beruhen unmittelbar auf eigener Erfahrung. Vielmehr ist vieles, was als Wissen und Regeln in das eigene Verhalten und Handeln einfließt, von vorhergehenden Generationen entwickelt worden. Im Unterschied zu Erziehung (als Weitergabe von Wissen und Regeln an die jeweils nachfolgende Generation) ist Bildung im Sinne von *Selbstentfaltung* das für die Erwachsenenbildung konstituierende Moment. Dieser unabschließbare offene Prozess ist angesichts der Auflösung traditionaler Gesellschaften zur Daueraufgabe geworden und wurde seit den 60er Jahren mit dem Begriff des »Lebenslangen Lernens« belegt.

Die Idee des Lebenslangen Lernens unterstellt zum einen, dass die Menschen permanent vor neuen Lernaufgaben stehen, und setzt damit zum anderen eine Kontinuität von Lernfähigkeit voraus. Indem auch Erwachsene als entwicklungsfähig und lernbedürftig gesehen werden, verschwindet ihr scheinbar selbstverständlicher (Hoch-)Status, den sie gegenüber Kindern und Jugendlichen einnehmen.

5.3.1 Erwachsensein als gesellschaftliches Konstrukt

Die Frage, wer in einer Gesellschaft als »erwachsen« gilt, ist kulturell und formationsspezifisch begründbar. Die Rolle des Erwachsenen wird Personen zugewiesen, sie ist ein historisch entstandenes Konstrukt. Welche Faktoren charakterisieren also einen Erwachsenen in den modernen Gesellschaften? Neben biologischen, psychologischen und anthropologischen Versuchen der Definition gibt es soziologische, juristische und ökonomische Konstrukte. Erwachsensein wird definiert über die folgenden Faktoren:

- Zustand körperlicher Reife (dabei sind kulturelle und individuelle Unterschiede zu beobachten)
- Stabilität von Verhaltens-, Erlebens-, Denk- und Lernformen (Offenheit)
- Umgang mit Kindheit und Alter (unklare Entwicklungsstufen)
- Übernahme von Rollen wie Partnerschaft und Elternschaft (Familienformen sind wandelbar)
- Erwerb von Pflichten und Rechten (juristische Fixierung ist im historischen politischen Prozess nicht stabil)
- Erwerbstätigkeit und wirtschaftliche Selbstständigkeit (relativiert sich durch die Entwicklung der Arbeit und das Verhältnis der Geschlechter)

Diese Konstrukte sind nicht trennscharf; im Kern charakterisieren sie einen selbstverantwortlichen Menschen: Der mündige, vernünftige und freie Erwachsene gilt als Leitbild für Bildung.

5.3.2 Lernfähigkeit und Lernwiderstände Erwachsener

Dass Erwachsene sich ihre Lernfähigkeit bis ins hohe Alter erhalten können, ist mittlerweile unbestritten, auch wenn in Bezug auf spezifische Lernanforderungen Probleme und Schwierigkeiten entstehen können. Lernen von Erwachsenen ist immer Anschluss- und Deutungslernen und beruht auf früheren Erfahrungen. Lernprozesse werden beeinflusst von Erfahrungen, die in der Familie, der Kindheit, der Schule, am Arbeitsplatz usw. gemacht wurden. Erwachsene haben damit mehr und anders geordnete Erfahrungen in Bezug auf das Lernen als Kinder und Jugendliche (Kidd 1979, S. 46).

Weiterführende Literatur

Kidd, J. R. (1979): Wie Erwachsene lernen. Theorie und Praxis der Erwachsenenbildung. Braunschweig: Westermann.

Erwachsene lernen leichter und eher, wenn der Inhalt für sie eine subjektive Bedeutung hat und aus sich heraus begründet werden kann. Gleichzeitig ist festzustellen, dass Erwachsene Lernschwierigkeiten und -probleme entwickeln, wenn Problemlöseaufgaben künstlich oder fiktiv erscheinen. Werden die gleichen Probleme lebensnah formuliert, können die Aufgaben leichter gelöst werden. Werden der Einfluss des Sozialstatus, der Milieus, des Schulabschlusses, der Berufstätigkeit, des Gesundheitszustandes und der Lebenszufriedenheit, familiäre und andere Sorgen, biografische Erfahrungen oder auch die Auseinandersetzung mit vielen Lebensthemen nicht berücksichtigt, kann dies zu Lernwiderständen führen. Ebenfalls relevant für das Lernen Erwachsener ist die Beachtung der großen Variabilität der Alternsverläufe: Sie beeinflussen die motivationalen und gesundheitlichen Bedingungen.

Das nachfolgende Modell verdeutlicht die Schranken, Gründe und Hemmnisse, die bei Lernprozessen Erwachsener eine Rolle spielen können und mit deren Hilfe Lernwiderstände erklärt werden können.

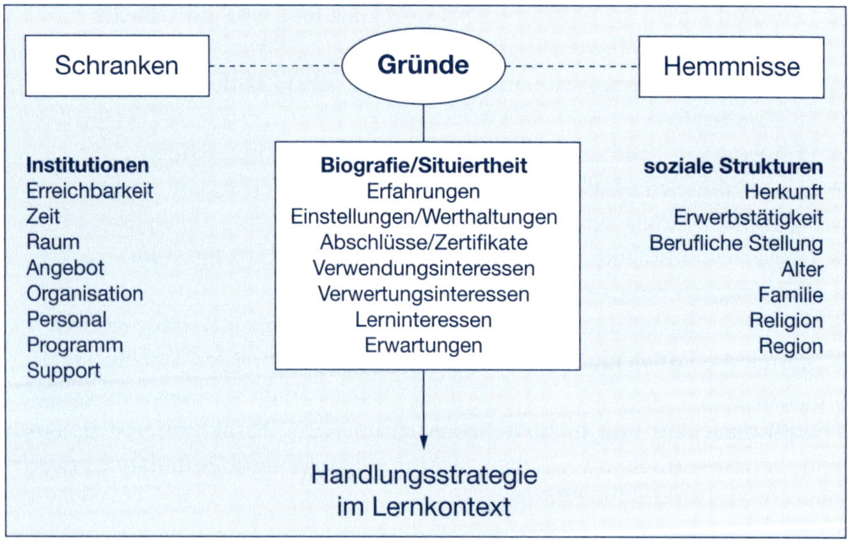

Abb. 7: Lernhemmnisse und Lernschranken (Faulstich/Grell 2005, S. 27)

Zweifellos gibt es *Lernwiderstände*, wenn die Lernenden die Bedeutsamkeit der Themen für ihre eigene zukünftige Weltverfügung nicht sehen oder sogar befürchten müssen, dass sie nach einer Weiterbildung schlechter gestellt werden.

Lernschwierigkeiten haben ihre Hauptursache in fehlenden Lerngründen oder in berechtigten Gründen, etwas nicht zu lernen, wenn die Sinnhaftigkeit von Lernbemühungen und -anstrengungen nicht nachvollziehbar ist: »Wofür brauche ich das (noch)? Was habe ich davon?«

Hindernisse beim Lernen können nicht nur aus thematischen Schwierigkeiten resultieren. Es können auch *milieuspezifische Lernhemmnisse* vorhanden sein, die im sozialen Kontext begründet sind. Oft tauchen Zweifel auf: »Traue ich mir das zu? – Warum soll ich es mir zumuten? – Will ich das überhaupt lernen? – Kann ich es überhaupt lernen? Ist das, was ich da lernen soll oder will, überhaupt mein Ding, passt es zu mir? – Ist die Zeit dafür nicht vorbei, habe ich die Möglichkeit, dies zu lernen, nicht endgültig verpasst?« Ergebnis ist zum Beispiel: »Das mit dem Computer lerne ich nicht mehr. Ich kann das nicht, und es lohnt sich für mich auch nicht (mehr).« Resultat solcher Überlegungen ist häufig Resignation.

Institutionelle Lernschranken ergeben sich zunächst aus der Erreichbarkeit der Weiterbildungseinrichtungen. Darüber hinaus entstehen Lernhemmnisse, wenn negative Resultate aus schulischer Vergangenheit verarbeitet werden müssen. Einer der problematischsten Hinderungsgründe sind die Schulerfahrungen: »In der Schule war ich nie gut. Ich habe dieses Lernen satt. Soll ich denn nun wieder die Schulbank drücken?«

Externe Faktoren als Lernhemmnisse und -schranken sind also keineswegs unwichtig, bedeutsam werden sie aber erst, wenn sie für die Lernenden relevant werden. Aufseiten der Personen existieren Gründe, zu lernen oder nicht zu lernen. Diese Lerngründe sind eng an die biografischen Erfahrungen, Erwartungen und Interessen gebunden. Hemmnisse und Schranken werden in ihrer Bewertung aber erst wirksam durch die aus bestimmten Gründen handelnden Personen. »Widerständig ist nicht unbegründet« (Faulstich/Grell 2005, S. 18) ist die zusammenfassende Formel. Lernschwierigkeiten können weitgehend kompensiert werden, wenn deutlich wird, wozu die anzueignenden Fähigkeiten gebraucht und sinnvoll eingesetzt werden können.

Leitende, die sich mit Konzepten der Teilnehmerorientierung vertraut gemacht haben und sich ein Grundwissen zum Lernverhalten und zu möglichen Lernproblemen Erwachsener angeeignet haben, sollten ihre Veranstaltung vor dem Hintergrund dieses Wissens planen. Sie können damit nicht jedes Problem antizipieren, können sich aber auf mögliche Schwierigkeiten vorbereiten. Existiert ein grundsätzliches Wissen über *Lernwiderstände* und ihre Auslöser und Gründe, können teilnehmerorientierte Planung und didaktisch-methodische Konzepte manche Schwierigkeiten auffangen.

Weiterführende Literatur

Faulstich, P./Forneck, H. J./Knoll, J. (Hrsg.) (2005): Lernwiderstand, Lernumgebung, Lernberatung. Bielefeld: W. Bertelsmann.

Grell, P. (2006): Forschende Lernwerkstatt: eine qualitative Untersuchung zu Lernwiderständen in der Weiterbildung. Münster: Waxmann.

Reflexionen zu Kapitel 5.3

- Überlegen Sie, welche Lernwiderstände die Teilnehmenden in dem Coaching-Kurs von Julia Müller entwickeln könnten. Welche Gründe könnte es geben?
- Wie könnte Julia Müller mit den Widerständen umgehen, um den Kurs trotzdem für alle gewinnbringend durchzuführen?

5.4 Schritte im Rahmen der Veranstaltungsplanung

Als Modell für die Planung einer konkreten Veranstaltung kann eine relativ überschaubare Systematik zugrunde gelegt werden, die zunächst auf alle Themen und Inhalte angewandt werden kann. Wir haben die wiederkehrenden Planungsschritte in Kapitel 5.1 bereits erwähnt.

5.4.1 Themenauswahl

Die Wahl eines Themas für eine Veranstaltung ist von den unterschiedlichsten Faktoren abhängig und bestimmt damit auch die Art und Weise der Veranstaltung. Zu berücksichtigen sind von den Leiterinnen und Leitern in der Planung die folgenden Fragen.

- *Angebot oder Nachfrage?* Ist die Veranstaltung ein Angebot, das von den Kursleiter/innen entwickelt wird, oder entsteht sie auf Nachfrage von Unternehmen und Verwaltungen, des Trägers, der Weiterbildungsabteilung, von Arbeitsagenturen, von Teilnehmenden? Die Beantwortung dieser Frage hat erhebliche Konsequenzen für die Planung einer Veranstaltung. So kann im Fall eines selbst gestalteten Angebots (z. B. im Rahmen der kulturellen Bildung einer Volkshochschule) ein/e Kursleiter/in von der Freiwilligkeit der Teilnahme ausgehen und hat bei der inhaltlichen Festlegung weitgehend freie Hand. In der Planungsphase können sich Kursleiter/innen Fragen stellen, wie sie Meueler formuliert hat (vgl. Kap. 5.1). Plant ein Dozent oder eine Dozentin dagegen eine Veranstaltung im Rahmen der betrieblichen Weiterbildung, deren Thema aufgrund einer vorhergehenden Bedarfsanalyse festgelegt wurde (vgl. Kap. 2), ist es sinnvoll, sich mit den Vorgaben und Erwartungen des Betriebs/der Abteilung/der Zielgruppe auseinanderzusetzen und sie in die inhaltliche und methodische Planung einzubeziehen.
- *Inhaltserwartungen/Inhaltsvorgaben?* Gibt es seitens der Auftraggeber bestimmte Erwartungen oder Vorgaben in Bezug auf die zu vermittelnden Inhalte? Liegen in der berufsbezogenen oder abschlussbezogenen Weiterbildung Vorgaben und Erwartungen vor, sollten Dozenten diese in der Planungsphase berücksichtigen. Da sie in der Regel aufgrund ihrer fachlichen Qualifikationen und ihres fachlichen Wissens für die Leitung einer Veranstaltung ausgewählt wurden, sollten sie erstens reflektieren, welche inhaltlichen Schwerpunkte sinnvoll sind, um das gewünschte Ziel zu erreichen. Zweitens sollten sie in Rücksprache mit der jeweiligen Abteilung/dem Auftraggeber darüber Aufschluss bekommen, welche Form des Transfers erwartet wird. Soll ein Kurs eher das theoretische Wissen und die Kenntnisse der Teilnehmenden erweitern, oder geht es um eine konkrete Anwendung/Handlungserweiterung, die nach Abschluss des Kurses erreicht wer-

den soll? Je nachdem, welche Form des Transfers erwartet wird, sind Veranstaltungen unterschiedlich zu planen. Transfer »passiert« nicht zufällig, sondern bedarf der konkreten Vorbereitung und Übung (vgl. Kap. 9).

- *Freiwilligkeit der Teilnahme?* Ist die Teilnahme an der Veranstaltung freiwillig, oder werden die Teilnehmenden »geschickt«? Letzteres kann in Veranstaltungen der beruflichen Weiterbildung oder in Kursen, die über die Bundesagentur für Arbeit angeboten werden, eher der Fall sein als in solchen der allgemeinen, politischen und kulturellen Erwachsenenbildung. Auch hier kommen die Teilnehmenden aus den unterschiedlichsten subjektiven Gründen, die vielleicht nicht immer alle befriedigt werden können. Die Teilnehmenden haben hier aber mehr Entscheidungsmöglichkeiten über den Verlauf ihrer Teilnahme, während im Fall einer »verordneten« Teilnahme Ausweichmöglichkeiten vor allem im Aufbau von – durchaus nachvollziehbaren – Lernwiderständen bestehen (vgl. Kap. 5.3.2). Informationen über die potenziellen Teilnehmenden könnten Kursleitenden bereits in der Planungsphase helfen, mögliche Probleme zu antizipieren und in der Veranstaltungsplanung zu berücksichtigen.

5.4.2 Klärung von Lernzielen

Die Festlegung von Lernzielen hängt ab von den im vorigen Abschnitt beschriebenen Faktoren. Für eine Veranstaltung im Rahmen der allgemeinen Erwachsenenbildung legen Kursleitende in der Regel die Lernziele selbst fest. Sie ergeben sich aus dem Thema und beruhen auf der Definition von Interessen, Schwerpunkten und Fragestellungen vor allem der Dozenten. In aufbauenden Kursen ist der Einbezug interessierter Teilnehmer in die Kursplanung möglich und sinnvoll und verändert damit unter Umständen Zielsetzungen.

In der berufsbezogenen Weiterbildung ist eine Orientierung an Vorgaben nötig:

- Soll ein Kurs mit einem Zertifikat/einer Prüfung abschließen?
- Sollen Kenntnisse zu bestimmten Anwendungen vermittelt werden (z. B. Maschinenführung oder EDV-Programme)?
- Sollen bestimmte soziale Kompetenzen erworben werden oder Verhaltensweisen geändert werden (z. B. bei der Managerschulung, einem Antirassismustraining in der politischen Bildung oder in der Gesundheitsbildung/ Rehabilitation)?
- Steht die Aneignung von Wissen über ein bestimmtes Gebiet im Vordergrund?

Es geht in dieser Phase um die *Definition der inhaltlichen Zielsetzungen* einer Veranstaltung, die in konkrete Lernziele »übersetzt« werden müssen.

Zunächst sollte, ausgehend vom Thema und vom Wissen über die Zielgruppe und ihre Lebenswelt, ein *Ausgangsproblem* definiert werden. Eine Lösung dieses Problems oder das Ziel, mit dem definierten Problem im eigenen Umfeld in Zukunft besser umgehen zu können, sollte Ziel der Veranstaltung sein. Dazu muss das Ausgangsproblem in Teile zerlegt werden, die von einer Lerngruppe oder Einzelnen zu bearbeiten sind.

Beispiel Julia Müller: »Coaching-Gespräche« planen

Julia Müller bereitet sich auf ein Seminar zu »Coaching-Gesprächen« vor, das sie für Führungskräfte des Hauses durchführt. Die Führungskräfte werden auf einen neuen Führungsstil vorbereitet, dessen Ziel es ist, Mitarbeiter in der eigenen Abteilung durch Coaching zu führen. Ein Einführungsworkshop dazu fand bereits eine Woche zuvor statt.
Julia Müller musste also zunächst ein Ausgangsproblem definieren, das lauten könnte: »Bedeutet die Einführung von ›Führung durch Coaching‹ die Veränderung des Führungsstils von Führungskräften?«
Diese Frage impliziert eine Vielzahl von Themen, mit denen sich Führungskräfte auseinandersetzen müssten. Zunächst sind die unterschiedlichen Dimensionen und Perspektiven zu klären, die in einer Veranstaltung zur Sprache kommen müssten. Zu bestimmen sind mindestens die Sachebene, die Beziehungsebene und die Handlungsebene, die bei der Einführung eines neuen Führungsstils zu berücksichtigen sind:

Sachebene: Klärung des Begriffs und der Handlungsdimensionen von Coaching. Dazu gehören Fragen wie die Herkunft des Begriffs, zugrunde liegende Zielsetzungen, damit verbundene Begriffe von Führung im Zusammenhang mit der Unternehmenskultur, Vor- und Nachteile eines solchen Führungskonzepts.
Beziehungsebene: Dazu gehören Klärung der Rollen der Führungskräfte und der Mitarbeiter/innen, Änderung des Rollenverständnisses, die Rolle der Organisation, Veränderungen von Interaktionsbeziehungen, Lernprozesse von Führungskräften und Mitarbeiter/innen: Lernbereitschaft, Lernfähigkeiten, Lernwiderstände.
Handlungsebene: Konkretisierung der Aufgaben, im Beispiel ist von »Coaching-Gesprächen« die Rede. Die Durchführung solcher Gespräche setzt *erstens* die Klärung von Zielsetzung und Inhalten von Coaching-Gesprächen voraus. *Zweitens* erfordert sie von Führungskräften bestimmte Handlungskompetenzen, die unter Umständen im Rahmen des bisherigen Führungsverständnisses nicht im selben Ausmaß gefordert waren, z. B. Kenntnisse zu Gesprächsführung, Beratung, Fähigkeit der Selbst- und Fremdwahrnehmung, Reflexivität.

Zu berücksichtigen ist, dass Julia Müller aus eigener Erfahrung sowie aus Gesprächen mit Führungskräften und der Geschäftsführung diese inhaltlichen Bereiche ableiten kann. Trotzdem können aber in der Arbeit mit den Führungskräften weitere Probleme/Fragestellungen auftauchen, die dann eventuell ebenfalls bearbeitet werden müssen. Eine Veranstaltungsplanung sollte also offen sein für die Integration zusätzlicher Fragestellungen.

Reflexionen zu Kapitel 5.4.2

- Definieren Sie für ein Seminar »Coaching-Gespräche« vor dem Hintergrund Ihrer bisherigen Informationen konkrete Lernziele.
- Begründen Sie diese aus einer Perspektive der Teilnehmerorientierung nach Breloer oder Tietgens.

5.4.3 Festlegung von Lernsequenzen

Ist ein Ausgangsproblem definiert und können, wie in unserem Beispiel, über die inhaltlichen Vorüberlegungen und Differenzierungen Teilziele benannt werden, sollte als nächster Schritt eine Festlegung von *Lernsequenzen* erfolgen. Die Festlegung von Lernsequenzen bedeutet zum einen die Aufteilung eines Themas oder eines inhaltlichen Bereichs in einzelne Teile. Zum anderen geht es darum, den Lernstoff einer Chronologie zuzuordnen. Dabei sollten der Umfang des zu bearbeitenden Stoffs, die zur Verfügung stehende Zeit und die übergreifende Zielsetzung im Verhältnis zueinander berücksichtigt werden.

Eine Veranstaltung, deren inhaltliche Zielsetzung nicht an den Erwerb eines Zertifikats gebunden ist, kann offener geplant werden als eine berufsbezogene Veranstaltung, die mit einer Prüfung endet. Bei der Festlegung von Lernsequenzen wird die Teilnehmerorientierung besonders wichtig, da der Planende die Intentionen der Teilnehmenden berücksichtigen muss. Teilnehmer eines Zertifikatskurses werden eine sehr viel höhere Erwartung an Effizienz und Stringenz der Vermittlung haben als Teilnehmende eines Kurses in der kulturellen Erwachsenenbildung, in dem das eigene Handeln und Tun (z. B. in Kreativkursen) im Vordergrund steht.

In unserem Beispiel müsste Julia Müller noch verschiedene Fragen klären, bevor sie einen genauen Veranstaltungsplan festlegen kann:

- *Organisatorisch* ist zu klären, in welchem Zeitraum das neue Führungsmodell eingeführt werden soll und welche Abteilungen und welche Führungskräfte beteiligt werden. Der organisatorische Rahmen gibt Hinweise auf Größe und zeitliche Dauer der Veranstaltung. Abhängig von der Dauer und der Zahl der Teilnehmenden sollten dann die inhaltlichen Lernziele geplant werden.
- Das Gleiche gilt für das *methodische* Vorgehen: Wenn die Teilnehmerzahl überschaubar und der Zeitraum nicht zu kurz ist, ist es naheliegend, neben Sequenzen der Wissensvermittlung auch Sequenzen handlungsorientierten Lernens aufzunehmen.
- Die Herausforderung für jeden, der eine Veranstaltung plant, ist die sinnvolle *Reduktion* des zu vermittelnden Stoffs. Dies erfordert Vorüberlegun-

gen zur Gewichtung des Stoffs, da erfahrungsgemäß immer eher zu viele als zu wenige Inhalte vermittelt werden sollen.

Reflexionen zu Kapitel 5.4.3

- Entwickeln Sie unter Berücksichtigung der von Ihnen in Kapitel 5.4.3 festgelegten Lernziele einen Veranstaltungsplan.
- Definieren Sie zunächst die organisatorischen und zeitlichen Rahmenbedingungen und begründen Sie Ihre inhaltliche Auswahl.

5.4.4 Auswahl von Methoden

Die Frage, welche Methoden für die Vermittlung und Aneignung von Inhalten infrage kommen, lässt sich weder pauschal noch rezepthaft beantworten. Sie betrifft die mikrodidaktische Ebene des Lehr-Lern-Handelns und bezieht auf der Ebene der Veranstaltungsplanung Adressaten und Zielgruppen mit ein. Auf der Durchführungsebene sollten bei der Wahl von Methoden Prinzipien der Teilnehmerorientierung, der Erfolgskontrolle und des Transfers des Gelernten auf konkrete Handlungssituationen berücksichtigt werden.

In der Erwachsenenbildung wird das Problem der adäquaten Methoden bereits seit den 20er Jahren diskutiert. In den vergangenen 20 Jahren wurde eine Flut von Ratgebern zur Durchführung von Veranstaltungen veröffentlicht, vor allem aufgrund der erheblichen Ausweitung des freiberuflichen »Trainermarktes«. Die meisten dieser Ratgeber weisen zu Recht darauf hin, dass es keine Rezepte gibt, wie Lehr-Lern-Prozesse »garantiert« erfolgreich ablaufen. Viele von ihnen stellen einzelne Methoden vor.

Weiterführende Literatur

Arnold, R./Krämer-Stürzl, A./Siebert, H. (1999): Dozentenleitfaden. Planung und Unterrichtsvorbereitung in Fortbildung und Erwachsenenbildung. Berlin: Cornelsen.

Knoll, J. (1986): Kurs- und Seminarmethoden. München: Max Hueber.

Problematisch ist, dass durch den Charakter von Handbüchern die Methoden selten auf konkrete Inhalte bezogen werden und dadurch trotzdem ein schematischer Gebrauch impliziert wird. Ausnahmen bilden z. B. die Bücher von Knoll (1986) und Arnold/Krämer-Stürzl/Siebert (1999), die vor dem Hintergrund theoretischer Einordnung die Zusammenhänge zwischen Lernprozessen, Teilnehmenden, Inhalten und Methoden klären und damit die vorgestellten Methoden entsprechend einordnen und begründen.

Das Methodenspektrum der Erwachsenenbildung ist sehr weit, aber es sollte deutlich geworden sein, dass jemand, der eine Veranstaltung plant, sich über die Vor- und Nachteile der jeweiligen Methode informieren sollte. Im Kasten finden sich stichwortartig Beispiele für methodische Vorgehensweisen und besondere Formen von Lehr-Lern-Arrangements in der Erwachsenenbildung und beruflichen Weiterbildung.

Auf den Punkt gebracht:
A bis Z des Methodenspektrums in der Erwachsenenbildung

Anleiten, Arbeitsgemeinschaft – **B**rainstorming, bildnerische Gestaltung – **C**ollagen, Coaching, computerunterstütztes Lernen – **D**ebatte, Diskussion – **E**inzelarbeit, Erkundung, Exkursion – **F**allstudie, Fallbeispiele, Fernunterricht, Fishbowl, Frontalunterricht – **G**espräch, Gruppenarbeit – **J**ob Enlargement, Job Enrichment, Jobrotation – **K**onferenz, Kurs – **L**abor, Lehrgang, Lehrgespräch, Leittextmethode, Lerninsel, Lernwerkstatt – **M**etaplan, Mitarbeitergespräch, Moderation – **N**eurolinguistisches Programmieren – **O**pen Space, Outdoor-Training – **P**artnerarbeit, Placemat, Planspiel, Plenum, Präsentation, programmierte Unterweisung, Projekt – **R**eferat, Rollenspiel – **S**cheinfirma, Seminar, Simulation, Stillarbeit, Streitgespräch – **T**agung, Team-Teaching, themenzentrierte Interaktion, Trainee-Programm, Training, Transaktionsanalyse – **Ü**bung – **V**ortrag – **W**orkshop – **Z**auberfeld

Weiterführende Literatur

Siebert, H. (2004): Methoden der Bildungsarbeit. Leitfaden für aktivierendes Lernen. Perspektive Praxis. Bielefeld: W. Bertelsmann.

Diese sicherlich erweiterbare Liste kann unterteilt werden in unterschiedliche methodische Herangehensweisen und Formen der Lehr-Lern-Arrangements. Ihre Zielsetzungen können durch Gegenüberstellungen verdeutlicht werden: Instruktion ↔ Selbstorganisation und rezeptiv ↔ aktivierend.

In der politischen Erwachsenenbildung werden vor allem aktivierende Lernmethoden als sinnvoll erachtet, da hier neben der Wissensvermittlung die politische Handlungsfähigkeit im Vordergrund steht. Diese kann nicht durch rezeptive Methoden hergestellt werden: In der Aneignung müssen Handlungsformen eingeübt und lernend reflektiert werden. Hermann Giesecke hat in seiner »Methodik des politischen Unterrichts« verschiedene Methoden untersucht und ihre jeweilige Reichweite charakterisiert.

Auf den Punkt gebracht:
Methoden des politischen Unterrichts

- Lehrgang: Belehrung durch einen Fachmann
- Produktion: aktive Erarbeitung und Darstellung eines politischen Sachverhaltes
- Sozialstudie: Erforschung eines Problems
- Provokation: Erzeugung eines politischen Problems
- Rollenspiel: Offenlegung gesellschaftlicher Zwänge
- Planspiel: Simulation von Aktionen und Konfliktlösungen
- Tribunal: Anprangerung von gesellschaftlichen Zuständen (nach Giesecke 1987)

Die Auflistung zeigt den engen Zusammenhang zwischen Intentionen und eingesetzten Methoden, der in einem Ansatz einer »Vermittlungsdidaktik« besondere Relevanz erfährt. Diesem Ansatz liegt ein Verständnis von Lernen zugrunde, das sich nicht auf die Weitergabe von Wissen beschränkt. Vielmehr wird Lernen als *Lernhandeln* aller Beteiligten – also der Lehrenden und Lernenden – begriffen, in dem sich in handlungsorientierten Lernansätzen Aktion und Reflexion aufeinander beziehen. Reales Handeln und kognitives Lernen ergänzen einander in diesem Ansatz dann, wenn entsprechende Methoden eingesetzt werden.

Das heißt aber nicht, dass ausschließlich handlungsorientierte Methoden der Aneignung sinnvoll sind. Je nach Thema und Zielsetzung können auch Vorträge oder andere Formen eher rezeptiver Wissensvermittlung eingesetzt werden. In diesem Sinn kann Lernhandeln unterschieden werden in

- Aktionsformen
- simulatives Handeln und
- Gestalten
- reales Handeln.

Diesen Feldern des Lernhandelns lassen sich vielfältige Lernformen zuordnen.

Aktionsformen	**Gestalten**	**simulatives Handeln**	**reales Handeln**
Vortrag	Flugblätter, Plakate, Wandzeitungen	Brainstorming	Erkundungen/ Exkursionen
Lehrgespräch	Collagen	Rollenspiel	Befragungen
Referat	Reportagen	Planspiel	Interviews
Diskussion	Hörspiele	Pro- und Contra Debatte	Projekte
Gruppenarbeit	Dia-Serien, Videos	Hearing	Falluntersuchungen
Präsentation	Ausstellungen	Tribunal	Stadtteil- bzw. Gemeinwesenarbeit
Textarbeit	Dokumentation	Zukunftswerkstatt/ Open Space	Qualitätszirkel
Arbeit mit Podcast	Geschichtswerkstätten	Lernwerkstatt	Jobrotation
Aufgabenstellungen		Fantasiereise	Training
			Beratung
			Beobachtung
			Coaching

Tab. 5: Beispiele von Methodenstrategien der Erwachsenenbildung (erweitert nach Faulstich/Zeuner 2008, S. 67)

Reflexionen zu Kapitel 5.4.4

– Überlegen Sie, welche Methoden sich für welche Lernsequenzen des von Ihnen entwickelten Veranstaltungsplanes eignen würden, und begründen Sie diese Auswahl.

5.4.5 Einsatz von Medien

Die Anwendung von Medien in Lehr-Lern-Prozessen wird auch unter dem Stichwort »Medienkompetenz« diskutiert (Baacke 1996). Der Begriff beinhaltet nach Dieter Baacke die Fähigkeit des Einzelnen zu Mediennutzung, Medienkunde, Mediengestaltung und Medienkritik:

- *Mediennutzung* schließt Printmedien wie Bücher, Zeitungen und Zeitschriften, Wochenjournale, Bilder wie Gemälde oder Fotografien ebenso ein wie Radio, Tonträger, Fernsehen, Filme, Video und sog. »Neue Medien«.
- *Medienkunde* bedeutet Wissen über die unterschiedlichen Formen von Medien und ihre Anwendung.
- *Mediengestaltung* meint die Fähigkeit, aktiv mit Medien umgehen zu können und selbst Medien kreativ zu erzeugen, z. B. Filme, Radiosendungen, Texte, Computerprogramme.
- *Medienkritik* befasst sich mit der Ausbildung einer kritischen Urteilsfähigkeit hinsichtlich der Einschätzung der durch die Mediennutzung erhaltenen Informationen sowie mit der Entwicklung der Fähigkeit, Informationen auswählen, systematisieren und verarbeiten zu können.

Vertiefung

Medienpädagogik

Mehr zum Thema »Medienpädagogik« finden Sie im Download-Bereich.

Weiterführende Literatur

Rein, A. v. (1996) (Hrsg.): Medienkompetenz als Schlüsselbegriff. Bielefeld: W. Bertelsmann, S. 112–124.

Überlegungen, welche Methoden jeweils geeignet erscheinen, im Rahmen von Vermittlungsprozessen die definierten Lernziele zu erreichen, schließen die Frage des Medien- und Materialeinsatzes ein. Der begründete Einsatz von Medien erfordert von den Lehrenden Kenntnisse zu Reichweite und Wirkungen von Medien.

In diesem Sinn wurden bereits in den 70er Jahren medienpädagogische Fragestellungen entwickelt, bei denen es aber zunächst um intendierte und nicht intendierte Wirkungen von Medien auf ihre Nutzer im Alltagsleben ging; also etwa um Wirkungen von Büchern, Zeitungen und Zeitschriften, Radiosendungen, Filmen und Fernsehen. Heute gibt es entsprechende Diskussionen zur Wirkung »Neuer« Medien, also etwa von Computern, Internet, Web 2.0, computerbasierten Lernsystemen, mobilen Endgeräten und ihren unterschiedlichen Anwendungen.

Begriff: Mediendidaktik

»Im Mittelpunkt von Mediendidaktik steht allgemein die Fragestellung, wie Medien sinnvoll eingesetzt werden können, um Lehr- und Lernziele effektiv und effizient zu vermitteln. Mediendidaktik hat organisierte Lehr- und Lernprozesse mit und durch Medien zum Gegenstand, sie ist die Wissenschaft und Praxis vom Lehren und Lernen mit und über Medien.« (Witt/Czerwionka 2007, S. 11)

Während sich die Medienpädagogik übergreifend mit Fragen zur Rezeption und Wirkungen von Medien auseinandersetzt, mit dem Problem der Reichweite von »Medienkompetenz« in unterschiedlichen Generationen und dem aktiven Umgang mit Medien, steht bei der Mediendidaktik der Einsatz von Medien als Instrument der gezielten Vermittlung von Wissen, Kenntnissen und Fähigkeiten im Vordergrund.

In diesem Sinn setzt sich die Mediendidaktik nicht nur in einem technizistischen Sinn mit dem möglichst effizienten Einsatz von Medien in Lehr-Lern-Prozessen auseinander, sondern reflektiert, in welchen Lernsituationen Medien überhaupt sinnvoll eingesetzt werden können. Die Inhalte und Lernziele bestimmen didaktisch begründete Entscheidungen für den Einsatz bestimmter Medien und berücksichtigen dabei die unterschiedlichen Dimensionen, die Lehr-Lern-Prozesse beeinflussen.

inhaltlich	• Inwieweit können die Inhalte und Lernziele medial vermittelt werden? • Welche Medien sind für die Zielsetzung angemessen?
methodisch	• Welche Rolle spielt der Medieneinsatz in der Lehr-Lern-Situation? • Wann und mit welchen Aufgaben soll er mit Verlauf des Lehr-Lern-Prozesses stattfinden?
organisatorisch	• Welche organisatorischen Voraussetzungen für den geplanten Medieneinsatz sind vorhanden (Raum, Geräte, Software)? • Wie können sie eventuell verbessert werden?

Tab. 6: Didaktische Entscheidungen für den Einsatz von Medien (nach Hüther 2005, S. 238)

Der methodische Einsatz von Medien in Lehr-Lern-Prozessen bedarf also besonderer Reflexion seitens der Planenden. Sie sollten neben den von Hüther beschriebenen Dimensionen wiederum die Prinzipien der Teilnehmerorientierung und die Prinzipien des Lernens Erwachsener zur Grundlage ihrer Überlegungen machen.

Aspekten wie der Medienkompetenz und -erfahrung bestimmter Zielgruppen sowie der Akzeptanz des Medieneinsatzes kommen besondere Bedeutung zu, wenn Teilnehmerorientierung ein wesentlicher Faktor der Planung ist. Man muss also fragen: Welche Zielgruppen könnten besonderes Interesse am Einsatz von Medien haben (z. B. jüngere Erwachsene)? Wer könnte vermutlich Lernwiderstände entwickeln, weil er sich mit dem Einsatz neuer Medien überfordert fühlt?

Wenn Medien eingesetzt werden sollen, ist es notwendig, die erwartbare Medienkompetenz in Bezug auf den technischen Umgang mit Medien, aber auch in Bezug auf das Vermögen zu kritischem Umgang mit medial vermittelten Informationen abzuschätzen.

Reflexionen zu Kapitel 5.4

- Überlegen Sie, welche Medien in welchen Lernsequenzen des von Ihnen entwickelten Veranstaltungsplanes eingesetzt werden können, und begründen Sie Ihre Wahl.

Zusammenfassung

Vor dem Hintergrund des in der Erwachsenenbildung seit Langem diskutierten *Prinzips der Teilnehmerorientierung* ist es die Aufgabe der Veranstaltungsplanung, Themen in Teilbereiche zu untergliedern und für diese Lernsequenzen festzulegen.
Wie die Programmplanung muss auch die Veranstaltungsplanung in der Regel damit umgehen, dass die tatsächlich Teilnehmenden vorab nicht bekannt sind. Daher ist es notwendig, bekannte Dimensionen wie Träger und Einrichtungen, Organisationsform und Struktur der geplanten Veranstaltung, die Zielsetzungen sowie Adressaten und Zielgruppen im Planungsprozess zu berücksichtigen.
Veranstaltungsplanung erfordert also *Antizipation* und gleichzeitig die Bereitschaft der Verantwortlichen, die eigene Planung so offen zu gestalten, dass *Veränderungen* in der konkreten Durchführung möglich bleiben. Veranstaltungsplanung umfasst die Dimensionen Themenauswahl/Themenvorschlag, Festlegung von Lernzielen, Festlegung von Lernsequenzen, Festlegung von Methoden und Planung von Materialien- und Medieneinsatz.

6. Planung und Durchführung von Lehr-Lern-Prozessen

Nachdem wir in den Kapiteln 4 und 5 didaktisches Handeln auf Einrichtungsebene in Bezug auf das Programmplanungshandeln und die Veranstaltungsplanung vorgestellt haben, geht es im folgenden Kapitel um einen weiteren Aspekt mikrodidaktischen Handelns, die Durchführung konkreter (Lehr-)Veranstaltungen.

Dieses Handeln kann als »Vermittlungshandeln« bezeichnet werden und findet in einem Interaktionsprozess zwischen Lernenden und Vermittelndem statt. Wie bei der übergeordneten Veranstaltungsplanung spielt auf dieser Ebene die Teilnehmerorientierung eine wesentliche Rolle. Weitere Dimensionen, deren Kenntnis und Reflexion bedeutsam sind für diejenigen, die den Vermittlungsprozess gestalten, sind

- Fragen zum *Lernen*,
- zum *Lernverhalten* und
- zu sinnvollen *Lernformen*, die Prinzipien der Teilnehmerorientierung berücksichtigen (Kap. 6.1),
- eine Reflexion der Frage, welche *Aufgaben* Vermittelnde/Lehrende unter der Perspektive von Teilnehmerorientierung übernehmen (Kap. 6.2),
- Überlegungen zu *Voraussetzungen* für die Durchführung von Lehr-Lern-Prozessen (Kap. 6.3) und
- konkrete *Schritte* für die methodische Planung und Durchführung von Lehr-Lern-Arrangements (Kap. 6.4).

6.1 Lehr-Lern-Handeln als Vermittlungsprozess

In Kapitel 5 haben wir bereits grundlegend in den Bereich »Lernen im Erwachsenenalter« eingeführt. In Bezug auf die Durchführung von Veranstaltungen mit der Zielsetzung der Vermittlung von Inhalten muss die Planung in Lern- und Lehrhandlungen überführt werden. Dabei ist die scheinbare Paradoxie zu berücksichtigen, dass Lernen immer auf Selbsttätigkeit beruht. Niemand kann also für jemand anderen lernen.

Auf diese Tatsache wurde besonders in den Debatten um *selbstorganisiertes, selbstgesteuertes* oder *selbstbestimmtes Lernen* hingewiesen. Daraus wurde zum einen voreilig der Schluss gezogen, die Funktion »Lehren« sei überholt. Bei genauerer Analyse des Anspruchs an selbstgesteuertes Lernen zeigt sich allerdings, dass »Lehren« im Sinne eines vermittlungsdidaktischen Ansatzes, bei dem es neben der Vermittlung von Inhalten auch um das Erlernen und Anwenden von Lernstrategien geht, eine besondere Relevanz erhält.

Zum anderen ist es unmittelbar einsichtig, dass Lernen kein rein individueller Prozess ist. Lernen ist jeweils eingebettet in soziale und situative Kontexte. Lernprozesse, bei denen solche Kontexte berücksichtigt werden und die die Kontexte wiederum als Lerngegenstand begreifen, werden in partizipativen und kooperativen Lernformen sowie in »communities of practice« umgesetzt. Die nachfolgende Abbildung zeigt, welche Dimensionen beim Lernen eine Rolle spielen.

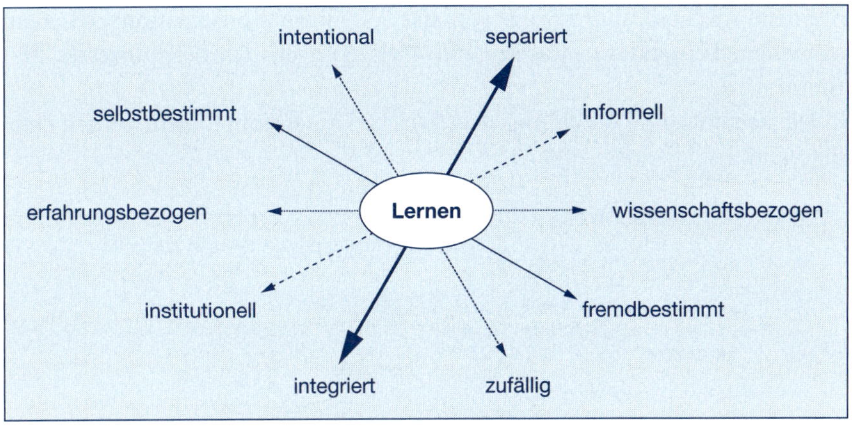

Abb. 8: Dimensionen des Lernens als Gegensatzpaare

Der Zusammenhang zwischen Lernenden, Lehrenden, Lerninhalten, -zielen und Lernorten wird in einer aktuellen Diskussion unter dem Aspekt »Neue Lernkulturen« diskutiert. In dieser Diskussion wird dem Lernen eine weitergehende Funktion zugewiesen: Es wird nicht nur als Ausdruck individueller Bedürfnisbefriedigung verstanden, sondern, gesellschaftlich gewendet, als *Grundvoraussetzung kultureller Reproduktion.* Diese Perspektive auf Lernen geht davon aus, dass Lernprozesse von den Individuen auf je eigene Weise verfolgt werden. Gleichzeitig prägen aber auch die bestimmenden Kulturen der jeweiligen Einrichtungen/Konstellationen, in denen Lernen stattfindet, die Art und Weise des Lernens und können bei der Betrachtung und Analyse von Lernprozessen nicht ausgeblendet werden.

Definition: Lernkulturen

»Unter Lernkulturen verstehen wir komplexe Strukturen, Orte, Räume, Bedingungen, Atmosphären und Arrangements, die Wissen für die verschiedenen Lehr-Lern-Situationen umsetzen. Sie werden durch professionelles Handeln auf den Ebenen Bildungsmanagement, Programmplanung sowie Lehr-Lern-Arrangements gestaltet und entfalten sich im Lern- und Arbeitshandeln.« (Gieseke/Robak 2009, S. 14)

Welche Formen von Vermittlung oder Lehre angeboten werden, hängt zusammen mit den spezifischen Profilen von Einrichtungen, mit den Erfahrungen der Lehrenden und Lernenden und den zu vermittelnden Inhalten. Wir haben bereits in Kapitel 5 darauf hingewiesen, dass die mikrodidaktische Entscheidung für oder gegen bestimmte Methoden, Lernformen oder Lernstrategien in einem Aushandlungsprozess von der jeweiligen Konstellation zwischen Lehrenden, Lernenden, Inhalten und Zielsetzungen des Lernprozesses bestimmt wird.

Die nachfolgende Abbildung zeigt, welche Dimensionen beim Lernen eine Rolle spielen.

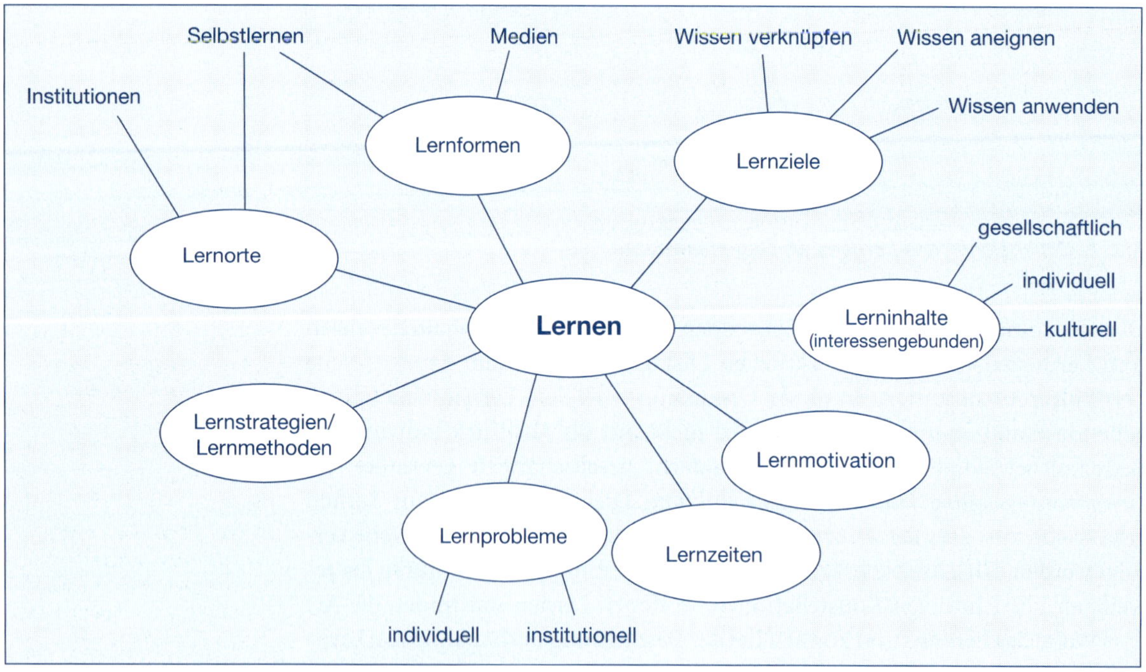

Abb. 9: Kontexte des Lernens

6.1.1 Selbstbestimmtes Lernen

In der Erwachsenenbildung und Weiterbildung hat es sich seit den Diskussionen um Konzepte der Teilnehmerorientierung durchgesetzt, Vermittlungsprozesse ausgehend von den Interessen und Bedürfnissen der Lernenden zu denken. In diesem Zusammenhang bekam der Begriff »Selbstorganisation« in verschiedensten Wissenschaftsbereichen Bedeutung. Er ist zu einer »Wärmemetapher« geworden, die theoretische Moden in der Biologie, der Psychologie, der Betriebswirtschaftslehre, der Soziologie und der Bildungswissenschaft angeregt hat.

Selbstorganisiertes Lernen soll Menschen zu einem höheren Grad an Selbstbestimmung verhelfen. Damit wird aber auch die Übernahme höherer Verantwortung für individuelle Lernprozesse impliziert (vgl. Zeuner 1998). Dies führte im Umkehrschluss zur Legitimation didaktischer, aber auch politischer Enthaltsamkeit. Das heißt, Individualisierung der Verantwortung bedeutet in dieser Logik, dass nicht nur die Verantwortung für den Lernprozess auf den Einzelnen übertragen wird, sondern auch die mit dem Lernprozess verbundenen Lern-Arrangements, die Bestimmung von Inhalten und die finanzielle Beteiligung. Der öffentliche Bildungsauftrag der Erwachsenenbildung und die Übernahme von Verantwortung durch die öffentliche Hand wurden im Gegenzug eingeschränkt.

Die Tendenzen der Ökonomisierung der Erwachsenenbildung sind unübersehbar und haben als Reaktion auch in der Erwachsenenbildung Diskussionen zum Für und Wider einer Intensivierung selbstbestimmten Lernens provoziert. Die Brisanz des Themas wurde bei Tagungen und Veröffentlichungen deutlich, in vielen Programmen, Kursen und Lernangeboten gibt es Umsetzungsversuche.

Wenn man unter dem Stichwort des »selbstbestimmten Lernens« nicht nur ein methodisches Prinzip versteht, sondern es weiter fasst, dann werden die *Intentionen* der Lernenden ebenso wie die *Bedeutsamkeit* der Thematik für diese berücksichtigt. Selbstbestimmtheit im Lernen richtet sich also auf die Interessen der Lernenden und deren Probleme.

In einem umfassenden Sinn kann man deshalb erst von »selbstbestimmtem Lernen« sprechen, wenn die thematische Relevanz (Auswahl der Lerngegenstände), organisatorisch-methodische Aspekte (dies wird in Bezug auf »selbstorganisiertes Lernen« relevant) und intentionale Kriterien (dies wird für das »selbstgesteuerte Lernen« hervorgehoben) berücksichtigt sind. Selbstbestimmtes Lernen bedeutet die *interessengeleitete, aktive Aneignung* von Welt durch handelnde Personen.

Letztlich entscheidet der Lernende im Prozess der Aneignung selbst, welchen Themen er sich nähern will und was er aufnimmt. Lernen *kann* also nur »Selbst«-Lernen sein und beinhaltet die Auseinandersetzung mit einem »Gegenüber« als Lerngegenstand. Lernen ist immer Weltlernen. In einem solchen

Weiterführende Literatur

Dohmen, G./Knoll, J./Siebert, H. (2001): Selbstgesteuertes Lernen – ohne Lehre? In: Heuer, U./Botzat, T./Meisel, K. (Hrsg.): Neue Lehr- und Lernkulturen in der Weiterbildung. Bielefeld: W. Bertelsmann, S. 158-190.

Faulstich, P./Gnahs, D./Seidel,S./Bayer, M. (Hrsg.) (2002): Praxishandbuch selbstbestimmtes Lernen. Konzepte, Perspektiven und Instrumente für die berufliche Aus- und Weiterbildung. Weinheim: Juventa.

theoretischen Kontext kann der Stellenwert der von außen gesetzten Lernbedingungen re-interpretiert werden. Denn werden Themen, Bedingungen, Strategien und Methoden für das Lernen von außen bestimmt, müssen für Individuen keine akzeptablen Gründe zum Lernen bestehen – das Individuum wird widerständig und ausweichend reagieren (vgl. Kap. 5.3.2).

Der Psychologe Klaus Holzkamp hat diese Lernform und ihre institutionellen Rahmenbedingungen unter dem Begriff »defensives Lernen« ausführlich diskutiert. Erst wenn es gelingt, Lernthematiken mit den Lebensinteressen der Individuen zu verbinden, findet auch *expansives Lernen* statt. Expansives Lernen erfordert Kontrolle über Intentionalität, Thematik und Methodik des eigenen Lernens und führt zu der Einsicht,

> »[...] daß die Vorstellung, man könne etwa durch Lehrpläne, Lehrstrategien, didaktische Zurüstung die Lernprozesse eindeutig vorausplanen, also Bedingungen herstellen, unter denen den Betroffenen nichts anderes übrig bleibt, als in der gewünschten Weise zu lernen, eine Fiktion darstellt: Tatsächlich erzeugt man durch derartige Arrangements über die Köpfe der Betroffenen hinweg vor allem Widerstand, Verweigerung, Ausweichen [...] Um diesem Dilemma zu entkommen, ist es zunächst erforderlich, Arbeitsbedingungen und Kommunikationsformen zu schaffen, innerhalb derer die wirklichen Lerninteressen der Betroffenen systematisch geäußert und berücksichtigt werden können.« (Holzkamp 1995, S. 24)

Je weitreichender die Entscheidungsmöglichkeiten der Lernenden über Ziele und Aktionsprogramme sind, desto größer ist der Grad der Selbstbestimmung im Lernen.

	eher selbstbestimmt	**eher fremdbestimmt**
Lernabsicht	inzident	intentional
Lernziele	autonom	direktiv
Lerngegenstände	erfahrungsbezogen	wissenschaftsbezogen
Lerninhalte	wählbar	festgelegt
Lernmethoden	variabel	fixiert
Lernzeiten	offen	eingeschränkt
Lernfelder	vielfältig	einförmig
Lernorte	informell	institutionell
Lernbezüge	integriert	separiert
Lerneinheit	individuell	kollektiv
Lehr-Lern-Prozess	lernerbezogen	lehrerbezogen

Tab. 7: Grade der Selbstbestimmtheit des Lernens

6.1.2 Gruppenlernen

Lernformen, die auf der einen Seite die Konzentration auf die Lehrenden überwinden und auf der anderen Seite Individualisierung und mögliche Isolierung von Lernenden vermeiden, die sich in selbstorganisierten Lernprozessen ergeben können, sind das *Gruppenlernen* oder *partizipative Lernformen*.

Gruppenlernen bezieht sich auf die Prozesse, durch die sich Wissens- und Handlungsveränderungen einer Gruppe vollziehen. Lernen wird von einem individuellen zu einem kollektiven Vorgang, wobei kollektive Lernprozesse durch individuelle Lernpotenziale und Lernprozesse konstituiert werden und auf diese rückwirken. Die Lernprozesse zeigen sich in veränderten Handlungen und erweitertem Wissen der Gruppe und der einzelnen Gruppenmitglieder.

Ausgangsfeststellung ist, dass Lernen in den seltensten Fällen völlig isoliert stattfindet, sondern immer in sozialen Kontexten passiert. Denken, Wissen und Lernen spiegeln die Art und Weise, in der Handelnde in Situationen eingebettet sind. Lernaktivitäten beruhen nicht auf der alleinigen Aktivität der individuellen Psyche.

Der Gruppenbezug von Lernen und Arbeiten wird vor allem in Arbeitsprozessen zunehmend wichtiger. Die Dezentralisation der Arbeitsvollzüge gibt dem Konzept der Gruppenarbeit eine neue, hohe Relevanz. Damit verschiebt sich die Gestaltungseinheit von den Arbeits- und Lerntätigkeiten einzelner Personen über »partizipatives« bzw. »kooperatives Lernen« hin zu den Arbeitszusammenhängen und Kooperationsstrategien von Gruppen. Aber nicht jede Kooperation ist Gruppenarbeit. Vielmehr wurden Mindestmerkmale für eine Kooperation definiert, wenn sie als Gruppenarbeit bezeichnet werden soll.

Auf den Punkt gebracht:
Merkmale für Gruppenarbeit

- ein gemeinsamer, anteilig ausführbarer Auftrag für mehrere Personen
- eine gemeinsame Handlungsorganisation, welche durch Regeln oder Normen festgelegt ist
- gemeinsame Entscheidungsgegenstände (wie z. B. über zeitliche und inhaltliche Tätigkeitsspielräume)
- Kommunikations- und Interaktionsstrukturen
- ein Mindestmaß gemeinsam geteilter Ziele und Kenntnisse
- unmittelbare Kontakte und Gruppengefühl
  (vgl. Antoni 1994, S. 25; Hacker 1996, S. 99)

Bezogen auf Weiterbildung ist Gruppenarbeit eine spezifische Form der Lernorganisation. Dabei wird unterstrichen, dass Lernen ein sozialer Prozess ist, der auf Kommunikations- und Interaktionsbeziehungen zwischen den Lernenden abstellt.

Neuere Diskussionen zum Gruppenlernen setzen sich mit der Frage auseinander, in welchem Fall homogen oder heterogen zusammengesetzte Gruppen höhere Lernerfolge verzeichnen, welche Rolle die Vielfalt der Herkunft und Erfahrungen der Gruppenmitglieder spielt und inwiefern die Wahrnehmung von Unterschiedlichkeit positiven Einfluss auf das Lernen in der Gruppe hat (Bierhoff 2009, S. 10).

Diese Fragen sind nicht eindeutig zu beantworten; es wurde aber beobachtet, dass heterogene Gruppen unter Umständen Subgruppen bilden, die sich gegenseitig von Informationen ausschließen. Dieses Verhalten kann dazu führen, dass das Lernen in einer Gruppe nicht zu dem Erfolg führt, der potenziell möglich wäre. Daher hebt Bierhoff hervor: »Um die Vorteile der Vielfalt ausschöpfen zu können, sollten sich die Lernenden nicht auf Ähnlichkeiten fokussieren, sondern die positive Seite der Andersartigkeit schätzen und bestrebt sein, die individuellen Stärken zu kombinieren.« (Bierhoff 2009, S. 11)

6.1.3 »Partizipatives« und »kooperatives« Lernen

In traditionellen Lehr-Lern-Prozessen bestehen personal asymmetrische Verhältnisse zwischen Lernenden und Lehrenden. Lernvermitteln setzt auf der Seite der Lehrenden einen Zugang zur Thematik voraus, den Lernende erst noch erwerben wollen oder sollen. Das Konzept des »partizipativen Lernens« (Lave 1997) zielt auf ein Meister-Lehrling-Verhältnis ab, bei dem die Lehrenden gemäß ihrer entwickelten Kompetenz eine Praxis entfalten, in die die Auszubildenden schrittweise hineinwachsen. Anders als im Gruppenlernen geht es beim *partizipativen Lernen* stärker um die direkte Beziehung zwischen Lehrenden und Lernenden.

Musiker musizieren, Schneider schneidern, Mathematiker lösen mathematische Probleme. – In gewisser Weise greift das Modell des partizipativen Lernens Elemente der traditionellen Handwerksausbildung auf, überträgt sie aber auch auf symbolisch repräsentierte Lerngegenstände und kognitive Aneignungsformen. Allerdings wird in diesem Zusammenhang eine Überlegenheit des Meisters unterstellt, die möglicherweise autoritäre Konsequenzen nach sich ziehen kann.

Daraus folgt der hohe Stellenwert partizipativer Lernformen und -methoden, die die Lernenden aktiv in den Lernprozess einbinden. Partizipation bedeutet: Teilhabe *und* Beteiligung. Dabei spielt das gemeinschaftliche Agieren bezogen auf eine gemeinsame Intention eine besondere Rolle, das durch die Beteiligung eine konkrete Perspektive erfahren kann.

Die theoretische Diskussion wurde durch Jean Lave und ihre Mitarbeiter angestoßen und firmiert unter der Bezeichnung »Lernen durch ›apprenticeship‹« bzw. »partizipatives Lernen«. Anregungen zu ihrem Lernkonzept gewann Lave durch vielfältige ethnografische Beobachtungen der Art und Weise, wie in bestimmten Volksgruppen Fähigkeiten oder Fertigkeiten im Sinne eines »apprenticeship« von »Meistern« an »Novizen« weitergegeben werden. Durch organisierte Sequenzen des »Hospitierens«, in welchen der Novize dem Meister zunächst zuschaut und sich allmählich stärker selbst beteiligt, wird er immer kompetenter, bis der Novize schließlich die jeweilige Fertigkeit genauso gut oder sogar besser ausübt als der Meister, d. h.: Die ursprüngliche Asymmetrie wird in einem gleichberechtigten Verhältnis aufgehoben.

Dies bedeutet aber auch, so Lave, dass die Lehrenden im Kurs nicht mehr als »Unterrichtende« im Sinne von Wissensweitergabe fungieren, die den Lernenden irgendetwas über beliebige Lerngegenstände beibringen wollen, sondern als »Meister« selbst das tun, worum es geht, und die Lernenden immer mehr daran teilhaben lassen.

Diese Form des schrittweisen Weitergebens von Wissen und Können wird im Konzept des »kooperativen Lernens« aufgebrochen. Die beteiligten Personen gliedern aus dem direkten Handlungsvollzug eine gemeinsame Lernproblematik aus. Sie stehen zusammen einem offenen Feld von Handlungs- und Lernmöglichkeiten gegenüber. Dabei entwickeln sie eine am kollektiven Problem orientierte Arbeitsteilung im Lernprozess. Im Spannungsfeld von »Alle wissen alles« versus »Jeder kennt nur seinen Bereich« geht es darum, einen Mittelweg zu finden und überlappende Zonen des Wissens und Könnens herzustellen. Es entstehen Lerngruppen, bei denen die Einzelnen divergierende Perspektiven auf eine Lernproblematik einnehmen können.

Beim *kooperativen Lernen* orientieren die Individuen ihr Lernen an Gemeinsamkeiten (Holzkamp 1995, S. 510). Es werden aus Tätigkeiten gemeinsame Lernproblematiken ausgegliedert. Es entsteht eine *Lerngruppe*. »Darin eingeschlossen ist eine Potenz, die nur im kooperativen Lernen eröffnet werden kann, nämlich die am gemeinsamen Problem orientierte Arbeitsteilung« (Holzkamp 1995, S. 511).

Dies bezieht sich zum einen auf den Prozess der Aneignung, innerhalb dessen sich die Individuen wechselseitig kundig machen. Sie werden zu Experten auf verschiedenen Gebieten und nutzen ihre Expertise gemeinsam. Zum anderen resultiert daraus eine neue Verteilung von Kompetenzen: Durch die gemeinsame Auseinandersetzung mit einer Handlungsproblematik sollten am Ende des Lernprozesses »alle alles wissen« (s. o.). Dies steht einer individualisierten Lernhaltung und -strategie gegenüber, nach der jeder nur seinen Sektor kennt. Gruppenarbeit kann dann gelingen, wenn sich möglichst viele der Beteiligten notwendige Kompetenzen aneignen und Wissen und daraus resultierende Handlungen für alle verfügbar sind.

Da sich die Perspektiven von Bedeutsamkeit nicht von den Individuen ablösen, bleiben Divergenzen bestehen, die im gemeinsamen Lernprozess ausgetragen werden mussen. Darin liegt einerseits eine spezifische Produktivität der Lerngruppen, andererseits ist »expansives Lernen« nur dann durchzuhalten, wenn die Perspektivendivergenzen unter der Prämisse eines gemeinsamen Gegenstandes im Innern des Kooperationsprozesses aufgefangen werden können. Werden dagegen bestimmte Perspektiven oder Interpretationen vorgegeben und sollen diese als überlegen oder ausgezeichnet von den Einzelnen akzeptiert werden, kann es zur Machtausübung und daraus resultierenden Lernwiderständen kommen (vgl. Kap. 5.3.2).

Der Ansatz partizipativen und kooperativen Lernens kann zur Überwindung defensiven Bewältigungslernens beitragen und zum expansiv-themenorientierten Lernen führen. Lehrende in der Funktion des »Meisters« bringen sich selbst, die eigenen Meinungen und Denkweisen sowie ihr eigenes Können in den Lernprozess ein. Damit machen sie sich angreifbar und kritisierbar, eine Thematik wird aber gleichzeitig der Reflexion geöffnet. Die Lernenden können, da sie nicht mehr mit Aufgaben unter Druck gesetzt werden, sondern Gelegenheit zur Teilhabe erhalten, zu gleichberechtigten Kooperationspartnern werden.

Partizipative und kooperative Lernformen sind direkt anschlussfähig an Prinzipien der Teilnehmerorientierung als didaktisches Prinzip in der Erwachsenenbildung (vgl. Kap. 5.1). In solchermaßen organisierten Lehr-Lern-Prozessen stehen Lernende als Unwissende nicht mehr Lehrenden als »Alleswisser« gegenüber. Vielmehr wird die Begrenztheit jedes individuellen Wissens offen gelegt, darüber hinaus aber auch die Begrenztheit menschlichen Wissens überhaupt.

6.2 Vermittlung in der Erwachsenenbildung: Profil und Rolle von Expert/innen

Wir haben bereits in der Einführung (Kap. 1.4.3) auf die vielfältigen Aufgaben und Tätigkeiten von Erwachsenenbildner/innen hingewiesen, und es wurde deutlich, dass sie neben Planungs- und Organisationsaufgaben auch unterrichtend, lehrend und vermittelnd tätig sind. Dabei besteht eine Diskrepanz zwischen der Gewichtung der Aufgaben: Während für hauptamtlich Tätige das Vermitteln eher eine Aufgabe unter vielen ist, steht es für Trainer/innen oder Kursleiter/innen im Mittelpunkt.

Aber unabhängig davon, ob Vermittlungsprozesse in der Gesamtverteilung von Aufgaben einen höheren oder niedrigeren Stellenwert haben, ist es notwendig, sich über Profil und Rolle der Vermittelnden Gedanken zu machen. Zu überlegen ist, welches Wissen und welche Kompetenzen sie brauchen, um Lernprozesse für die Lernenden erfolgreich zu gestalten, und welche Verantwortung die Lerner dabei übernehmen können (vgl. Zeuner 2008a).

Durch die Diskussion um »selbstorganisiertes«, »selbstgesteuertes« oder »selbstbestimmtes« Lernen hat sich das Tätigkeitsspektrum des Lehrpersonals in der Weiterbildung verschoben. Allerdings hat sich die zunächst ausgegebene Devise »Lehre ohne Zukunft« als falsch erwiesen. Lehraufgaben haben sich nicht aufgelöst, vielmehr werden stärkere Akzente im Bereich der Makrodidaktik gesetzt.

Beispiele Andreas Schneider und Julia Müller: Planung und Durchführung eigener Veranstaltungen

Es ist eine Ausnahme, dass Andreas Schneider selbst Veranstaltungen durchführt. Der Hauptteil seiner Zeit wird durch Sicherung der Rahmenbedingungen in Anspruch genommen. Er hat sich aber vorgenommen, mindestens einen Kurs pro Semester selbst anzubieten, damit er in Kontakt mit den »Endabnehmern«, also den Teilnehmenden, bleibt. Es macht ihm außerdem Spaß, mit Menschen zu kommunizieren. Auch die Fachbereichsleiter, die zusätzlich für einzelne Standorte zuständig sind, bieten selbst nicht mehr als zwei bis drei Kurse im Jahr an. Den größten Teil der Kurse führen die Dozent/innen durch, die auf Honorarbasis arbeiten.

Auch Julia Müller plant und leitet ihren Workshop über »Coaching« selbst. Dies ist für sie eine Möglichkeit, Kontakt zu anderen Führungskräften des Unternehmens zu bekommen. Außerdem bindet sie Bereichsleiter als Dozenten und Trainer in unternehmensspezifische Veranstaltungen mit ein. Die meisten Veranstaltungen werden aber mittlerweile »outgesourct«; d. h., die Personalentwicklung vergibt Aufträge für Veranstaltungen an externe Träger oder Dozenten. Dies gibt dem Unternehmen die Möglichkeit, flexibel auf sich ändernde Bedarfe einzugehen und gleichzeitig die eigene Personalkapazität zu beschränken.

Durch die Diskussion um selbstbestimmtes Lernen ergibt sich ein erweitertes Aufgabenfeld für die Lehrenden in der Erwachsenenbildung. Da es nicht um Erziehung geht, sondern um die gemeinsame Auseinandersetzung mit Lernaufgaben, verlagern sich Arbeitsformen in der Erwachsenenbildung. »Belehren« bekommt einen geringeren Stellenwert, je deutlicher die Selbsttätigkeit der Teilnehmenden in den Vordergrund rückt. Damit verändert sich das Profil der Dozenten vom »Lehrer« zum »Lernhelfer« (Giesecke 1987). In diesem Zusammenhang wurde diskutiert, ob Lehren keine Zukunft habe (Klein/Reutter 1998). Besonders durch das Schlagwort von der »Ermöglichungsdidaktik« (Arnold/Siebert 1995) und die Themenkonjunktur des »selbstorganisierten Lernens« ist Unterrichten in Verruf gekommen. Tietgens diskutierte in diesem Zusammenhang kritisch die angebliche Tendenz einer »Funktionsminderung der Lehrenden« (Tietgens 1998, S. 42).

Dagegen lässt sich feststellen: Erwachsenenbildung »hat es seit eh und je als ihre Aufgabe angesehen, Menschen zu selbstständigem Weiterlernen zu verhelfen« (Tietgens 1998, S. 41). Es geht darum, in der Kommunikation zwischen Lernenden und Lehrenden die Lernpotenziale zu fördern. Das heißt aber auch, dass die Lehrenden weiterhin vielfältige Aufgaben übernehmen und moderieren.

Aufgaben von Lehrenden bei der Unterstützung selbstbestimmten Lernens

- Vermittlung zwischen Interessen der Lernenden und Lernanforderungen
- Herstellung von Bezügen zwischen Erfahrungen der Teilnehmenden und den Aspekten und der Systematik der Lerngegenstände
- Unterstützung bei der Klärung von Lernzielen
- Unterstützung bei der Auswahl von Lerninhalten
- Hinweisen auf mögliche Methoden der Aneignung
- Bereitstellen von Lernmitteln (Literatur, Medien, Materialien)
- Hinweisen auf Bearbeitungsmöglichkeiten
- Beachten von Gruppen- und Kommunikationsstrukturen
- Sichern eines vertrauensvollen und angenehmen Lernklimas
- Sichern der Lernfortschritte
- Klären der Lernzeiten und Lernorte
- Unterstützung der Lernenden beim Erstellen eines Arbeitsplans

Auch bei einem auf Lehren und Unterrichten fokussierten Rollenverständnis von Lehrenden waren diese Aufgaben handlungsleitend. Die Frage ist aber, welche Schwerpunkte sich *wie* verschoben haben, wenn höhere Grade von Selbstbestimmung im Lernen ermöglicht werden sollen.

Kompetenzen der Lehrenden zur Unterstützung selbstbestimmten Lernens

- Kompetenz zur Planung offener Curricula mit hohen Anteilen der Selbstbestimmung durch die Lernenden
- Kompetenz zur Gestaltung von lernförderlichen Arrangements und prozessorientierten Lernhilfen
- Kompetenzen zur Beratung bezogen auf die Interessen der Lernenden
- Kompetenzen zur adäquaten Auswahl und zum Einsatz von Methoden für aktives Lernen
- Kompetenzen zum Umgang mit Medien
- Kompetenzen zur Arbeit und zum Leiten in Gruppen

John Erpenbeck und Lutz von Rosenstiel haben die Betonung dieser Kompetenzen charakterisiert als einen Prozess des Rollenwechsels: »Der Weiterbildner wird zum Praxisbegleiter, zum Coach, Mentor und Trainer. Er wandelt sich vom ›Oberlehrer‹ zur ›Kompetenzhebamme‹, steht nicht mehr vorn, aber er steht mittendrin in dem sich beschleunigenden Zukunftsgeschehen« (Erpenbeck/Rosenstiel 2009, S. 9).

Diese Rollenperspektive heißt aber keineswegs, dass eine gründliche Ablaufplanung für die Durchführung von Veranstaltungen überflüssig geworden wäre. Eine präzise Durchführungsplanung bleibt notwendig und gibt gerade

Anfängern die hinreichende Sicherheit und mindert Ängste, nicht genug »Stoff« zu haben oder »zu früh« fertig zu sein.

Lehrende sollten aber ein Bewusstsein dafür entwickeln, dass jede Planung durch die Interessen und Wünsche von Teilnehmenden in Frage gestellt werden kann. Es sollte daher eine grundsätzliche Bereitschaft bestehen, Ablaufpläne flexibel zu handhaben, sie als variable Vorgaben aufzufassen und bei Bedarf von ihnen abzuweichen. Damit ergibt sich für Dozenten die zusätzliche Anforderung, die Vorstellung aufzugeben, über Lernprozesse anderer unmittelbar bestimmen zu können.

Begriff: Lehrlernkurzschluss

»Meine Kritik am ›Lehrlernkurzschluss‹, d.h. der Unterstellung, ›Lehren‹ würde automatisch ›Lernen‹ bei den Belehrten implizieren, das Subjekt der Lernprozesse der ›Schüler‹ sei also eigentlich der ›Lehrer‹, ist nicht primär ›antiautoritär‹ motiviert. Vielmehr versuche ich in den verschiedensten Zusammenhängen zu zeigen, daß die Vorstellung, man könne etwa durch Lehrpläne, Lehrstrategien, didaktische Zurüstungen die Lernprozesse eindeutig vorausplanen, also Bedingungen herstellen, unter denen den Betroffenen nichts anderes übrigbleibt, als in der gewünschten Weise zu lernen, eine Fiktion darstellt: Tatsächlich erzeugt man durch derartige Arrangements über die Köpfe der Betroffenen hinweg vor allem Widerstand, Verweigerung, Ausweichen, wobei – sofern es überhaupt zum Lernen kommt – dieses als ›defensives Lernen‹ nicht auf das Eindringen in den Lerngegenstand, ein tieferes Verständnis der Lerninhalte etc. gerichtet ist, sondern lediglich darauf, die Lehrenden zur Abwendung von Sanktionen ›zufrieden zu stellen‹, d.h. Lernerfolge zu demonstrieren bis vorzutäuschen.
Dabei wird der geringe Erfolg des ›Lehrlernens‹ gemeinhin dadurch verschleiert, dass man qua normalisierender Leistungsbewertung die ›Schuld‹ für unzulängliches Lernen auf die Betroffenen abwälzt, deren mangelnder Motivation, ›Begabung‹, fehlendem Interesse etc. zuschreibt und durch solche Personalisierungen den lernbehindernden Effekt der Lehrinstitutionen und -strategien von vornherein gegen Kritik und Änderungsintentionen immunisiert. Um diesem Dilemma zu entkommen, ist es zunächst erforderlich, Arbeitsbedingungen und Kommunikationsformen zu schaffen, innerhalb derer die wirklichen Lerninteressen der Betroffenen systematisch geäußert und berücksichtigt werden können. Dies bedeutet, dass der ›Lernstoff‹ nicht eindeutig fixiert und vorgeschrieben ist, sondern ›Angebots‹-Charakter hat. Dabei sind die Gründe offenzulegen und mit den Betroffenen zu diskutieren, die dafür und dagegen sprechen, dass das Angebot in deren Interesse ist, und die Lernenden haben die Alternative, es zu akzeptieren oder (eben als bloße ›Angebote‹) ohne jede Benachteiligung abzulehnen.« (Klaus Holzkamp, in: Faulstich/Ludwig 2004, S. 31–32)

Klaus Holzkamp, der diese Illusion so prägnant als *Lehrlernkurzschluss* kritisiert hat, ist Vertreter der »Kritischen Psychologie«.

Möchte ein Dozent oder eine Kursleiterin bei der Begleitung von Lernprozessen verhindern, dass ein Lehrlernkurzschluss im Sinne Klaus Holzkamps entsteht, muss die Lernumgebung so gestaltet werden, dass expansives Lernen möglich wird. Um expansives Lernen zu fördern, sollten Kursleitende die Teilnehmenden bei der Definition ihrer Lern- und Handlungsprobleme unterstützen und gemeinsam mit ihnen Wege und Strategien erarbeiten, diese Probleme durch die Bestimmung von Lernaufgaben einzugrenzen und gemeinsam Wege zu ihrer Lösung zu finden (Zimmer 2004, S. 66).

Auf den Punkt gebracht: Förderung von expansivem Lernen

- Aufgreifen von Diskrepanz-Erfahrungen der Teilnehmenden
- Diskussion/Definition des Problems
- Bestimmen der Lernaufgabe
- Lösen der Lernaufgabe
- Bewerten und Prüfen des Lernerfolgs
- Eingliedern der erworbenen Kompetenz in die eigene Handlungsfähigkeit

Der Anspruch an die Lehrenden, als Vermittler, Lernbegleiter und Organisatoren von Lehr-Lern-Prozessen den Lernenden zur Seite zu stehen, erfordert Kompetenzen. Spezifische Kompetenzen wurden in Bezug auf das didaktische Handeln in der Erwachsenenbildung bereits in Kapitel 3.2.1 diskutiert.

Im Zusammenhang mit der Frage, was pädagogische bzw. andragogische Professionalität auszeichnet, werden Kompetenzen aber auch übergreifender diskutiert. Für die Erwachsenenbildung wurden sie als Fachkompetenz, Methodenkompetenz, Sozialkompetenz und reflexive Kompetenz definiert und inhaltlich ausgestaltet (vgl. Faulstich/Zeuner 2008, S. 21 f.).

- *Fachkompetenz* bezieht sich auf fundiertes fachliches/wissenschaftliches Wissen und Kenntnisse, über das Erwachsenenbildner/innen verfügen müssen, um Lernprozesse Erwachsener zu initiieren, zu begleiten und zu unterstützen.
- *Methodenkompetenz* verweist auf die Aneignung notwendiger mikro- und makrodidaktischer Kenntnisse, um Lernprozesse adäquat planen, organisieren, durchführen und evaluieren und methodisch und empirisch begründen zu können.
- *Sozialkompetenz* bezieht sich allgemein auf die Fähigkeit, für sozial, gesellschaftlich und politisch relevante Sach- und Sozialbereiche urteils- und handlungsfähig zu sein. Da es – verglichen mit Schule – eine prinzipielle Positionssymmetrie von Lehrenden und Lernenden gibt, sind Verhaltensweisen und Umgangsstile erforderlich, die gleichberechtigtes Handeln in Kommunikation, Konflikt und Kooperation ermöglichen.

- *Reflexive Kompetenz* bedeutet die Fähigkeit zu selbstverantwortlichem Handeln und Urteilsfähigkeit im Rahmen der jeweiligen Situation unter Berücksichtigung der Prämissen, die für die Fach- Methoden- und Sozialkompetenz aufgestellt wurden. Für das professionelle Handeln in der Erwachsenenbildung bezieht sie sich erstens auf die Fähigkeit der Lehrenden, die eigene Position, mögliche Kontroversen und das Verhältnis zur Organisation und zu den Lernenden zu klären.

Innerhalb von Lernprozessen ist *zweitens* die Reflexion kontroverser Positionen, Interessen und resultierender Konflikte notwendig, wenn das Ziel Autonomie und die Entwicklung von Urteilsfähigkeit und Mündigkeit aufseiten der Lernenden und Lehrenden ist.

Reflexive Kompetenz bezieht sich *drittens* auf die Fähigkeit von Erwachsenenbildnern, theoretisches Wissen reflektieren zu können. Sie sollten wissenschaftstheoretische Begründungen und Implikationen unterschiedlicher theoretischer Konzepte der Erwachsenenbildungswissenschaft einschätzen und beurteilen können, auch in Bezug auf die Konsequenzen für das eigene professionelle Handeln.

Reflexionen zu Kapitel 6.2

Welche Kompetenzen zeigen Julia Müller und Andreas Schneider jeweils in Bezug auf ihre Tätigkeiten? Wie könnten sie sich diese Kompetenzen angeeignet haben?

Ausgangspunkt professionellen andragogischen Handelns sind eine Klärung des Verhältnisses zwischen Theorie und Praxis und die Frage nach der Anwendung theoretischen Wissens in der pädagogischen Praxis. Diese Anwendung erfordert ein spezifisches Urteilsvermögen, das in das situative Handeln einfließt.

Definition: Professionalität

Professionalität heißt demnach »[…] auf eine Kurzformel gebracht, die Fähigkeit nutzen zu können, breit gelagerte, wissenschaftlich vertiefte und damit vielfältig abstrahierte Kenntnisse in konkreten Situationen anwenden zu können. Und umgekehrt betrachtet: in eben diesen Situationen zu erkennen, welche Bestandteile aus dem Wissensfundus relevant sein können. Es geht also darum, im einzelnen Fall das allgemeine Problem zu entdecken. Es sollen immer wieder Relationen hergestellt sein zwischen gelernten Generalisierungen und eintretenden Situationen, zwischen einem umfangreichen Interpretationsrepertoire und dem unmittelbar erfahrenen.« (Tietgens 1988, S. 37)

6.3 Voraussetzungen für die Durchführung von Lehr-Lern-Prozessen

Die Aufgabe von Lehrenden im Rahmen von Lehr-Lern-Prozessen hat sich also gewandelt, wenn der Anspruch ernst genommen wird, expansives Lernen von Teilnehmenden zu unterstützen. Die Dimensionen, die in Bezug auf die Planung und Durchführung von Lehr-Lern-Prozessen berücksichtigt werden müssen, sind bekannt.

- Inhaltsbezug/Problembezug
- Umgang mit Gruppenprozessen
- Teilnehmerbezug
- Planung und Durchführung der Lehr-Lern-Prozesse unter Berücksichtigung methodischer Fragen

Karlheinz A. Geißler stellt ein »Dreiebenenmodell« von Sachlogik, Soziologik und Psychologik vor, das sich auf die ersten drei Dimensionen bezieht und die Komplexität der Abhängigkeiten zwischen ihnen hervorhebt. »Nur wenn die Komplexität und die Vernetzung von Inhalt, Gruppe und Individuum in den Blick kommt, sind Lehren und Lernen produktiv möglich. Die Gestaltung und die Steuerung von Lehr-Lern-Prozessen muß daher auf drei Ebenen erfolgen« (Geißler 1995, S. 17).

Die drei Gestaltungs- und Steuerungsebenen des Lehr-Lern-Prozesses	
Ebene 1	Inhaltsgestaltung und Inhaltsaneignung Ebene der Sachlogik
Ebene 2	Gruppenzusammensetzung und Gruppenentwicklung Ebene der Soziologik
Ebene 3	Einzelpersonen und ihre Veränderungen Ebene der Psychologik

Tab. 8: Dreiebenenmodell zum Lehr-Lern-Prozess (Geißler 1995, S. 17)

6.3.1 Inhaltsgestaltung und Inhaltsaneignung: Ebene der Sachlogik

Der Inhaltsbezug bzw. der Problembezug konstituiert den Lehr-Lern-Prozess. Er ist grundlegend dafür, dass Teilnehmende überhaupt an einer Veranstaltung teilnehmen. Ob dies aufgrund eigener Entscheidung und definierter inhaltlicher Interessen und Erwartungen geschieht oder weil sie sich, etwa in der betrieblichen Weiterbildung, aus arbeitsorganisatorischen und strukturellen Gründen neues Wissen erwerben müssen, spielt zunächst keine Rolle. Wichtig ist, dass Kursleitende die inhaltlichen Angebote und das zu vermittelnde Wissen so vor- und aufbereiten, dass die Lernenden es sich aneignen können.

Das setzt auf der Seite der Lehrenden eine genaue Kenntnis des Inhaltsbereiches voraus, die es ihnen ermöglicht, den Stoff in Segmente zu unterteilen, über die Relevanz bestimmter Bereiche zu entscheiden, Stoff zu reduzieren und so vorzubereiten, dass Vertiefungen bei Bedarf möglich werden. Ein Lehrender sollte für ein Thema übergreifende und partiale Lernziele definieren und ihre Erreichung in Relation zu geeigneten Methoden setzen. Entscheidungen über den zeitlichen Ablauf einer Veranstaltung und die Frage, welche thematischen Schwerpunkte in welcher Zeit vermittelt/angeeignet werden sollen, müssen zumindest als Vorschlag vorliegen.

Die Planung einer Veranstaltung sollte also *erstens* die Inhalte, die Definition von Lern- und Lehrzielen sowie Lern- und Lehrsequenzen beinhalten. *Zweitens* sollten Vorschläge in Bezug auf die methodische Umsetzung, die Überprüfung des zu Lernenden und gegebenenfalls Fragen des Transfers/der Anwendung des Gelernten formuliert werden.

Wichtig ist die Planung des zeitlichen Ablaufs einer Veranstaltung bezogen auf die gesamte Veranstaltung und auf einzelne Treffen/Sitzungen. Dabei sollten die organisatorischen Rahmenbedingungen (Ort, räumliche und technische Ausstattung) berücksichtigt werden, da sie das mögliche methodische Repertoire erheblich beeinflussen können.

6.3.2 Gruppenzusammensetzung und Gruppenentwicklung: Ebene der Soziologik

Bei dieser Ebene, die Karlheinz Geißler als die der »Soziologik« bezeichnet, geht es um die Frage, auf welche Weise sich ein Dozent mit den Teilnehmenden als Lerngruppe auseinandersetzt. Dies ist nicht zu verwechseln mit dem »Gruppenlernen« als methodisches Lern-Arrangement, das wir in Kapitel 6.1.1 vorgestellt haben. Dort geht es konkret um die Gestaltung von Lernprozessen als gemeinsames Lernen in Gruppen.

Gruppenzusammensetzung und -entwicklung gehen darüber hinaus, denn es geht um Fragen der Interaktion, des Artikulierens und Aushandelns von Interessen der Einzelnen in Bezug auf die Gruppe, der Gruppendynamik. Dafür spielt die Gruppenzusammensetzung eine große Rolle. Denn je nachdem, ob Gruppen eine eher homogene oder heterogene Teilnehmerschaft aufweisen, die sich definiert über Milieuzugehörigkeit, Bildungshintergrund, Lernerfahrungen, Interessen und subjektive oder externe Begründungen für die Teilnahme (z. B. Teilnehmende an einem Kurs vermittelt über die Arbeitsagentur), kann eine Gruppe eine lernförderliche oder auch lernhemmende Eigendynamik entfalten.

Kenntnisse über die Soziologik von Gruppen, die es einem Dozenten ermöglichen, Gruppenentwicklungen einzuschätzen und für den Lernprozess aller Beteiligten produktiv zu gestalten, sind wesentlich. Dabei geht es in der Regel nicht darum, die Gruppenprozesse selbst zum Lerngegenstand zu machen, wohl aber darum, zu erkennen, wann und warum Gruppenprozesse das Lernen be- oder verhindern, welche Gründe erkennbar sind und wie diese zu beheben sind. Gruppensteuerung in diesem Sinn zielt nicht auf therapeutische Prozesse, sondern auf die Herstellung eines für alle Beteiligten konstruktiven Lernklimas.

»Das heißt, der Stand der jeweiligen Gruppenentwicklung beeinflußt den Lehr-/Lernprozeß entscheidend im Hinblick auf dessen Erfolg. Aufgabe des für den Lehr-/Lernprozeß primär Verantwortlichen ist es, die Soziodynamik der Gruppe für das Lernen aller Beteiligten zu nutzen. Beziehungsarbeit heißt diese Leistung. Die Führungsaufgabe besteht dabei darin, Gruppensituationen zu erkennen und vertikale und horizontale Kooperationsbeziehungen auf der Basis ihres Entwicklungsstandes zu beeinflussen.« (Geißler 1995, S. 18f.)

Weiterführende Literatur

Gieseke, W. (2007): Lebenslanges Lernen und Emotionen: Wirkungen von Emotionen aus beziehungstheoretischer Perspektive. Bielefeld: W. Bertelsmann.

Arnold, R./Holzapfel G. (Hrsg.) (2008): Emotionen und Lernen: Die vergessenen Gefühle in der (Erwachsenen-)Pädagogik. Baltmannsweiler: Schneider Hohengehren.

In der neueren Literatur zur Erwachsenenbildung wird diesem Aspekt besondere Aufmerksamkeit gezollt, wenn gefragt wird, welche Rolle Emotionen in Lehr-Lern-Prozessen spielen. Indirekt wurde diese Perspektive bereits von Klaus Holzkamp besonders für das defensive Lernen beschrieben, wenn »veranlasstes« Lernen zu Widerständen führt. Negative Lernerfahrungen bezogen auf Institutionen, Lehrende oder auch Inhalte können ebenfalls die individuelle Lernhaltung und Einstellungen beeinflussen, die unter Umständen in Gruppenprozessen zum Tragen kommen.

6.3.3 Einzelpersonen und ihre Veränderungen: Ebene der Psychologik

Bei der Teilnehmerorientierung geht es auf der einen Seite um die Frage, welche Erwartungen, inhaltlichen Interessen und Vorkenntnisse die Lehrenden antizipativ erschließen können, um darauf aufbauend eine Veranstaltung zu planen, und auf der anderen Seite geht es darum, in einer konkreten Veranstaltung gemeinsam mit den Teilnehmenden als Gruppe die tatsächlichen Inhalte und Methoden auszuhandeln und zu bestimmen. Auf der Ebene der *Psychologik* steht hingegen die *Einzelperson* im Mittelpunkt. Sie befasst sich mit Fragen der subjektiven Lerninteressen, Lernbegründungen und auch der individuellen Lernmöglichkeiten sowie der Stärken und Schwächen. Diese beeinflussen in ihrer Summe das Geschehen in der Gruppe und müssen daher im Ablauf einer Veranstaltung berücksichtigt werden.

Reflexionen zu Kapitel 6.3

– Lesen Sie unsere Beispiele von Julia Müller und Andreas Schneider nochmals unter dem Aspekt von Beratungstätigkeiten und überlegen Sie, um welche Formen der Beratung es hier gehen könnte.

6.4 Planung und Durchführung der Lehr-Lern-Prozesse unter Berücksichtigung methodischer Fragen

In den vorangegangenen Abschnitten haben wir die Dimensionen, die beim Planungsprozess für Veranstaltungen eine wesentliche Rolle spielen, genauer dargestellt. Dabei wurde deutlich, dass das in Kapitel 2 dargestellte didaktische Dreieck (Abb. 4, S. 39) weiterhin eine herausragende Rolle spielt: Planungsprozesse spielen sich zunächst ab in dem Dreieck zwischen *erstens* Inhalten/Gegenständen, *zweitens* Lernenden und *drittens* Lehrenden. Es wurde aber auch deutlich, dass diese Dimensionen stärker aufgeschlüsselt werden müssen, um sie wirklich verstehen und ihre jeweiligen Rollen besser einschätzen zu können.

- Bei den *Lernenden* wurde gezeigt, dass zu differenzieren ist zwischen ihnen als Teilnehmergruppe und den Individuen, aus denen eine Gruppe zusammengesetzt ist. Sie unterscheiden sich hinsichtlich ihrer Interessen, Zielsetzungen und Erfahrungen.
- Bei den *Lehrenden* können sich Unterschiede zeigen je nachdem, welche Bedeutung die Durchführung von Veranstaltungen in Bezug auf ihre gesamte berufliche Tätigkeit hat. Dadurch werden auch ihre Erfahrungen in Vermittlungsprozessen bestimmt.
- Neben einer Festlegung der *Inhalte*, ihrer Differenzierung und einer übergeordneten Zielsetzung werden zusätzliche Faktoren für die Planung von Veranstaltungen wichtig: Ort, Zeit, Methoden, Rahmenbedingungen und die Institution, in der eine Veranstaltung stattfindet, also Fragen der Lernkultur (vgl. Kap. 6.1; Schüßler/Thurnes 2005).

Jörg Knoll (1986) hat diese Faktoren in einem Mobile veranschaulicht, das nicht nur ihre Gewichtung zeigen soll, sondern auch die Notwendigkeit der Balance zwischen diesen Faktoren und ihre gleichzeitige Dynamik. Das Mobile steht als eine Metapher für die Beweglichkeit von Lehr-Lern-Prozessen, die grundlegend ist und die in Planungsprozessen unbedingt berücksichtigt werden sollte. Die Faktoren stehen in organisierten Lehr-Lern-Prozessen in (veränderlichen) Beziehungen zueinander; d. h., dass sich Gewichtungen verschieben können (z. B. zugunsten von Gruppenlernprozessen, eines Kursleitenden oder besonderer Methoden). Es ist aber nicht ohne Weiteres möglich, einen Faktor völlig zu vernachlässigen, ohne das Gleichgewicht zu stören.

Beispielsweise ist es in einer organisierten Veranstaltung eher schwierig, ganz auf einen Leitenden zu verzichten, weil an ihn seitens der Teilnehmenden gewisse Erwartungen in Bezug auf das Arrangement des Lehr-Lern-Prozesses gerichtet werden. Je nach Gruppenzusammensetzung kann auch eine deutliche Betonung selbstorganisierter Formen der inhaltlichen Aneignung auf Widerstand stoßen. Umgekehrt können unterrichtszentrierte Methoden für bestimmte inhaltliche Zielsetzungen kontraproduktiv sein (z. B. die Erweiterung der politischen Aktionsfähigkeit in einer Veranstaltung der politischen Bildung). Ebenfalls ist es denkbar, dass Probleme entstehen, wenn die organisatorischen und institutionellen Rahmenbedingungen einer Einrichtung ignoriert werden.

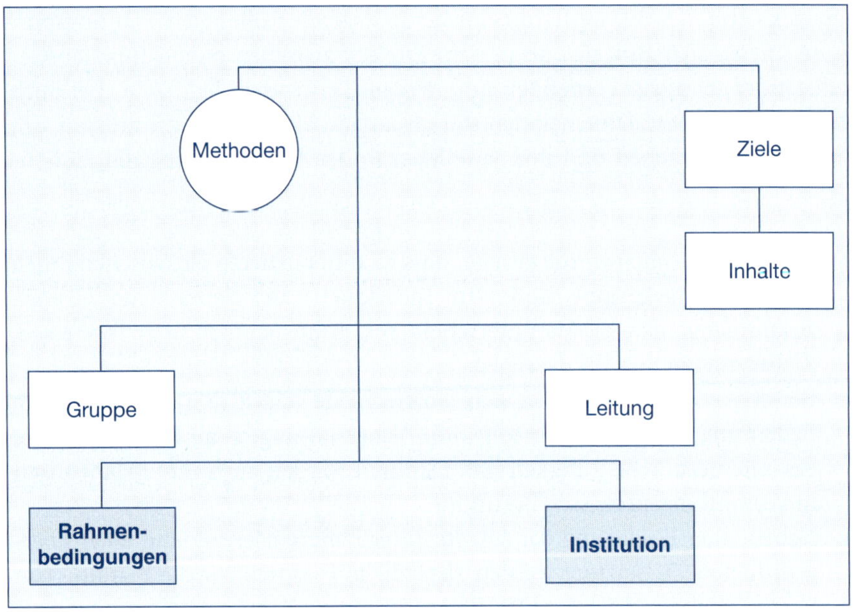

Abb. 10: Wirkungszusammenhänge in Planungsprozessen von Veranstaltungen (Knoll 1986, S. 24)

Die Festlegung von Inhalten und Zielsetzungen einer Veranstaltung erfolgt in der Regel durch denjenigen, der die Veranstaltung auch leiten wird. Die Planung der Veranstaltung erfordert die Zerlegung des Themas in Sequenzen oder Lehr-Lern-Einheiten, die dann in Bezug auf einzelne Sitzungen differenziert werden müssen.

»Es hat sich bewährt, für einzelne Sitzungen *Phasen* zu bestimmen, für die jeweils gesonderte Zielsetzungen, Inhalte, Methoden und Beteiligte bestimmt werden können (vgl. Arnold/Krämer/Stürzl 1999; Siebert 1999, S. 94 und Kaiser 2007, S. 19).«

- Einstieg
- Aufgabenstellung
- Bewertung
- Transfer
- Information
- Durchführung
- Ergebnissicherung
- Nachbereitung

Dabei haben diese Phasen bestimmte, im Verlauf von Veranstaltungen wiederkehrende Funktionen. Besondere Bedeutung kommt der *Einstiegsphase* zu, in der das Interesse und die Motivation der Teilnehmenden geweckt werden sollen. Über die Vorstellung des Themas und der Zielsetzung sollen sich die Teilnehmenden kennenlernen, eigene Erwartungen formulieren und sich über die Vorgehensweise in den Veranstaltungen verständigen. Bereits in der ersten Sitzung kann der Grund gelegt werden für eine positive Lernatmosphäre und den Einbezug der Teilnehmenden in den Lehr-Lern-Prozess. In der Einstiegsphase kann auch die Aufgabenstellung vorgestellt bzw. in Zusammenarbeit mit den Teilnehmenden diskutiert und modifiziert werden.

Die Durchführung von Lehr-Lern-Prozessen erfordert für jede Sequenz von Neuem Entscheidungen über die Relationierung von Inhalten, Zielen und methodischem Vorgehen in einem Aushandlungsprozess zwischen Lehrenden und Teilnehmenden. Die Rolle der Lehrenden ist es dabei, entsprechend dem Prinzip der Teilnehmerorientierung nach Tietgens nicht nur die Interessen der Teilnehmenden zu berücksichtigen, sondern sich auch als Sachwalter des Themas und der Zielsetzungen zu sehen.

Die Aspekte der Bewertung einer Veranstaltung (vgl. Kap. 8), der Ergebnissicherung, des Transfers (vgl. Kap. 9) und der Nachbereitung können jeweils bezogen werden auf eine Gesamtveranstaltung, aber auch auf eine einzelne Sitzung. Sie müssen dann jeweils in der Planung gesondert berücksichtigt werden.

Weiterführende Literatur

Szepansky, W.-P. (2005): Souverän Seminare leiten. Gruppenprozesse und Leitungsrolle. 2. Auflage. Bielefeld: W. Bertelsmann (Kap. 2).

Geißler, K. A. (1995): Lernprozesse steuern. Übergänge: zwischen Willkommen und Abschied. Weinheim: Beltz (Kap. 2 und 3).

Siebert, H. (2004): Methoden der Bildungsarbeit. Leitfaden für aktivierendes Lernen. Perspektive Praxis. Bielefeld: W. Bertelsmann.

Allespach, M./Meyer, H./Wentzel, L. (2009): Politische Erwachsenenbildung. Ein subjektwissenschaftlicher Zugang am Beispiel der Gewerkschaften. Marburg: Schüren.

Reflexionen zu Kapitel 6.4

– Planen Sie …

1.) die erste Veranstaltung für Andreas Schneiders Seminar »Kommunikation im Beruf« und

2.) eine Veranstaltung von Julia Müller im Rahmen des Seminars »Coaching-Gespräche«, bei der besonderer Wert auf die Eigenaktivität der Teilnehmenden gelegt wird.

– Überlegen Sie, auf welche Weise Julia Müller und Andreas Schneider in ihren jeweiligen Veranstaltungen die Sicherung der Ergebnisse einplanen und vorbereiten könnten.

Zusammenfassung

Die Durchführung von Lehr-Lern-Prozessen erfolgt ebenso wie die Planung von Programmen und Veranstaltungen in Interaktionsprozessen zwischen den Beteiligten: den Lehrenden und Lernenden.
Steht das Prinzip der *Teilnehmerorientierung* bei der Durchführung von Veranstaltungen im Vordergrund, haben die vermittelnden Personen die Aufgabe, zwischen Wünschen, Interessen und Anforderungen der Teilnehmenden, Inhalten und Zielen auf der einen und methodischen Entscheidungen auf der anderen Seite eine Balance herzustellen. Dabei sind Ansprüche der Teilnehmenden an *selbstorganisierte/selbstbestimmte Lernprozesse* ebenso zu berücksichtigen wie die Frage nach der Vermittlung konkreter Inhalte.
In diesem Zusammenhang spielen *unterschiedliche Lernformen* wie Gruppenlernen, partizipatives oder kooperatives Lernen eine Rolle. Um solche Lehr-Lern-Prozesse zu gestalten, ist eine Expertise des lehrenden Personals unverzichtbar. Sie bezieht sich auf die didaktisch-methodische Vorbereitung von Lernsequenzen, ihre zeitliche Strukturierung und die Entwicklung von Inhalten und Zielen einer Veranstaltung in Interaktion mit den Lernenden.

7. Qualitätssicherung

Das Thema »Qualität« beschäftigt die Verantwortlichen in der Weiterbildung seit mehr als vierzig Jahren. Resultat ist eine sehr differenzierte Qualitätsdebatte sowohl in Bezug auf die Erwachsenenbildung als Teil des Bildungssystems als auch in Bezug auf die Weiterbildungseinrichtungen und die Anbieter. Die Diskussion bewegt sich zwischen dem Anspruch, höhere Effizienz und Effektivität in der Weiterbildung im betriebswirtschaftlichen Sinn zu erreichen, und der Berücksichtigung und praktischen Umsetzung von Ansprüchen und Erwartungen der Adressaten, Zielgruppen und Teilnehmenden (z. B. unter Aspekten wie Verbraucherschutz oder gelungenem Lernen).

Dabei werden Finanz- und Qualitätsaspekte miteinander verbunden und eine Ökonomisierung der Erwachsenenbildung forciert. Dieser Debatte ist die Zielsetzung einer Kopplung zwischen Ökonomie und Politik einerseits und gesellschaftlichen Partialsystemen andererseits übergeordnet, die auch die Weiterbildung als ein Beispiel mit einschließt. Es wird verstärkt nach »Systemqualität« gefragt, d.h. nach den Leistungen der Partialsysteme für gesellschaftliche Perspektiven (Faulstich/Gnahs/Sauter 2004). Fragen zur Qualitätssicherung werden zudem unter dem Aspekt der Steuerung von Weiterbildung betrachtet, die über verschiedene Ebenen wie Staat, Regionen, Kommunen und Städte erfolgt (Hartz/Schrader 2008, S. 14 f.).

Durch die Qualitätsdiskussion findet ein grundsätzlicher, noch nicht abgeschlossener Wechsel der Steuerung statt: Für Träger und Einrichtungen werden Formen der *organisationalen Selbstregulation* favorisiert, die ihren Ausdruck unter anderem in der Institutionalisierung von Qualitätsmanagement- oder Qualitätssicherungssystemen findet.

Beispiele auf der Ebene von Einrichtungen sind die Einführung von Qualitätssicherungssystemen in Volkshochschulen, Häusern der kirchlichen Erwachsenenbildung und Institutionen der politischen Bildung. Veränderungen im Arbeitsförderungsgesetz bzw. im Sozialgesetzbuch III haben die Bundesagentur für Arbeit dazu veranlasst, in verschiedenen Phasen differenzierte Typen und Niveaus von Qualitätsmanagement zu entwickeln.

Um die Dimension von Qualitätssicherung in der Weiterbildung deutlich zu machen, werden zunächst Definitionsansätze referiert (Kap. 7.1) und die unterschiedlichen Ebenen und Dimensionen, die bei Qualitätssicherungsprozessen eine Rolle spielen, vorgestellt (Kap. 7.2). Im abschließenden Kapitel (7.3) wird auf die Praxis der Qualitätssicherung verwiesen.

7.1 Qualität in der Weiterbildung: Definitionen

Definition: Qualität

Qualität bedeutet zunächst »Beschaffenheit«. Abgeleitet von dem lateinischen Wort *qualitas* beschreibt sie die Güte oder den Wert einer Sache, eines Gegenstandes oder Prozesses. Es wird somit eine Bewertung impliziert, denn Qualität erklärt sich aus dem Interesse, das mit der Sache verbunden ist.
Qualität ist nicht eindeutig und objektiv, sondern soll durch die Definition von *Qualitätskriterien* festlegt und messbar gemacht werden. Qualitätskriterien erklären sich über die Interessen und Ansprüche, die an einen Gegenstand oder einen Prozess gestellt werden, und unterliegen damit Beurteilungsmaßstäben.

Während sich die Qualität von Gegenständen über ihre erwartbare Funktionalität relativ objektiv festlegen lässt, ist die Qualität von Lern- und Bildungsprozessen sehr viel schwieriger zu bestimmen. Der Anspruch, der an ihre Qualität gestellt wird, variiert aus der Sicht derjenigen, die in Lern- und Bildungsprozesse involviert sind: Die Perspektiven der Bildungspolitik unterscheiden sich von denen der Weiterbildungsträger. Einrichtungen, die Bildungsveranstaltungen anbieten, verstehen unter Qualität etwas anderes als diejenigen, die in den Einrichtungen arbeiten oder die an Veranstaltungen teilnehmen. Alle verbinden eigene Interessen mit Lehr-Lern-Prozessen: gesellschaftliche, ökonomische, politische, finanzielle, soziale, kulturelle, persönliche usw. Qualität im Bildungsbereich bestimmt sich demnach vor dem Hintergrund unterschiedlicher Erwartungen, die in sich durchaus widersprüchlich sein können.

Problematisch ist zudem, dass Lernen und Bildung keine »Produkte« im Sinn von Waren sind, sondern ihre Qualität erst durch die Beteiligten hergestellt wird – durch Träger und Einrichtungen, die den institutionellen Rahmen bieten, ebenso wie durch die Lernenden und Lehrenden.

Qualität ist »eine dynamische, veränderbare Größe und muss permanent an sich wandelnde Umweltbedingungen angepasst werden. Damit ist Qualität im Kontext von Bildungsangeboten keine statische, feststehende Eigenschaft einer Leistung oder eines Produktes, sondern sie muss immer wieder hinterfragt und neu hergestellt werden. Qualität ist damit ein mehrdimensionaler Begriff und ein Konstrukt.« (Tödt 2008, S. 85)

Lernprozesse, die zu Bildung führen können, beruhen einerseits auf der Selbsttätigkeit der Lernenden, sie sind aber auch Teil von Interaktionsprozessen zwischen Lehrenden und Lernenden; d.h. Erfolg von Lernprozessen und ihre Qualität sind sowohl abhängig von den beteiligten Parteien als auch von den gegebenen Rahmenbedingungen und damit nicht bis ins Letzte steuerbar.

»Das Produkt Bildung wird in einem gemeinsamen Prozess vom Anbieter und Teilnehmer geschaffen und so ist die Qualität immer von beiden abhängig. Bemisst man die Qualität also nach Produktstandards, so können weder der Teilnehmer noch der Kunde allein für deren Erreichen oder Nicht-Erreichen verantwortlich gemacht werden.« (Arnold/Pätzold 2004, S. 103)

Stefanie Hartz und Klaus Meisel (2004) differenzieren zwischen Qualitätssicherung und Qualitätsmanagement und benennen damit Ansätze, die unterschiedlichen Zielrichtungen folgen: »*Qualitätssicherung* zielt auf ein Überprüfungssystem geltender Qualitätsstandards« (Hartz/Meisel 2004, S. 18).

Als übergreifende Qualitätskriterien, an denen diese Überprüfung in der Praxis erfolgen soll und die weitgehend auf Konsens treffen, definieren sie

- »organisatorische und infrastrukturelle Voraussetzungen,
- pädagogische Prinzipien,
- eigenes Leistungsprofil,
- Erfolgs- und Misserfolgskriterien« (Hartz/Meisel 2004, S. 18).

Sie heben hervor, dass sich Qualitätssicherung außerdem auf »technische, formale und verwaltungsseitige Strukturen« bezieht (Hartz/Meisel 2004, S. 18). Damit wird nur die Qualität einer Einrichtung/einer Veranstaltung oder von Ähnlichem zu einem bestimmten Zeitpunkt gemessen: »Weder die Entstehungszusammenhänge noch die perspektivische Weiterentwicklung der erreichten Qualität sind im Zentrum der Aufmerksamkeit« (Hartz/Meisel 2004, S. 18).

Diese geringe Reichweite der Bestimmung von Qualität soll durch die Institutionalisierung von *Qualitätsmanagementsystemen* überwunden werden, die langfristig die Input- und Outputfaktoren einer Einrichtung messen. Damit werden die gezielte Gestaltung und Entwicklung einer Einrichtung möglich, die sich an festgelegten Qualitätskriterien orientieren. Indem die sozialen und strukturellen Dimensionen einer Organisation oder Einrichtung mit einbezogen werden, kommt dem Qualitätsmanagementsystem eine weitergehende Funktion zu, die als »einrichtungsbezogenes Führungskonzept« charakterisiert wird (Hartz/Meisel 2004, S. 19).

In solchen Qualitätsmanagementsystemen wird dann in einer auf die gesamte Organisation gerichteten Perspektive nicht nur der Input, der sich auf die Anbieter- und Durchführungsqualität bezieht, regelmäßig überprüft. Vielmehr wird auch die Qualität des Outputs als die Ergebnis-, Erfolgs- und die Transferqualität mit in die Qualitätssicherung einbezogen.

Beispiel:
»Lernerorientierte Qualitätstestierung«

Ein Beispiel für ein Qualitätsmanagementverfahren, in dem die Qualitätskriterien von den Beteiligten in einem strukturierten Interaktionsprozess entwickelt und festgelegt werden und dem eine Reorganisation einer Einrichtung unter Qualitätsgesichtspunkten folgt, ist »LQW«: die »Lernerorientierte Qualitätstestierung in der Weiterbildung« (vgl. Kap. 7.3.1).

Vertiefung

Die Entwicklung der Qualitätsdebatte in der Weiterbildung seit den 70er Jahren bis in die 90er Jahre wird im Download-Bereich dargestellt.

Die Qualitätsthematik in der Weiterbildung ist an sich keine neue Debatte, sie wurde aus der Perspektive der Erwachsenenbildung in Bezug auf Professionalisierungsprozesse bereits in den 80er und 90er Jahren geführt. Im Mittelpunkt standen Fragen zur Qualität von Erwachsenenbildungsveranstaltungen und deren Evaluierung. Während diese Diskussionen aber innerhalb der Erwachsenenbildung zwischen Wissenschaftler/innen und Praktiker/innen geführt wurden und Ansätze von Qualitätsbewusstsein und Qualitätssicherung entwickelt wurden, kamen wesentliche Anstöße und Initiativen für die systematische und langfristige Umsetzung von Qualitätsstandards eher von außen.

7.2 Konzepte/Instrumente der Qualitätssicherung in der Weiterbildung

In der seit vielen Jahrzehnten anhaltenden Qualitätsdiskussion in der Weiterbildung wurden Konzepte entwickelt, die sich differenzieren lassen in

- Inputmodelle
- prozessorientierte Qualitätsmodelle
- Outputmodelle
- nachfrageorientierte Qualitätsmodelle

Weiterführende Literatur

Eine Darstellung und Einschätzung der unterschiedlichen Qualitätssicherungs- und Qualitätsmanagementsysteme findet sich in Hartz, S./ Meisel, K. (2004): Qualitätsmanagement. Studientexte für Erwachsenenbildung. Bielefeld: W. Bertelsmann.

Es finden sich Kombinationen interner und externer Evaluationskonzepte, wobei sich trotz der Vielfalt einige wenige Grundtypen identifizieren lassen: Die Ansätze bewegen sich in einem Dreieck von ISO 9000, EFQM und Selbstevaluation. Vor- und Nachteile dieser Modelle können deutlich benannt werden: Die Normenreihe DIN EN ISO 9000 sichert eine Verbindlichkeit der Qualitätssicherung und betont die Verfahrensstandardisierung; gleichzeitig ist sie »inhaltsleer« und spart deshalb »Produktqualität« aus.

Das von vielen Weiterbildungseinrichtungen als Alternative genutzte Modell der »European Foundation for Quality Management« (EFQM) bezieht die folgenden neun Bereiche ein: • Führung, • Mitarbeiter, • Politik und Strategie, • Partnerschaften und Ressourcen, • Prozesse, • Mitarbeiterergebnisse, • Kundenergebnisse, • gesellschaftsbezogene Ergebnisse und • Schlüsselleistungen. Dies macht das Verfahren aufwendig und »hochschwellig«; gleichzeitig ist die Bewertungsstrategie durch Gewichtung der neun Elemente »unterkomplex«.

Selbstevaluation – als drittes Qualitätsmodell – kann die Einrichtungsentwicklung und Mitarbeiterbeteiligung fördern. Allerdings sind die Verfahren wenig standardisiert und kaum übertrag- bzw. nachvollziehbar. Entsprechend muss ein integriertes Qualitätssicherungsmodell die Vor- und Nachteile vorliegender Ansätze berücksichtigen und eine Weiterentwicklung anstoßen. Dabei sind alle Ebenen des Lernens und seiner Kontexte mittlerweile mit einem dichten Netz von Qualitätssicherungsstrategien überzogen. Es reicht von der lernerbezogenen Qualität über die Kurs- und Programm-, die Institutionen- bis hin zur Systemqualität.

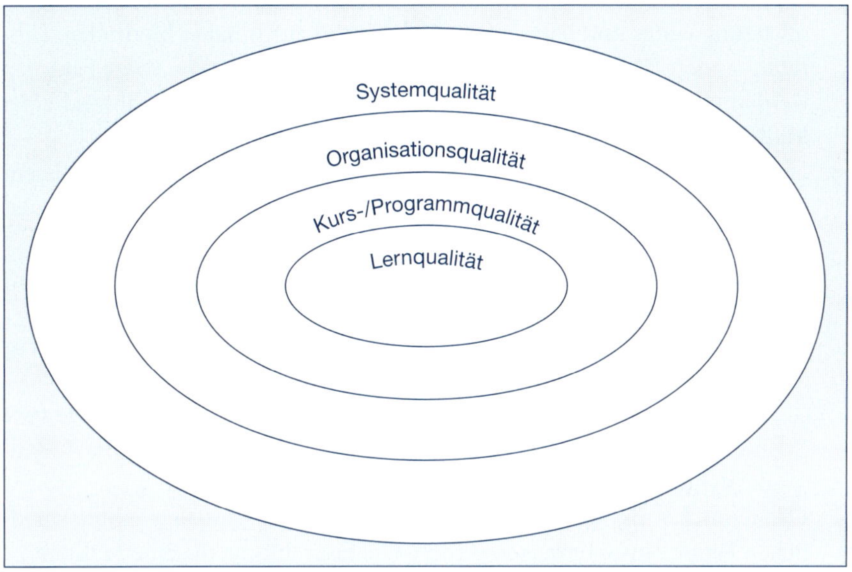

Abb. 11: Niveaus der Qualitätsregulation

- *Systemqualität* betrachtet eine Organisation oder eine Einrichtung der Weiterbildung nicht singulär, sondern bezieht das Umfeld, das die Einrichtung beeinflusst, mit ein: die ordnungspolitische Ebene durch Gesetzgebung und Verordnungen, Serviceeinrichtungen, derer sich die Einrichtung bedienen kann (wie Landesinstitute für Weiterbildung), sowie die Träger der Einrichtung.
- *Organisationsqualität* bezieht sich auf die Qualitätsentwicklung einer Organisation in Bezug auf die Akteure (Leitung, pädagogisches Personal, Administration), die finanziellen und administrativen Rahmenbedingungen, die Zielsetzungen und die Angebotsstrukturen.
- *Kurs- und Programmqualität* fragen nach der Durchführungsqualität von Bildungsmaßnahmen in Bezug auf Organisation, Ausstattung, Personal, Didaktik und Methodik.
- *Lernqualität* misst sich an der Einschätzung des subjektiven Lernerfolgs durch die Teilnehmenden, der abhängig ist von Interessen, Lernbereitschaft

und -voraussetzungen. Aus der Sicht der Kursleitenden kann Lernerfolg über Leistungsmessung (wie Tests) abgeschätzt werden.

Als »Erfolgsdimensionen« der Weiterbildung, anhand derer ihre Qualität gemessen werden kann und die gleichzeitig die unterschiedlichen Interessen der beteiligten Akteure signalisieren, definieren Arnold und Pätzold (2004, S. 103) wie folgt:

- *Zufriedenheitserfolg:* Im Mittelpunkt steht die unmittelbare Zufriedenheit der Teilnehmenden mit einer Maßnahme. Sie spiegelt eine subjektive Einschätzung wider und kann sich z. B. beziehen auf Inhalte, Methoden, Lehrende, andere Teilnehmende, das Umfeld, die Organisation. Diese Faktoren werden in der Regel direkt nach oder teilweise auch bereits während einer Maßnahme abgefragt (vgl. Kap. 8, Evaluation).
- *Lernerfolg:* Lernerfolg bezieht sich auf den »Umfang angeeigneten Wissens über einen jeweiligen Sachverhalt« (Arnold/Pätzold 2004, S. 104). Interesse an Lernerfolg haben alle an einer Weiterbildung beteiligten Akteure:
  - die Teilnehmenden aus individuellen oder beruflichen Lerninteressen,
  - die Kursleitenden, weil darüber ihre Arbeit legitimiert wird,
  - die Vorgesetzten in der betrieblichen Weiterbildung, damit neues Wissen in den Arbeitsprozess integriert werden kann,
  - die Einrichtung, in der die Maßnahme stattfindet, da Lernerfolge (wie auch die Zufriedenheit) der Teilnehmenden relevant sind für die Außendarstellung und damit auch den wirtschaftlichen Erfolg.
- *Ökonomischer Erfolg:* Auch ökonomischer Erfolg kann aus unterschiedlichen Perspektiven bewertet werden. Die Einrichtung, die eine Maßnahme anbietet, ist unmittelbar am ökonomischen Erfolg interessiert, da dieser ihren Bestand sichert. In der betrieblichen Weiterbildung zeigt sich aus der Sicht der Auftraggeber (Personalentwicklung, Vorgesetzte) der ökonomische Erfolg, wenn sich die Investition in die Weiterbildung von Mitarbeitern rentiert, indem das Gelernte gewinnbringend in den Arbeitsprozess integriert wird. Teilnehmende bewerten private Investitionen in die Weiterbildung dann als erfolgreich, wenn der erwartete Nutzen eintritt.
- *Transfererfolg:* Er wird abgleitet aus den erwartbaren Wirkungen einer Weiterbildungsmaßnahme in Bezug auf den vorgesehenen Anwendungsbereich. Es ist ebenfalls zu unterscheiden zwischen Transfererfolg aus der Sicht der Auftraggeber und der Teilnehmenden. In der betrieblichen Weiterbildung ist der Maßstab die erfolgreiche Anwendung des Gelernten im jeweiligen Tätigkeitsbereich in Bezug auf die vorher formulierten Erwartungen. Teilnehmende definieren in Bezug auf die Begründungen des individuellen Lernprozesses und die Erwartungen an den Lernerfolg Transfererfolg subjektiv entsprechend den eigenen Bedürfnissen (vgl. Kap. 9).

Die Kriterien beziehen sich vorrangig auf die Ebene der Organisation, indem entweder die Organisation als Ganzes betrachtet wird oder nur Teilaspekte, die sich auf Aufgaben beziehen, die eine Organisation erfüllen muss.

Einige dieser Dimensionen wie Anbieter- und Einrichtungsqualität, Durchführungsqualität, Ergebnisqualität und Erfolgsqualität lassen sich entsprechend den folgenden Abbildungen differenzieren. Aus den Unterpunkten können Fragen abgeleitet werden, um genauere Kriterien für die Qualitätssicherung zu bestimmen. Die Dimensionen der Qualitätsaspekte folgen den Phasen eines Input-Output-Modells. Nach diesem werden der Einsatz, die Durchführung und abschließend das Ergebnis und der Transfer beurteilt, welche sich aus dem Angebot und der durchgeführten Weiterbildungsmaßnahme ergeben.

Für die Träger- und Einrichtungsqualität sind zunächst eine Reihe von formalen Aspekten festzuhalten, die keinen quantitativen Charakter haben. Fragen nach Personal oder Ausstattung sind schon eher einer Messbarkeit und Vergleichbarkeit zugänglich.

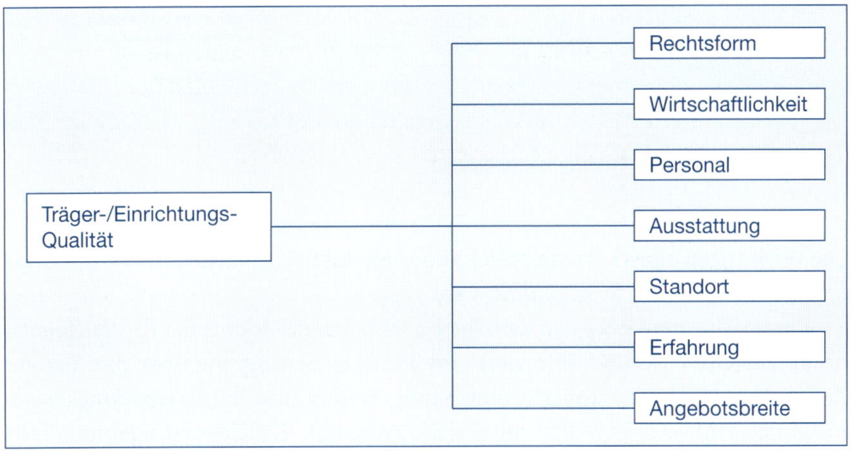

Abb. 12: Aspekte der Träger- und Einrichtungsqualität

Für die Durchführungsqualität können zahlreiche Aspekte gefunden werden, welche eine Einschätzung der Qualität möglich machen. Allerdings sind die Systematiken dieser Aspekte auch hier wieder eher als Merklisten zu gebrauchen, die darauf hinweisen, was für eine »gute« Weiterbildung wichtig sein kann.

In jedem Fall sollten bei der Überprüfung der Durchführungsqualität die unterschiedlichen an einer Weiterbildungsmaßnahme beteiligten »Parteien« (Lehrende, Lernende, didaktisch-methodische Ansätze und das organisatorische Umfeld) berücksichtigt werden, um einen Gesamteindruck zu bekommen. Hier spielen die Interessen und Zielsetzungen der Lehrenden sowie der Lernenden eine erhebliche Rolle bei der Definition von Qualität.

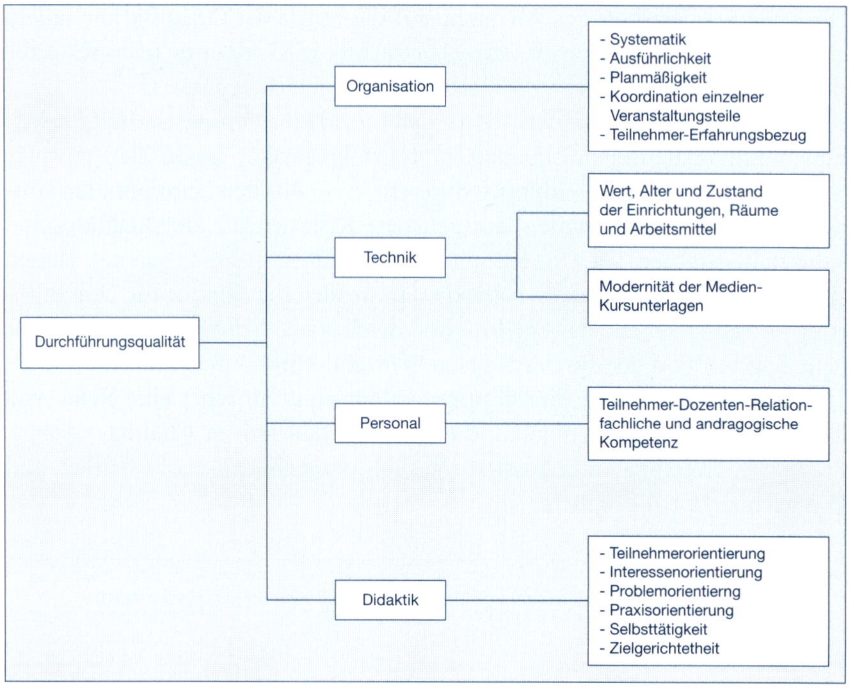

Abb. 13: Aspekte der Durchführungsqualität

Die Wirkungen eines Lernereignisses können unterteilt werden in *Ergebnisqualität* (Abb. 14) und *Erfolgsqualität* (Abb. 15).

Ein Indikatorensystem, in dem die verschiedenen Aspekte der *Ergebnisqualität* aufgefächert werden, erfordert eine Differenzierung, die über die Analyse der als Lernergebnisse angestrebten Kompetenzen und der *Anwendungsqualität* hinausgeht. Das Ergebnis muss sich messen an den Erwartungen der Teilnehmenden; d.h.: Es geht nicht nur um die Frage, ob Teilnehmende erfolgreich ein Zertifikat erworben oder eine Prüfung bestanden haben, sondern die Qualität des Ergebnisses ist zu bewerten in Bezug auf das zusätzlich erworbene Wissen, die Kenntnisse und Fähigkeiten, die durch eine Weiterbildungsmaßnahme vermittelt werden sollten.

Ergebnisqualität kann darüber hinaus im Sinne einer weitergehenden *Erfolgsqualität* auch fragen, ob eine Maßnahme erfolgreich gewesen ist in Bezug auf das Weiterbildungssystem, die Arbeitswelt oder auch die persönliche Entwicklung der Lernenden. Als Indikator kann beispielsweise herangezogen werden, ob eine erfolgreich absolvierte abschlussbezogene berufliche Fortbildungsmaßnahme die Chancen der Teilnehmenden auf Vermittlung in den Arbeitsmarkt erhöht hat.

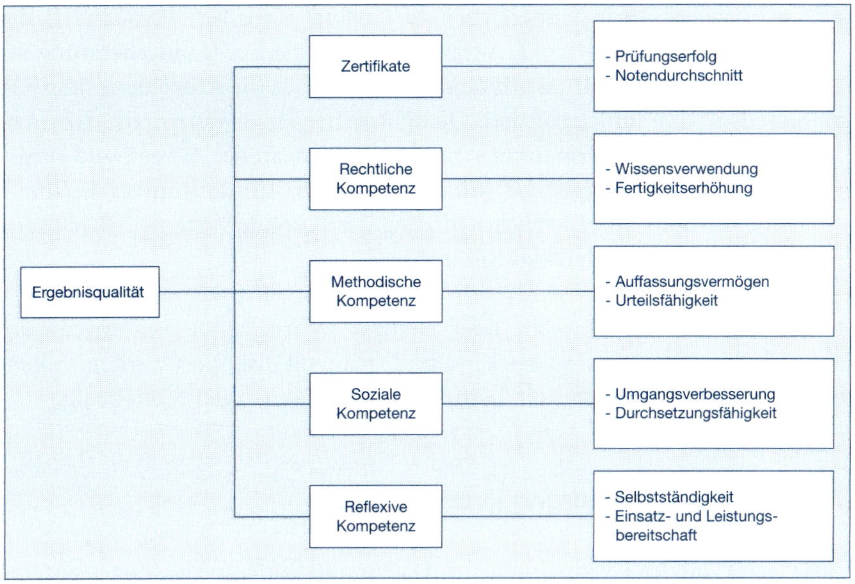

Abb. 14: Aspekte der Ergebnisqualität

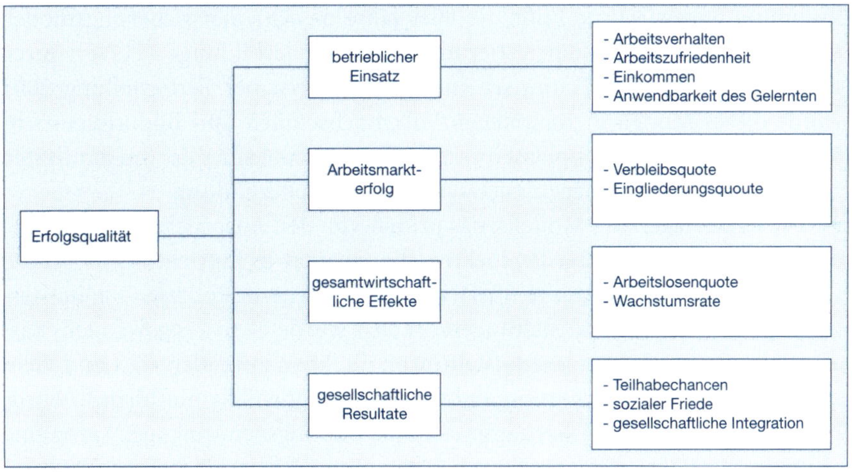

Abb. 15: Aspekte der Erfolgsqualität

Die Entwicklung von Qualitätssicherungs- oder Qualitätsmanagementsystemen und ihre Implementierung in die Weiterbildungspraxis erfordern umfangreiche Vorüberlegungen und Vorbereitungen, die sich vor allem auf die Frage beziehen sollten, welche Zielsetzung mit einer Einführung verbunden wird und welchen Zweck sie erfüllen soll.

- Geht es darum, (Mindest-)Auflagen für die Einwerbung von Fördergeldern zu erfüllen?

- Soll zunächst nur in Teilbereichen die Qualität verbessert werden (z. B. die Durchführungsqualität von Veranstaltungen, die Einstufungsberatung im Sprachenbereich oder im administrativen Bereich die Anmeldeverfahren)?
- Soll über ein umfangreiches Qualitätsmanagementsystem die Gesamtorganisation der Einrichtung verändert werden, an der das gesamte Personal (Leitung, pädagogische Mitarbeiter/innen, administratives Personal, Teilnehmende) unter Berücksichtigung der Besonderheiten einer pädagogischen Institution beteiligt werden?

Jede Variante erfordert mehr oder weniger weitreichende Veränderungen, deren Konsequenzen vorausblickend und -planend diskutiert werden sollten, bevor die Entscheidung für ein bestimmtes Instrument oder Modell fällt.

7.3 Qualitätssicherung in der Praxis

Ausgehend von den Diskussionen um das Für und Wider prozess- oder systembezogener Qualitätssicherungssysteme für Weiterbildungseinrichtungen, deren Konzepte den Besonderheiten pädagogischer Einrichtungen nur teilweise Rechnung tragen, wurde Ende der 90er Jahre das Qualitätssicherungsmodell »Lernerorientierte Qualitätstestierung in der Weiterbildung« (LQW) durch das Institut ArtSet in Hannover entwickelt. Seit seiner Fertigstellung 2003 wurde dieses Modell in zahlreichen Volkshochschulen und Bildungseinrichtungen anderer Träger implementiert, und es ist heute eines der am häufigsten genutzten Qualitätsmanagementsysteme in der Weiterbildung.

Die Grundlagen des Modells, das primär von den Ansprüchen der Lernenden ausgeht und aus ihrer Perspektive die Qualität in Einrichtungen sichern will, wurde auf zwei Bereiche übertragen: Als »Lernerorientierte Qualitätstestierung für Bildungsveranstaltungen« (LQB) wurde es so umgewandelt, dass die Maßstäbe auf Bildungsveranstaltungen direkt anzuwenden sind und nicht mehr die gesamte Einrichtung einbezogen ist. Ebenfalls modifiziert wurde LQW, um als Qualitätssicherungssystem bei Bildungsberatungsagenturen und -einrichtungen eingesetzt werden zu können (vgl. Kieneke/Schröder 2008).

> **Vertiefung**
>
> Mehr zu den beiden Qualitätssicherungssysteme
men »LQW« und »LQB« finden Sie im Download-Bereich.

Qualitätskriterien, die durch Qualitätssicherungssysteme verstetigt werden sollen, sind nur begrenzt sachlich begründet, sondern interessenorientiert. Die Qualitätsproblematik wird von unterschiedlichen Institutionen und Akteuren, ausgehend von verschiedenen Interessen und bezogen auf je besondere Funktionen, aufgeworfen. So werden sich die Einschätzungen unterscheiden, je nachdem, ob sie von Unternehmensleitungen, Betriebs- und Personalräten, Endverbrauchern, Bildungsträgern, Geldgebern oder von Wissenschaftlern vorgenommen werden.

Was deshalb als Qualitätssicherungssystem eingeführt und benutzt wird, ist jeweils Resultat von Aushandlungsprozessen. Es geht daher um die Entwicklung eines zielorientierten, interessenbezogenen Qualitätssystems, bei dem die unterschiedlichen Interessen der beteiligten Akteure berücksichtigt werden sollten. Erst durch die entsprechende Gewichtung werden die Aspekte zu Kriterien der Entscheidungsunterstützung (vgl. Faulstich 1991).

Ein solches Modell der Qualitätssicherung soll langfristige Perspektiven für die Weiterbildungsentwicklung eröffnen. Es wird gleichzeitig deutlich, dass eine solche Entwicklung weitreichende Strategien voraussetzt. Es muss geklärt werden, welchen Stellenwert Weiterbildung in einem umfassenden System »lebenslangen Lernens« tatsächlich haben soll, wie Auslese auf dem Weg zur »Wissensgesellschaft« verhindert werden kann, welchen Stellenwert dabei öffentliche Verantwortung und die Bereitstellung entsprechender Ressourcen haben müssen.

Reflexionen zu Kapitel 7.3

Versetzen Sie sich in die Situation von Julia Müller und Andreas Schneider:
- Welches Qualitätssicherungssystem würden Sie einführen, um in der Personalentwicklung in dem Betrieb von Julia Müller die Qualität der extern eingeworbenen Kursangebote zu sichern?
- Im Bildungszentrum wird Andreas Schneider von seinem Träger beauftragt, unter pädagogischen Gesichtspunkten ein für die Einrichtung passendes Qualitätssicherungsinstrument einzuführen.
- Skizzieren Sie jeweils die zutreffenden Maßnahmen und begründen Sie Ihre Entscheidung.

Zusammenfassung

Qualitätssicherung als Tätigkeitsfeld in der Weiterbildung wird seit den 70er Jahren diskutiert und in der Praxis umgesetzt. Während zunächst die Einführung von Qualitätssicherungskonzepten vor dem Hintergrund *ordnungspolitischer Vorgaben* erfolgte, waren in den 80er Jahren *ökonomische Begründungen und Konzepte* vorrangig.
In den 90er Jahren wurden Ansätze entwickelt, die die spezifischen *Zielsetzungen und Aufgaben* von Bildungseinrichtungen berücksichtigten und damit die eher aus der Wirtschaft stammenden Konzepte, die Produktqualität in den Vordergrund stellten, überwanden.
Qualitätssicherungskonzepte für die Weiterbildung berücksichtigen die Interessen der beteiligten Akteure – der Träger und Einrichtungen, des Personals, der Teilnehmenden – und entwickeln in interaktiven Prozessen ein der jeweiligen Einrichtung angemessenes Modell.

8. Evaluation

Weiterführende Literatur

Deutsche Gesellschaft für Evaluation (2008): Standards für Evaluation. Mainz, Juli 2008. www.degeval.de/calimero/tools/proxy.php?id=19074 (im Folgenden zitiert als »DeGEval 2008«).

Sanders, J. R. (Hrsg.) (2006): Handbuch der Evaluationsstandards. Die Standards des Joint Committee on Standards for Educational Evaluation. 3. Auflage. Wiesbaden: VS.

Die im 7. Kapitel diskutierten Ansätze und Strategien der Qualitätssicherung in Einrichtungen der Erwachsenenbildung oder in Bezug auf konkrete Bildungsangebote erfordern nicht nur die Entwicklung antizipativer Maßnahmen, die in Organisationsstrukturen und Planungsprozesse integriert werden. Vielmehr kann es auch notwendig und sinnvoll sein, Bildungsangebote, Kurse, Seminare, Veranstaltungsreihen hinsichtlich ihrer Qualität mithilfe von Evaluationen zu überprüfen. Selbstverständlich sollten Evaluationen, die im Bildungsbereich durchgeführt werden, bestimmten Standards genügen. Zu fragen ist daher,

- was unter Evaluation zu verstehen ist (Kap. 8.1),
- welche Ziele verfolgt werden (können) und
- inwiefern Erwartungen der Beteiligten (Träger, Einrichtungen, Lehrende, Lernende, Evaluator/innen) erfüllt werden können (Kap. 8.2).

Evaluationsansätze können wissenschaftstheoretisch begründet werden, was Konsequenzen für Zielsetzungen, Design und Auswertung der erhobenen Daten hat (Kap. 8.3). Die Durchführung einer Evaluation erfordert methodische und fachliche Kenntnisse (Kap. 8.4), wobei der Rolle der Evaluatorinnen und Evaluatoren eine besondere Bedeutung zukommt, da sie einerseits für die Entwicklung eines gegenstandsangemessenen Evaluationsdesigns und seine Realisierung verantwortlich sind und andererseits zwischen den Interessen aller Beteiligten vermitteln müssen. Diese Mediatoren- bzw. Moderatorenrolle erfordert methodisches Können, soziale Kompetenzen und die Fähigkeit zur Reflexion des eigenen Tuns, da bei Evaluationen immer in Bildungs- und Organisationsprozesse eingegriffen und Einfluss auf die Beteiligten genommen wird (Kap. 8.5).

8.1 Evaluation: Bedeutung

Das Wort »Evaluation« wurde aus dem angelsächsischen Sprachraum übernommen: »to evaluate« bedeutet, den Wert oder die Größenordnung von etwas zu bestimmen oder festzulegen. Mehr oder weniger deckungsgleiche Synonyme sind »Erfolgskontrolle«, »Einschätzung«, »Festsetzung«, »Beurteilung«, »Auswertung«, »Abwägung« und »Bewertung«.

Evaluationen finden nicht nur im Bildungswesen statt, sondern auch in den unterschiedlichsten gesellschaftlichen Bereichen, bezogen auf Politik, Organisationen, Wissenschaft und Bildung. Danach werden Anwendungsgebiete für Evaluationen differenziert, indem zunächst der *Gegenstand* einer Evaluation benannt wird: Politik *(policies)*, Regierungen, Organisationen, Technologien, Forschung, Theorien, Programme, Leistungen, Vorschläge, Produkte, Personal und sogar die Evaluation selbst (vgl. Beywl 1999, S. 31).

Evaluationsfelder decken also z. B. Bereiche wie Bildung und Erziehung, Gesundheit und Sport, psychosoziale Versorgung, soziale Arbeit und Dienste, soziale Sicherung, Einkommen und Steuern, Arbeitsmarkt und Beschäftigung, Wohnungs- und Städtebau und Rechtspflege ab.

Im Bildungsbereich werden Evaluationen häufig in Bezug auf konkrete Angebote oder Maßnahmen durchgeführt. Sie können sich aber auch auf ein Programm beziehen, ein Projekt/einen Projektverbund, eine Einrichtung als Ganzes oder – wie im Fall der zahlreichen Lernerfolgsuntersuchungen im Schulbereich (z. B. PISA, IGLU, TIMMS) – auf den Kenntnisstand einer sog. »Kohorte«, auf ein bestimmtes Lernfeld oder Fähigkeiten.

Evaluationsgegenstände und -felder sind also sehr differenziert, weshalb Definitionen von »Evaluation« eher allgemein gehalten werden:

Definition: Evaluation (I)

»Evaluation« bedeutet zunächst die Festsetzung des Wertes einer Sache. Diese Festsetzung geschieht durch die systematische Anwendung sozialwissenschaftlicher Methoden.
Allgemeine Kennzeichen von Evaluationen sind:

- Sie dienen als Planungs- und Entscheidungshilfe.
- Sie sind ziel- und zweckorientiert.
- Sie sollen dem aktuellen Stand wissenschaftlicher Forschung angepasst werden.

  Ziele von Evaluationen sind:
- die Optimierung von Handlungsmodellen sowie
- eine »Übelminimierung statt unrealistischer Ideallösungen.« (Wottawa/Thierau 2003, S. 22)

Diese Definition stellt die Funktion von Evaluation in den Vordergrund: Primär dient sie als *Planungs- und Entscheidungshilfe* für die Praxis und soll durch ihre Ergebnisse entweder die Optimierung von Handlungen oder Handlungsalternativen aufzeigen.

Ähnlich allgemein definiert die *Deutsche Gesellschaft für Evaluation* (DeGEval) ihren Gegenstand:

Definition: Evaluation (II)

»Evaluation ist die systematische Untersuchung des Nutzens oder Wertes eines Gegenstandes. Solche Evaluationsgegenstände können z.B. Programme, Projekte, Produkte, Maßnahmen, Leistungen, Organisationen, Politik, Technologien oder Forschung sein. Die erzielten Ergebnisse, Schlussfolgerungen oder Empfehlungen müssen nachvollziehbar auf empirisch gewonnenen qualitativen und/oder quantitativen Daten beruhen.« (DeGEval 2008, S. 15)

Die Betonung liegt hier auf der Gewinnung qualitativ oder quantitativ erhobener empirischer Daten, deren Auswertung nachvollziehbar zu Ergebnissen, Schlussfolgerungen und Empfehlungen für die Auftraggeber führen sollte. Evaluationen können also dem Bereich der empirischen Sozialforschung zugeordnet werden, wenn sie sich wissenschaftlicher Methoden bedienen, diese transparent machen und die Ergebnisse in einem Bericht dokumentiert werden.

Bezogen auf die Evaluation von Bildungsprozessen kann die Definition konkretisiert werden:

Definition: Evaluation (III)

»Evaluation meint

1. das methodische Erfassen und
2. das begründete Bewerten von Prozessen und Ergebnissen zum
3. besseren Verstehen und Gestalten einer Praxismaßnahme im

Bildungsbereich durch Wirkungskontrolle, Steuerung, Reflexion.«
(Reischmann 2006, S. 18)

Bezogen auf Lernprozesse definierte Patton 1997 Evaluation folgendermaßen:

Definition: Evaluation (IV)

Der *learning approach* unterstützt »die vorrangig Beteiligten und Betroffenen darin, eine Langfristperspektive des Lernens, der Verbesserung und der Wissensnutzung zu entwickeln.«
(Patton 1997, S. 356 zitiert in: Beywl 1999, S. 43)

Die letzte Definition weist indirekt darauf hin, dass Evaluationen in jedem Fall *Eingriffe* in Lernsituationen und -prozesse bedeuten, d.h.: Der zu untersuchende Prozess wird durch sie verstärkt, behindert oder überlagert. Evaluationskonzepte sollten also vor ihrem Einsatz im Hinblick auf ihre Sinnhaftigkeit, Anwendbarkeit und in Bezug auf Fragestellung und Ergebniserwartung kritisch überprüft und reflektiert werden. Je nachdem, ob der Lernerbezug oder der Organisationsbezug im Vordergrund stehen soll, sind bestimmte Ansätze und Methoden als gegenstandsangemessen einzuschätzen oder nicht.

Evaluation ist also »ein wichtiges *Instrument zur Generierung von Erfahrungswissen*, das mit einer *Bewertung* verknüpft wird« (Stockmann 2007, S. 25) (Hervorhebung im Original). Die durch Evaluationen erzeugten Wertungen sollten einem Nützlichkeitsanspruch genügen. Evaluationen verfolgen entweder eine Ziel- oder eine Wirkungsorientierung: Sie stellen einen »Soll-Ist-Vergleich« auf *(Zielorientierung)* oder bilanzieren die Effekte des Evaluationsgegenstandes *(Wirkungsorientierung)* (vgl. Stockmann 2007, S. 35).

Die Evaluation von Lernprozessen wurde in den letzten Jahren zunehmend relevant, da die Reduzierung öffentlicher Gelder im Bildungs- und Weiterbildungsbereich und die damit verbundene Verteilungsfrage der vorhandenen Mittel zu kritischen Fragen nach der Wirksamkeit von Bildungsveranstaltungen und -maßnahmen führten. Mit Evaluationen auf verschiedenen Ebenen wird die Erwartung an Qualitätssteigerungen verbunden, um einerseits eine effizientere Angebotsstruktur zu erzielen und andererseits die Angebote inhaltlich, organisatorisch und strukturell so zu verbessern, dass die Teilnehmenden individuell einen höheren Nutzen daraus ziehen können.

Evaluationen werden aus unterschiedlichen Perspektiven (z. B. aus der Perspektive der Lernenden, der Lehrenden, der Einrichtungen, der Träger, der Geldgeber) und mit verschiedenen Interessen initiiert und durchgeführt. Die Evaluationsergebnisse und -empfehlungen werden je nach Adressat sehr unterschiedlich eingeschätzt, und es können durchaus gegensätzliche Schlussfolgerungen aus den Ergebnissen gezogen werden.

Dies soll nicht heißen, dass Evaluationen sinnlos oder nutzlos sind. Sie können aber ihrer Funktion – in der Regel die Verbesserung einer Maßnahme, um die Lernprozesse der Teilnehmenden zu unterstützen – besser gerecht werden, wenn bereits im Vorfeld die Implikationen und Interessen in Bezug auf die Evaluation transparent gemacht werden, um ihre Reichweite weder zu über- noch zu unterschätzen.

Evaluation ist zudem zu unterscheiden von (Bildungs-)*Controlling*, das eine stark betriebswirtschaftliche Komponente enthält. Controlling wird vor allem in Betrieben genutzt, wenn nach der Kosten-Nutzen-Relation zwischen eingesetzten Ressourcen *(Input)* und den Resultaten *(Outcome)* gefragt wird (vgl. Gerlich 1999). Stockmann (2007) grenzt Evaluation außer vom Controlling von Verfahren wie der *Balanced Scorecard*, dem *Benchmarking*, dem *Audit* und dem *Monitoring* ab, die ebenfalls mit unterschiedlichen Zielsetzungen im Qualitätsmanagement eingesetzt werden.

Die Vorab-Klärung, welcher Evaluationsansatz verfolgt wird und welche Methoden und Instrumente eingesetzt werden, ist wichtig, weil die in Bezug auf Evaluationen zum Tragen kommenden verschiedenen *Interessen* auch in der Interpretation der Evaluationsergebnisse eine Rolle spielen.

Geldgeber, Auftraggeber, Organisationen und Institutionen, das beschäftigte Personal und Teilnehmende haben naturgemäß unterschiedliche Interessen: Während Geldgeber und Auftraggeber einer Evaluation (meistens) eher an einer optimalen und abstrakten Kosten-Nutzen-Relation interessiert sind, können Organisationen das Interesse haben, die eigenen Ressourcen zwar optimal einzusetzen, aber gleichzeitig auch die Zielsetzungen der eigenen Einrichtungen besser durchzusetzen. Personal und Teilnehmende sehen den Nutzen einer Evaluation eher auf der individuellen Ebene in der Gewinnung von Erkenntnissen über einen gelungenen Lehr-Lern-Prozess oder Vermittlungsauftrag.

Aus der Sicht der *Auftraggeber* von Evaluationen definieren Wottawa und Thierau (2003, S. 29) die häufigsten *Nutzenerwartungen* folgendermaßen:

- Bewertung ohne detaillierte Zielsetzung
- Durchsetzungshilfe
- Optimierungsgrundlagen
- Verantwortungsdelegation
- Entscheidungshilfe
- Kontrolle der Zielerreichung

Die Durchführung einer Evaluation, deren Ziel im weitesten Sinn die Verbesserung des Status quo ist, erfordert daher die Definition von Qualitätsansprüchen sowie die Einhaltung ethischer Richtlinien und einheitlicher Vorgehensweisen. Hierfür hat die *Deutsche Gesellschaft für Evaluation* (DeGEval 2008) Standards zur Orientierung entwickelt. Vier wesentliche *Merkmale von Evaluation* sind demnach

- Nützlichkeit
- Fairness
- Durchführbarkeit
- Genauigkeit

Um diese durchzusetzen, erfordert eine Evaluation – neben der Einhaltung dieser Standards – die Formulierung einer möglichst prägnanten Zielsetzung, die Festlegung der Evaluationsmethoden und der Verantwortlichkeiten während der Evaluation. Die Kriterien der Beurteilung werden vor dem jeweiligen Evaluationsprozess festgelegt, um eine objektive und unvoreingenommene Beurteilung zu gewährleisten (vgl. Stockmann 2007, S. 25ff.).

Die Definition der Ziele einer Evaluation und die Artikulation von Interessen und Verantwortlichkeiten bedürfen bereits im Vorfeld der Absprache und gegenseitiger Verständigung zwischen Auftraggebern und den Durchführenden. Die realistische Abschätzung erwartbarer Ergebnisse einer Evaluation kann dazu beitragen, ihre Reichweite und Möglichkeiten nicht zu überschätzen.

Denn auch eine Evaluation kann den Erfolg einer Weiterbildungsmaßnahme über kausale Abhängigkeiten nur eingeschränkt erklären. Die durch eine Evaluation erzielten Daten sind immer interpretationsbedürftig. Ein vor dem Hintergrund der Daten argumentativ belegter Erfolg oder Misserfolg einer Maßnahme/eines Programms hängt von der adäquaten Fragestellung und Zielsetzung einer Evaluation ab.

8.2 Zielsetzungen von Evaluation in der Erwachsenenbildung

Evaluationen im Bildungsbereich zielen darauf, Qualitätsverbesserungen auch tatsächlich durchzusetzen. Gefragt wird nach empirischen Belegen für Qualität, Bedarfsgerechtigkeit und Wirkungen von Bildungsmaßnahmen. Es werden *Erfolg, Effektivität* und *Effizienz* pädagogischer Leistungen geprüft. Evaluationen werden zumeist von Auftraggebern initiiert, die damit überprüfende Absichten verfolgen.

> »Evaluation hat sich deshalb an den extern gesetzten Zielsetzungen zu orientieren. Die Definition und Präzisierung ihrer Fragestellungen richtet sich an außerwissenschaftlichen Erkenntnisinteressen und Verwertungskontexten aus.«
> (Stockmann 2007, S. 28)

Bei der Durchführung von Evaluationen sollte dieser Grundtatbestand berücksichtigt werden. Evaluationen sind immer verwendungsbezogen zu verstehen, ihre Zielsetzungen sind entsprechend festzulegen.

Stockmann unterscheidet vier verallgemeinerbare Zielrichtungen für Evaluationen: • *Erkenntnisgewinn*, • *Kontrolle*, • *Entwicklung* und • *Legitimation* (Stockmann 2007, S. 36 ff.). Sie können als Einzelziele oder auch in Kombination in Bezug auf eine Evaluation definiert werden. In jedem Fall müssen bestimmte Konsequenzen für den methodischen Ansatz, den Zeitpunkt der Durchführung und die erwartbaren Ergebnisse gezogen werden. Die Zielsetzung(en) einer Evaluation sollten daher bereits im Vorhinein kommuniziert werden, um Missverständnisse, aber auch falsche Erwartungen zu vermeiden.

- *Erkenntnisgewinn:* übergeordnetes Ziel, da letztlich jede Evaluation Erkenntnisse über die Qualität von Bildungsmaßnahmen ergeben soll. In der Regel werden die Fragestellungen mithilfe der in Programmen/Angeboten vorgegebenen Zielsetzungen generiert, unter Umständen werden weiterführende Ziele definiert. Die Informationen werden nach zuvor festgelegten Bewertungskriterien interpretiert und gewertet, um Steuerungsentscheidungen abzuleiten.
- *Kontrolle:* Mit jeder Evaluation wird implizit eine Kontrolle durchgeführt. Explizit kann eine Evaluation aber der Kontrolle der Effizienz und Effekti-

vität einer Maßnahme dienen: in Bezug auf Kosten-Nutzen-Relationen der eingesetzten Ressourcen (Material und Personal), auf die Überprüfung der Qualifikationen und Kompetenzen der Lehrenden, auf die Akzeptanz und Nachhaltigkeit einer Maßnahme.

- *Entwicklung:* Unter diesem Aspekt werden Evaluationen primär durchgeführt, um in einem dialogisch angelegten Prozess aus den generierten Erkenntnissen Verbesserungen abzuleiten. Evaluationen dienen dann einer Initiierung von Lernprozessen bei allen Beteiligten (Mittelgeber, Organisatoren, Zielgruppen, sonstige Beteiligte), um Programme weiterzuentwickeln.
- *Legitimation:* Evaluationen werden eingesetzt, um die positiven Wirkungen bestimmter Maßnahmen zu belegen. Dabei wird danach gefragt, ob der Input dem zu erwartenden Output entspricht, inwiefern mit den vorhandenen Mitteln effizient gearbeitet wurde, ob die Maßnahme die an sie gestellten Nutzenerwartungen erfüllt. Eine positive Evaluation in diesem Sinn kann die weitere Finanzierung und Durchführung von Programmen gesellschaftlich und politisch legitimieren.

Unterscheidung: Anwendungsfelder und Evaluationstypen

Bei Evaluationen wird zwischen *Anwendungsfeldern* und *Evaluationstypen* unterschieden, die in ihren Funktionen und Zielsetzungen sehr unterschiedlich sind. Anwendungsfelder im Bildungsbereich beziehen sich auf unterschiedliche Ebenen: das Bildungssystem und seine Politikfelder (Makroebene), die organisatorische Ebene (Mesoebene) und konkrete Maßnahmen (Mikroebene).

Mittlerweile werden auf allen Ebenen Evaluationen durchgeführt. Je größer der Gegenstand der Evaluation ist – beispielsweise Bildungsprogramme, Projekte oder Projektverbünde –, desto wahrscheinlicher ist die Durchführung einer längerfristigen Evaluationsforschung.

Beispiel: Evaluationsforschung

Langfristige, prozessbegleitende Evaluation des vom *Bundesministerium für Bildung und Forschung* (BMBF) initiierten und finanzierten Programms »Netzwerke lernende Region«, in dem von 2001 bis 2008 ca. 70 Weiterbildungsnetzwerke in Deutschland gefördert wurden. Die Arbeit der Netzwerke wurde im Rahmen einer Prozessevaluation während der gesamten Laufzeit des Projekts überprüft, bewertet und wenn nötig aufgrund der Evaluationsergebnisse verändert.
(vgl. Emminghaus/Tippelt 2009; Tippelt u.a. 2008a)

Vertiefung

Weiterführende Informationen zur Unterscheidung zwischen Evaluationsforschung und Evaluation siehe Download-Bereich.

Auf der Meso- und Mikroebene werden Evaluationen häufig ad hoc und nach Bedarf durchgeführt. Sie sollen relativ kurzfristig Aufschluss über die Erreichung von Zielsetzungen geben, auf die reagiert werden kann. Dabei sollte denjenigen, die Evaluationen durchführen, immer bewusst sein, dass damit gewisse Risiken verbunden sind:

- Evaluationen nähren *Machbarkeitsillusionen* einer effizienten, qualitativ hochwertigen Bildung. Unter Umständen, ohne zu berücksichtigen, dass Bildungsprozesse immer in Abhängigkeit eines politischen und individuellen Kontexts stehen, der weitgehend unbeeinflussbar ist.
- Die Zielsetzungen von Evaluationen werden subjektiv aus der Sicht einer Person, Institution, Körperschaft begründet und erzeugen damit möglicherweise *Interessengegensätze* zwischen den Beteiligten.
- Evaluationen können nur dann eine Wirkung entfalten, wenn die Beteiligten auch tatsächlich den *Willen zur Veränderung* haben, falls die Ergebnisse deren Notwendigkeit implizieren.

Vertiefung

Mehr zum Thema »Theoretische Begründungsansätze für Evaluationen« ist im Download-Bereich nachzulesen.

8.3 Evaluationsansätze, -verfahren und -methoden

Vor der Durchführung von Evaluationen müssen also zahlreiche Faktoren und Kriterien berücksichtigt werden, die Hauptentscheidungen beziehen sich auf den Gegenstand und die Zielsetzung einer Evaluation. So sind unterschiedliche Szenarien/Fragestellungen denkbar:

Auf den Punkt gebracht: Evaluationsreichweite

1. Im Rahmen der Etablierung von regionalen Weiterbildungsverbünden wird überprüft, ob die strukturellen und organisatorischen Maßnahmen, die durch die Politik getroffen wurden, geeignet sind, die angestrebte stärkere Vernetzung und Kooperation regionaler Anbieter zu unterstützen.
   (Kontext-Evaluation)
2. Eine Familienbildungsstätte möchte Aufschluss darüber bekommen, ob sie die Zielgruppe alleinerziehender Eltern tatsächlich erreicht. Eine Evaluation soll überprüfen, ob die Maßnahmen, die im Vorfeld der Durchführung eines konkreten Angebots getroffen werden, für die Zielerreichung nützlich sind.
   (Input-Evaluation)
3. In einer Volkshochschule werden junge Erwachsene auf das Nachholen des Hauptschulabschlusses vorbereitet. Im Laufe dieser Maßnahme kommt es immer wieder zu Teilnahmeabbrüchen. Eine Evaluation während der laufenden Maßnahme soll zur Ursachenklärung der Abbrüche beitragen und Vorschläge zur Verbesserung formulieren.
   (Prozess-Evaluation; formative Evaluation)

b.w.

4. Eine Sprachenschule bietet spezielle Zertifikatskurse an. Eine Evaluation nach Abschluss der Kurse soll Aufschluss darüber geben, ob die Teilnehmenden sich auf die Abschlussprüfungen optimal vorbereitet gefühlt haben.
   (Output-Evaluation; summative Evaluation)
5. Eine Gruppe von EDV-Fachleuten eignet sich im Rahmen einer betrieblichen Weiterbildungsmaßnahme eine neue Programmiersprache an. Nach einigen Wochen wird am Arbeitsplatz überprüft, ob die Teilnehmenden in der Lage sind, die Programmiersprache adäquat anzuwenden.
   (Transfer-Evaluation)

Diese Beispiele für Evaluationen verdeutlichen verschiedene mögliche Ansätze und Zielsetzungen von Evaluationen:

- Die Durchführung von Evaluationen kann für unterschiedliche Einrichtungen und Maßnahmen sinnvoll sein.
- Der Zeitpunkt einer Evaluation ist entscheidend für die Zielerreichung; sie kann vor, während oder nach einer Maßnahme stattfinden.
- Die Entscheidung über den Zeitpunkt beeinflusst von vornherein die Reichweite möglicher Handlungsalternativen.

8.3.1 Evaluationsansätze und Evaluationsverfahren

In der Entwicklung von Evaluationsinstrumentarien im Rahmen der Bildungswissenschaft hat es sich durchgesetzt, zwischen einer internen Bewertung und externen Erfolgen zu unterschieden. Entsprechend richten sich Konzepte der Evaluation auf unterschiedliche Phasen des Lehr-Lern-Prozesses.

- In einer *Kontext-Evaluation* rückt das Umfeld – d. h. die Träger und Einrichtungen – ins Blickfeld.
- Eine *Input-Evaluation* richtet sich auf die zur Durchführung eingesetzten Ressourcen bezogen auf Organisation, Technik, Personal und Didaktik.
- Eine *Output-Evaluation* oder *summative Evaluation* versucht, das Ergebnis bezogen auf erworbene Kompetenzen bzw. Anwendungen zu bewerten.
- Eine *Prozess-Evaluation* oder *formative Evaluation* beobachtet den Gesamtablauf einer Veranstaltung/einer Maßnahme und verändert über die Rückspiegelung der Ergebnisse den laufenden Prozess.
- In einer *Transfer-Evaluation* wird überprüft, ob die Umsetzung/Anwendung des Gelernten erfolgreich gelingt.

Abbildung 16 verdeutlicht den Zusammenhang zwischen dem Einsatz bestimmter Evaluationsansätze in einem bestimmten organisatorischen Kontext und den daraus ableitbaren Fragestellungen bzw. Evaluationsgegenständen.

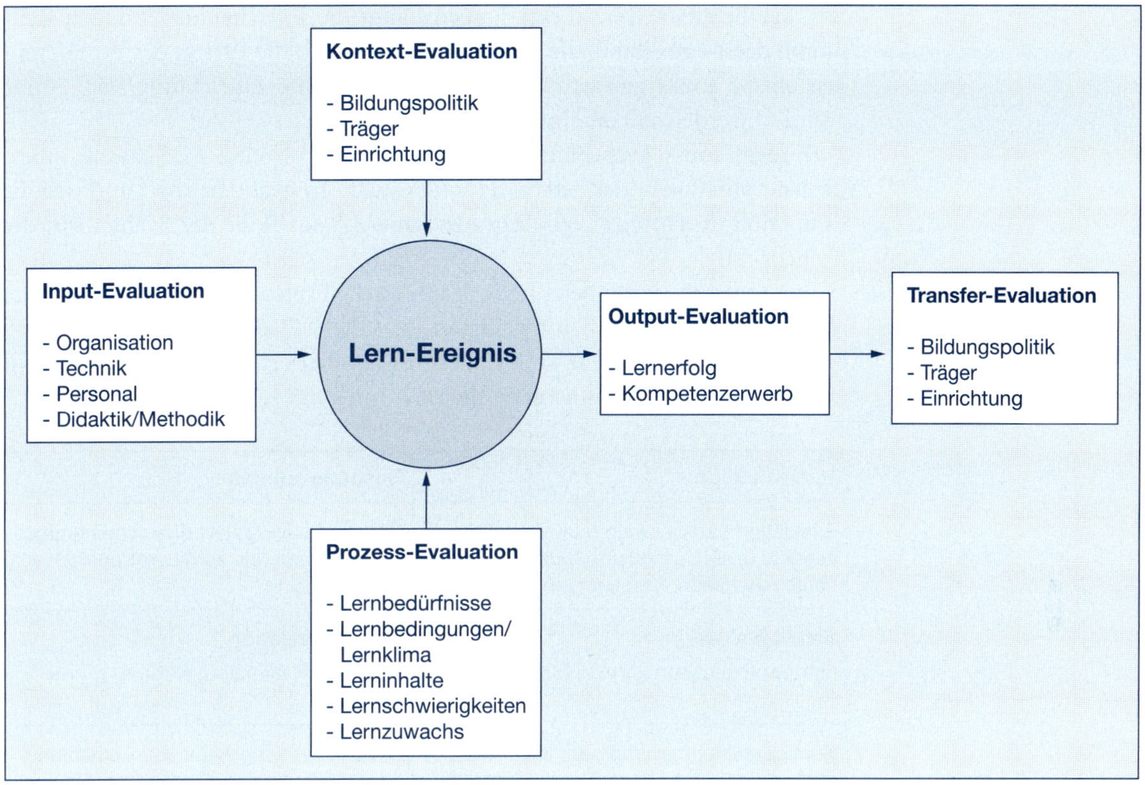

Abb. 16: Evaluationsverfahren

Bevor eine Evaluation durchgeführt wird, sollten sich die Auftraggeber über verschiedene Problembereiche Gedanken machen, die dann zu einer Entscheidung darüber führen, welche Evaluationsform und welche Evaluationsverfahren sinnvoll eingesetzt werden können. Zu klären sind die folgenden Aspekte:

Auf den Punkt gebracht:
Entscheidung über Evaluationsverfahren

Evaluationsziel(e):	• Warum wird evaluiert?
Evaluationsbereich(e):	• In welchem gesellschaftlichen Bereich/in welcher Abteilung/in welcher Maßnahme wird evaluiert?
Evaluationsobjekt(e):	• Wer/was wird evaluiert?
Evaluationsort(e):	• Wo wird evaluiert?
Evaluationsmodell(e):	• Wie wird evaluiert?
Evaluationsnutzung:	• Wie werden die Ergebnisse aufbereitet und entscheidungsrelevant verwendet?

(ergänzt nach Wottawa/Thierau 2003, S. 56)

Von der Beantwortung dieser Fragen hängt die Entscheidung für den Zeitpunkt, den Gegenstand, die Instrumente und auch die Person des Evaluierenden ab: So muss geklärt werden, ob eine gesamte Einrichtung/Maßnahme evaluiert werden soll oder nur ein Teilbereich.

Zudem muss grundsätzlich geklärt werden, ob eine Maßnahme intern (Selbstevaluation) oder extern (Fremdevaluation) evaluiert wird und wer die Evaluation durchführt (vgl. dazu Abschnitt 8.5 zur Rolle der Evaluatorin/des Evaluators).

Ein weiterer Aspekt betrifft die Frage, ob die Evaluation ausschließlich über Aussagen der betroffenen/beteiligten Personen Daten erheben oder auch externe Daten verarbeiten soll. Zudem ist zu überlegen, ob der Vergleich mit einer Kontrollgruppe sinnvoll erscheint.

Teilevaluation	**Gesamtevaluation**
Evaluation pädagogisch relevanter Teilaspekte (z. B. Curriculum, Didaktik, Unterrichtsmaterialien, Kursleitereinfluss)	Erfassung aller relevant erscheinender Dimensionen (bis zum Lerntransfer)
Selbstevaluation (interne Evaluation, direkte Evaluation)	**Fremdevaluation** (indirekte Evaluation, externe Evaluation)
Seminarteilnehmer und/oder Kursleitende evaluieren Lernerfolg und Lerntransfer in eigener Verantwortung.	Externe Personen (aus der Einrichtung oder ganz von außen) evaluieren einen Kurs/eine Maßnahme/ein Programm.
Subjektive Evaluation	**Objektive Evaluation**
Die Daten, d. h. die Aussagen und Einschätzungen, stammen von den evaluierten Personen.	Die Daten werden aus einem erkennbaren Verhalten der zu evaluierenden Personen abgeleitet.
Vergleichende Evaluation	**Nicht vergleichende Evaluation**
Evaluation mithilfe von Kontrollgruppen	Evaluation ohne Kontrollgruppen

Tab. 9: Evaluationskonzepte

Vertiefung

Mehr zu den Evaluationsansätzen liefert eine ausführliche Tabelle im Download-Bereich.

Die Entscheidung über den Einsatz bestimmter Evaluationskonzepte hängt also im Wesentlichen davon ab, wie die vorbereitenden Fragen beantwortet wurden. Ausschlaggebend für die Wahl eines Verfahrens ist die Bestimmung des Zeitpunktes, zu dem eine Evaluation durchgeführt werden soll. Diese werden im Folgenden tabellarisch dargestellt:

Hier spielen Zielsetzungen, Gegenstand, Durchführende, Zeitpunkt, Adressaten, Resultate, Voraussetzungen und die Perspektive eine prägende Rolle, die sich auf die jeweiligen Ansätze auswirkt.

Durch Evaluationen kann mittels einer *Input-Evaluation* vor Beginn einer Maßnahme/eines Programms die angenommene oder erwartbare Durchführungsqualität abgeschätzt werden. Eine *Prozess-Evaluation* bewertet die Durchführungsqualität einer Maßnahme/eines Programms zeitgleich; im Nachhinein wird mittels der *Output-* oder *summativen Evaluation* und der *Transfer-Evaluation* der Erfolg eingeschätzt. Jedes Evaluationsverfahren kann auf die unterschiedlichen Instrumente zurückgreifen. Es muss lediglich die Gegenstandsangemessenheit überprüft werden.

Es ist durchaus angemessen, bei einer längerfristigen Evaluation unterschiedliche Verfahren miteinander zu kombinieren, um Aufschluss über Vorbedingungen, Verlauf und Abschluss einer Maßnahme zu bekommen. Auch werden Prozess- und Transfer-Evaluation miteinander kombiniert, wobei die Ergebnisse einer Prozess-Evaluation Hinweise für einen gelungenen oder weniger gelungenen Transfer geben können.

Bei einer Entscheidung für bestimmte Verfahren und Instrumente sollte berücksichtigt werden, dass traditionelle Formen und Strategien der Evaluation dem »selbstbestimmten Lernen« unangemessen sind. Eine externe Bewertung mithilfe empirisch-analytischer Methoden bleibt dem Lernprozess äußerlich. Der Bedeutungskontext der Lernenden entzieht sich quantifizierenden Instrumenten weitgehend.

Daher sollte vor der Wahl eines Evaluationsverfahrens die Tatsache reflektiert werden, dass Evaluationen Eingriffe in Lernsituationen und Lernprozesse bedeuten. Eine Evaluation ist also niemals neutral, sondern beeinflusst den zu untersuchenden Prozess auf vielfältige Weise; er wird behindert, verstärkt oder überlagert. Evaluationskonzepte sollten also bereits vor ihrem Einsatz in Bezug auf ihre Sinnhaftigkeit und Anwendbarkeit diskutiert werden, um ein gegenstandsangemessenes Verfahren zu wählen, bei dem, je nach Zielsetzung, der Lernerbezug im Vordergrund steht.

Ein solches *Primat der Lernerorientierung* steht im Kontrast zu einem externen, quantitativen und summativen Evaluationsansatz. Entsprechend scheint eine quasi-interne, qualitative und formative Strategie sinnvoll. Orientiert ist ein solches Verfahren an der Form des *Peer Review*. Dabei werden zwar »externe« Experten angesprochen, die aber das Untersuchungsfeld selbst kennen und ihm »intern« angehören. Dadurch soll ein hohes Maß an Sachkenntnis, Vertrauenswürdigkeit, Verständnis und Einfühlungsvermögen gesichert werden (vgl. Kuckartz u. a. 2007).

8.3.2 Evaluationsinstrumente

Da Evaluationen mit Methoden der empirischen Sozialforschung durchgeführt werden, sollten in jedem Fall ihre *Gütekriterien* – also Objektivität, Reliabilität und Validität – zugrunde gelegt werden (vgl. Flick/Kardoff/Steinke 2007). Zusätzlich sind für Evaluationen weitere Kriterien relevant, die den Verwertungsaspekt unterstreichen: • Rechtzeitigkeit, • Verfügbarkeit, • Anwendbarkeit, • Veränderbarkeit und • Angemessenheit. Diese Kriterien spielen eine Rolle, da Erhebung und Auswertung der erhobenen Daten in einem für alle Beteiligten transparenten Prozess erfolgen sollten.

Die Erhebung der Daten erfolgt mithilfe bekannter empirischer Methoden, wobei jeweils die Angemessenheit und Reichweite einer Methode geklärt werden muss. Die nachfolgend aufgeführten Methoden sind dem möglichen Erhebungszeitpunkt zugeordnet. Die Ermittlung der Durchführungsqualität zielt auf eine *Verbesserung/Veränderung* während einer Maßnahme/eines Programms. Die Erfolgsqualität gibt zum einen Aufschluss über das Ergebnis einer Maßnahme/eines Programms; zum anderen kann die Transferqualität überprüft werden, also die Anwendung des Gelernten nach Abschluss einer Maßnahme. Es sind jeweils unterschiedliche Methoden der Datenerhebung möglich (vgl. Reischmann 2006, Kap. 7).

Durchführungsqualität	**Erfolgsqualität**	
	Ergebnis	**Übertragung**
Befragungen Beobachtungen Einzelgespräche Gruppendiskussionen Interaktionsanalysen Rollenspiele Lerntagebücher	Befragungen Beobachtungen Einzelgespräche Gruppendiskussionen Kontrollfragebögen Projekte Planspiele Fallstudien	Nachbefragung Beobachtungen Einzelgespräche Gruppendiskussionen Transferfragebögen Ergebnisberichte Leistungskennziffern Beurteilung durch Vorgesetzte und Ähnliches Follow-up-Termin

Tab. 10: Evaluationsinstrumente

In die Entscheidung für ein bestimmtes Evaluationskonzept (das Verfahren, Erhebungsinstrumente und Auswertung mit einschließt) fließt das Wissen um die Unterscheidung zwischen einem outputorientierten Controlling und einer reflektierten Evaluation mit ein.

Ansatz	naives Controlling	reflexive Evaluation
Verfahren:	summativ	formativ
Methode:	Messen	Verstehen
Gegenstand:	gleichartig	vielfältig *(Benchmarking)*
Organisationskonzept:	triviale Maschine	komplexes System
Funktion:	Effizienzbewertung	Beraten/Verbessern
Position:	neutral/wertfrei	interessenorientiert/wertbehaftet

Tab. 11: Kontrastive Betrachtung von Evaluationsansätzen

Für eine Evaluation, deren Ziel es ist, Lernprozesse aus der Sicht der Beteiligten abzubilden, empfiehlt sich der Einsatz kommunikationsorientierter Strategien. Evaluation erfolgt als kollegialer Beratungsprozess, dem zum einen eine Textanalyse verfügbarer Materialien zugrunde liegt, also die Auswertung schriftlicher Berichte/Darstellungen der beteiligten Akteure (Einrichtungen, Lehrende, Lernende, Curricula, Kurs- und Seminarbeschreibungen usw.), und zum anderen Daten, die über qualitative Verfahren mit den Beteiligten erhoben wurden.

Kriterien für die daraus gezogenen Einschätzungen wurden vor dem Hintergrund der vereinbarten Zielsetzungen der Evaluation festgelegt, die Systematik eines Berichts und die Begründungen der Ergebnisse sollten transparent gemacht werden (vgl. Kap. 8.4.3). Die Ergebnisse und evtl. auch Zwischenergebnisse einer Evaluation sollten mit den Beteiligten diskutiert werden und die Berichte zum Gegenstand der Beratung von Einrichtungen und/oder Lehrenden und Lernenden mit dem Ziel der Weiterentwicklung einer Bildungsmaßnahme gemacht werden.

Ein angemessenes Konzept zur Evaluation dient der Beratung der Akteure. In diesem Sinn ist weniger ein Bewertungs- als vielmehr ein Entwicklungsprozess intendiert.

8.3.3 Planung und Durchführung einer Evaluation

Mit dem Vorwissen über die notwendige Gegenstandsangemessenheit eines Evaluationsverfahrens ist der folgende Vorschlag für eine modellhafte Planung und Durchführung eines Evaluationsprozesses denkbar.

In der *Evaluationsvorbereitung* geht es vor allem darum, in Zusammenarbeit mit allen Beteiligten die Fragestellung und die Zielsetzung der Evaluation zu bestimmen. So kann der erwartete *Erkenntnisgewinn* definiert werden, von dem die Bedingungen und Vorgehensweisen abhängig sind. Es werden Entscheidungen über den Evaluationsansatz (Gesamt- oder Teilevaluation, Selbst- oder Fremdevaluation), über die Zielsetzungen und Fragestellungen, über die Evaluationsmethoden und das Evaluationsdesign getroffen.

Planung und Durchführung einer Evaluation	
Evaluationsvorbereitung ↓	
1. Zielbestimmung → ↓	• Worauf bezieht sich die Evaluation? • Was soll evaluiert werden? • Was soll erreicht werden? • Entwicklung von Fragestellungen • Entwicklung eines vorläufigen Arbeitsplans • Zeit- und Kosteneinschätzung
2. Designfrage → ↓	• Entscheidung über den Evaluationsansatz unter dem Aspekt der Gegenstandsangemessenheit • Entscheidung über die Evaluationsverfahren • Entscheidung über die Evaluationsmethode • Entwicklung eines konkreten Ablaufplans • Entwicklung des Evaluationsinstruments • Auswahl angemessener Erhebungsverfahren (qualitativ/quantitativ) • Identifizierung und Überprüfung potenzieller Stör- und Fehlerquellen
Evaluationsdurchführung ↓	
Konkretisierung des Ablaufs → ↓	• Festlegung eines detaillierten Zeitplans/ eines Zeitpunkts • Absprache mit den Beteiligten • Einsatz des Evaluationsinstruments/ der Instrumente
Evaluationsabschluss ↓	
Auswertung der Erhebung →	• Auswertung der Daten/Materialien mit adäquaten Methoden • Schreiben des Evaluationsberichts • Darstellung der Ergebnisse auf Grundlage der Datenauswertung • Formulierung von Stärken/Schwächen (Bewertung) • Formulierung von Empfehlungen • Vorstellung und Diskussion der Evaluationsergebnisse (mit Teilnehmenden/Auftraggebern)

Tab. 12: Planung und Durchführung einer Evaluation: idealtypischer Ablauf (vgl. Wottawa/Thierau 2003; Stockmann 2007; Silvestrini 2007; Meyer 2007)

Notwendig ist in dieser Phase die Kooperation mit (möglichen) Evaluator/innen. Diese sollten, ausgehend von vorher getroffenen Absprachen, eine Konzeption für die Evaluation entwerfen und darauf aufbauend ein Evaluationsangebot erstellen. Ein solches Angebot sollte • die Vorgehensweise, • einen Zeit- und Kostenplan und • methodische Vorgehens- und Auswertungsvorschläge sowie • Kriterien zur Bewertung enthalten. Das Evaluationskonzept sollte sich an allgemeinen Standards orientieren und damit für die Auftraggeber transparent und nachvollziehbar sein (vgl. Silvestrini 2007).

Die *Evaluationsdurchführung* erfolgt nach Auftragserteilung selbstständig und unabhängig durch die Evaluator/innen, in enger Absprache und Kooperation mit den Auftraggebern. Eine vertrauensvolle Zusammenarbeit ist in diesem Stadium einer Evaluation besonders wünschenswert, denn die Evaluator/innen sind auf Informationen und die Zugänge zum Evaluationsfeld angewiesen. Aufgabe der Evaluator/innen ist es in dieser Phase, die Konzeption hinsichtlich des Ablaufs, der Fragestellungen und der Methoden zu konkretisieren, evtl. *Pretests* zu implementieren, um die Evaluation dann entsprechend der Planung durchzuführen.

Handelt es sich um eine längerfristige Prozess-Evaluation, ist die regelmäßige Kommunikation mit allen Beteiligten erforderlich, da Zwischenergebnisse auf die Notwendigkeit von Modifikationen und Veränderungen einer Maßnahme hinweisen können. Alle Einzelergebnisse müssen dokumentiert werden, sodass bei Bedarf die Interpretation der Datenerhebung transparent wird und auch zu späteren Zeitpunkten die Generierung der Ergebnisse nachvollziehbar ist. Zudem dient die Dokumentation bereits der Vorbereitung des *Evaluationsberichts.*

Der *Evaluationsabschluss* als eigene Phase beinhaltet das Verfassen des Evaluationsberichts auf Grundlage der Datenerhebung und die Präsentation der Ergebnisse bei den Auftraggebern und Beteiligten.

Dem Abfassen des Evaluationsberichts kommt eine besondere Bedeutung zu, da er nicht nur den Prozess und die Ergebnisse einer Evaluation in verständlicher und transparenter Weise so darstellen soll, dass sie für alle Beteiligten in ihrer Genese nachvollziehbar sind. Die abschließenden *Einschätzungen und Bewertungen der Ergebnisse*, die unter Umständen auch zu weitreichenden *Handlungsempfehlungen* führen können, machen das Kernstück des Berichtes aus.

Sie sollten logisch und argumentativ stringent aus den Befunden abgeleitet werden, damit sie für Auftraggeber und Beteiligte verständlich sind und akzeptiert werden. Der Bericht sollte in einer wertschätzenden Weise verfasst werden, sodass bei sich möglicherweise ergebenden Defiziten/Problemen nicht Schuldzuweisungen im Vordergrund stehen, sondern Wege der Verbesserung aufgezeigt werden. Dabei sind strukturelle, organisatorische, planerische und auch personelle Veränderungen denkbar. In jedem Fall sollten sich die Evaluator/innen ihrer Verantwortung in Bezug auf die mögliche Reichweite ihrer Ergebnisse bewusst sein.

Aus dem Vorschlag für die Planung und Durchführung lässt sich abschließend eine mögliche Gliederung für einen Evaluationsbericht ableiten (vgl. die ausführliche Diskussion bei Reischmann 2006, Kap. 13.3):

Gliederung eines Evaluationsberichts

1. *Abstract*
   zentrale Fragestellungen und Ergebnisse
2. *Verzeichnisse*
   Inhaltsverzeichnis, Verzeichnis der Abkürzungen/Anhänge/Tabellen/Abbildungen
3. *Einleitung: Zielsetzung der Evaluation*
   Anlass für die Evaluation, Darstellung des Problems/der Fragestellung
4. *Beschreibung des Evaluationsfeldes/der zu evaluierenden Maßnahme*
   Untersuchungsgegenstand/Auftrag; Kontextbedingungen; Planung und Ablauf
5. *Evaluationsdesign*
   Darstellung und Begründung der Evaluationsmethoden, der Datenerhebungsverfahren, der Auswertungsmethoden
6. *Ergebnispräsentation*
   genaue Darstellung der Ergebnisse, die sich aus den einzelnen Schritten der Evaluation ergeben, und der Nutzung des Datenmaterials
7. *Zusammenfassende Diskussion der Ergebnisse*
   Einschätzung und Bewertung der Ergebnisse vor dem Hintergrund der Zielsetzung der Evaluation; Hinweis auf mögliche Fehlschlüsse, Gefahren der Überinterpretation von Daten
8. *Schlussfolgerungen; Empfehlungen*
9. *Quellen und Literaturverzeichnis*
10. *Anhang*
    Auswertungen, Tabellen, Dokumente, Liste der Beteiligten usw.

Tab. 13: Gliederung eines Evaluationsberichts (vgl. Reischmann 2006; Schneider/Meiers 2007).

8.4 Die Rolle von Evaluator/innen in Evaluationsprozessen

Die Qualität der Durchführung und das Ergebnis einer Evaluation hängen in hohem Maße von • den methodischen Kenntnissen, • dem inhaltsbezogenen, kontextuellen Wissen und auch den • sozialen Kompetenzen der Evaluatorinnen und Evaluatoren ab. Bisher existierten keine geregelten Aus- und Fortbildungen für Evaluationstätigkeiten. Im Rahmen von erziehungswissenschaftlichen, psychologischen und sozialwissenschaftlichen Studiengängen wird das Thema unter Umständen behandelt, aber zumeist ohne vertieften Praxisbezug.

Die *Deutsche Gesellschaft für Evaluation* (DeGEval) hat daher zu Fortbildungen im Bereich von Evaluationen Empfehlungen entwickelt, die erste Anhaltspunkte bieten für notwendige Kompetenzen von Evaluator/innen (DeGEval 2008a). Deutlich wird, dass außer • Fachkenntnissen über das Evaluationsgebiet • kontextbezogenes Wissen zum Evaluationsfeld, • methodische Fachkenntnisse (Methoden empirischer Sozialforschung), • Organisations- und Feldkenntnisse sowie • Sozial- und Selbstkompetenzen als Voraussetzungen gelten können (vgl. Brandt 2007, S. 189).

Fachliche und persönliche Voraussetzungen von Evaluator/innen

- abgeschlossenes empirisch-sozialwissenschaftliches Studium
- gute Methodenkenntnisse
- gute Allgemeinbildung im jeweiligen Evaluationsfeld
- hohe Leistungsmotivation und Kommunikationsbereitschaft
- Fähigkeit zum *role-taking*
- soziale Kompetenz
- Strategieentwicklung
- Führungsfähigkeit

(Wottowa/Thierau 2003, S. 53).

Außer dem notwendigen vielfältigen fachlichen Wissen und Können kommt bei der Durchführung einer Evaluation, die als Handlungsmodell verstanden werden kann, der *Sozial- und Selbstkompetenz* der Evaluator/innen eine besondere Bedeutung zu (vgl. Wottawa/Thierau 2003, S. 47). Über diese Kompetenzzuschreibungen besteht weitgehend Einigkeit in der Literatur.

Reflexionen zu Kapitel 8.3

- Entwickeln Sie exemplarisch für eines der in Kapitel 8.4 genannten Beispiele einen Evaluationsansatz. Analysieren Sie zunächst das Problem des Falls.
- Definieren Sie dann Zielsetzung und Fragestellung einer Evaluation und leiten Sie daraus ein begründetes methodisches Vorgehen und die einzusetzenden Evaluationsinstrumente ab.
- Begründen Sie Ihre Entscheidung für eine Selbst- oder eine Fremdevaluation.

Stockmann weist darauf hin, dass Evaluationsansätze neben einer theoretischen Verortung auch entsprechend ihrer praktischen Ausrichtung systematisiert werden können, was dann zu unterschiedlichen Schwerpunktsetzungen bei den Kompetenzen der Evaluator/innen führt. Unter Rückgriff auf Fitzpatrick und andere unterscheidet er fünf Ansätze:

Praxisbezogene Systematisierung von Evaluationsansätzen

»1. *Zielorientierte Ansätze*, bei denen der Fokus auf der Identifizierung von Programmzielen und der Beurteilung der Zielerreichung liegt.
2. *Managementorientierte Ansätze*, deren Schwerpunkt die Identifizierung und Erfüllung der Informationsbedürfnisse von Entscheidungsträgern ausmacht.
3. *Konsumorientierte Ansätze*, deren Hauptaufgabe darin besteht, produktbezogene Informationen und Bewertungen z. B. anhand von Produkt-Checklisten zur Verfügung zu stellen.
4. *Expertenorientierte Ansätze*, bei denen eine Evaluation durch ausgesuchte Experten eines Praxisfeldes erfolgt.
5. *Partizipative Ansätze*, die durch besondere Schwerpunktsetzungen auf die Einbeziehung der verschiedenen an einer Evaluation beteiligten oder davon betroffenen Interessengruppen *(Stakeholder)* bei der Evaluationsplanung und -durchführung charakterisiert sind.« *(Stockmann 2007, S. 47)*

Je nach Ansatz kommt neben der fachlichen Durchführung der Evaluation der Kommunikationsfähigkeit der Evaluator/innen besondere Bedeutung zu, wenn sie zwischen den Interessen der verschiedenen Beteiligten moderieren müssen. Dies trifft besonders für die partizipativen Ansätze zu (vgl. Ulrich/Wenzel 2003). Allerdings sind auch für die anderen Ansätze Szenarien denkbar, in denen ihre Rollen als Moderator/innen und/oder Berater/innen relevant werden, z. B. falls eine Evaluation nicht – wie im Idealfall – die Verbesserung existierender Programme/Maßnahmen zum Ziel hat, sondern Legitimations- und Nutzenerwägungen im Vordergrund stehen. Dann können Evaluator/innen in eine Mittlerrolle zwischen den unterschiedlichen Interessen aller Beteiligten gedrängt werden (z. B. finanzielle Effizienz einer Maßnahme ↔ Nutzen für die Teilnehmenden).

Aus dieser unter Umständen ambivalenten Rolle lassen sich weitergehende Anforderungen an Evaluator/innen ableiten, die besonderer Reflexion bedürfen. Evaluator/innen bringen in eine Evaluation ihre eigenen Werte, Überzeugungen und Urteile mit ein, selbst wenn sie objektiv handeln sollen. Evaluator/innen sollten sich dieser Tatsache bewusst sein und ihre Reichweite und damit auch evtl. Einschränkungen durch die eigenen Werte reflektieren.

Ähnlich wie in Forschungsprojekten fließen individuelle Werturteile und unter Umständen Vorurteile in Evaluationsprozesse mit ein, die spätestens bei der Interpretation und Bewertung der erhobenen Daten eine Rolle spielen.

Evaluator/innen sollten in der Lage sein, sich dazu explizit zu verhalten (vgl. Weber 2008). Mit ihrem Handeln übernehmen sie Verantwortung gegenüber Menschen und müssen dieses verantwortungsbewusst reflektieren. Erschwerend kommt hinzu, dass die bereits angesprochene Moderatorenrolle zwischen den Interessen der Beteiligten unter Umständen ein größeres Gewicht bekommt als ihre Rolle als Expert/innen für die Evaluation.

Reflexionen zu Kapitel 8.4

- Definieren Sie die Rolle, die ein/e Evaluator/in in dem von Ihnen entwickelten Evaluationsansatz einnimmt. Begründen Sie ihre/seine Rolle über die theoretische Verortung Ihres Ansatzes und überlegen Sie, welche Kompetenzen besonders gefordert werden.

Zusammenfassung

Im Rahmen von Qualitätssicherungsprozessen im Bildungsbereich sollen durch Evaluationen *Planungs- und Entscheidungshilfen* für die Praxis generiert und durch ihre Ergebnisse entweder Handlungen optimiert oder Handlungsalternativen aufgezeigt werden.

Evaluationen greifen durch die *Bewertung von Bildungsprozessen und -resultaten* auf vielfältige Weise in diese ein. Ihre Möglichkeiten und Grenzen werden vor dem Hintergrund ihrer Zielsetzungen, Funktionen und ihres Nutzens in Bezug auf methodisches Vorgehen, Evaluationsfelder und -gegenstände und -instrumente diskutiert. Evaluator/innen spielen als Moderierende und Durchführende eine wichtige Rolle. Kenntnisse und Fähigkeiten in Bezug auf Methoden, Instrumente, Evaluationskonzepte werden daher ebenso vorausgesetzt wie die Fähigkeit zur Reflexion der jeweiligen Rolle innerhalb von Evaluationsprozessen.

9. Transfer – vom Lernen zum Handeln

Der Erfolg von Weiterbildungsbemühungen steigt in dem Maße, in dem es Teilnehmenden gelingt, die im Lernen erworbenen Kompetenzen im Handeln in Alltagskontexten und Arbeitssituationen umzusetzen und anzuwenden. *Lerntransfer* ist also ein wichtiger Erfolgsfaktor von Weiterbildung.

Durch die Teilnahme an Weiterbildungskursen und -programmen kommt es nicht unmittelbar zu problemlösenden Handlungsstrategien. Lernen in einem Seminar und Anwenden sowie Handeln im Kontext konkreter Situationen in Organisationen und Unternehmen sind unterschiedliche Dinge. Lernen ist Aneignung von Möglichkeiten erweiterter Weltverfügung; Anwenden erfordert Umsetzung in gegebenen, aber gestaltbaren Rahmenbedingungen; dies ist vor allem ein Problem institutionalisierter Lernprozesse. Je größer der Abstand zwischen Lernen und Handeln, von Lern-Arrangement und Verwendungskontext bzw. Arbeitsfunktionen, desto schwieriger wird die »Passung« von Lerninhalten.

Das Transferproblem stellt sich besonders deutlich in der betrieblichen Weiterbildung, die dem Diktat der Effizienz unterworfen ist. Die Fachabteilungen fragen, inwiefern Weiterbildung zu einer Verbesserung der Arbeitsleistung beiträgt.

Aber auch die politische Erwachsenenbildung ist immer wieder mit Nachfragen konfrontiert, was sie »bringt«. In einem gewissen Sinn ist das Transferproblem hier noch gravierender als in der betrieblichen Weiterbildung: Beispielsweise lassen sich in Kursen zur politischen Bildung erworbene Kenntnisse zur Funktionsweise von Demokratien und zu den damit verbundenen Rechten und Pflichten der Einzelnen nicht unmittelbar in politisches Handeln auf der lokalen Ebene umsetzen. Hier sind weitere Schritte vor allem in Bezug auf die Erschließung politischer Aktivitätsfelder notwendig.

Um zu verdeutlichen, welche Zielsetzungen, aber auch Probleme mit der Idee des Transfers in der Weiterbildung verbunden werden, wird zunächst in das Feld eingeführt (Kap. 9.1). In Kapitel 9.2 setzen wir uns mit der Frage auseinander, vor dem Hintergrund welcher Lernstrategien Transfer möglich oder auch erschwert wird. Kapitel 9.3 stellt Transferstrategien in Lernprozessen, Transferbarrieren und Transferprinzipien vor.

9.1 Lerntransfer in der Weiterbildung: Problembeschreibung

Die Frage, wie und auf welche Weise Gelerntes in beruflichen Tätigkeitsfeldern angewandt werden kann, wie spezielle Kenntnisse auf allgemeine Situationen übertragen werden können, berührt das Problem der *Performanz,* d.h. der Ausführung oder des Vollzugs einer Handlung durch ein handelndes Subjekt, denn: Lernprozesse unterbrechen den Tätigkeitsvollzug oder werden ihm vorgelagert.

Die Trennung von Lernort und Arbeitsort birgt das Risiko, dass angestrebte Qualifikationen und tatsächlich erworbene Kompetenzen sowie gelingende Performanz auseinanderfallen. Immer wieder wird von Fachvorgesetzten beklagt, dass in Weiterbildungsprogrammen Wissen erworben werde, das im Arbeitsprozess nicht angewendet werden könne. Es komme zum Erwerb »toten Wissens«, und das Wissenspotenzial bleibe träge und werde bei Problemlösungen im Unternehmen nicht aktiviert. Daraus resultieren die Transferprobleme nach Abschluss des Lernens, aber auch schon für dessen Anlässe.

Transfer (von lateinisch *transferre* = (hin)übertragen) bezeichnet zunächst einmal den Prozess, Wissen oder Können von einem Feld in ein anderes zu übertragen.

In unserem Zusammenhang interessiert vor allem der *Lerntransfer*, also die Verbindung zwischen Lernen und dem Anwenden erlernter Kompetenzen in neuen Situationen. Der Begriff »Lerntransfer« in der beruflichen Weiterbildung meint einen Prozess der Übertragung, Verallgemeinerung oder Anwendung von Gelerntem, also den Transfer von einer Lernsituation in eine Arbeitssituation.

Der Begriff »Transfer« wird auch genutzt, um Problemlösefähigkeit zu beschreiben, d. h. wenn die Erfahrung der Lösung eines Problems zu einem späteren Zeitpunkt zur Problemlösung eines anderen Problems führen kann.

Es wird zudem unterschieden zwischen spezifischem und unspezifischem Transfer:

- *Spezifischer Transfer* bedeutet, dass die Lösung einer Aufgabe/eines Problems auf eine unmittelbar damit zusammenhängende Lernsituation zurückzuführen ist.
- *Unspezifischer Transfer* heißt, dass die Lösung einer Aufgabe/eines Problems nicht aufgrund einer spezifischen Lernsituation erfolgt, sondern früher erprobte und bewährte Strategien zur Problemlösung angewandt werden.

In jedem Fall »ist ein Transfer personenabhängig, d. h., er wird beeinflusst vom Vorwissen, von der Expertise der Person, die eine Transferleistung realisiert« (Bergmann/Sonntag 2006, S. 358).

Weiterführende Literatur:

Lemke, S. G. (1995): Lerntransfer. Göttingen: Hogrefe.

Bergmann, B./Sonntag, K. (2006). Transfer: Umsetzung und Generalisierung erworbener Kompetenzen in den Arbeitsalltag. In: Sonntag, K. (Hrsg.): Personalentwicklung in Organisationen. 3. Auflage. Göttingen: Hogrefe, S. 355–388.

Dabei sind theoretische Vorstellungen von »Übertragung« meist geprägt durch verkürzte Lernkonzepte, bezogen auf »identische Elemente«, z. B. Kenntnisse oder Fertigkeiten; Ansätze zur »Verallgemeinerung« überziehen die Ablösbarkeit von Prinzipien des Lernens von den jeweiligen Gegenständen. Letztlich geht es um Anwendung bzw. Umsetzung in konkreten Problemsituationen.

Um diese Bedingungen einzuordnen und Lern- und Handlungswiderstände zu begreifen, ist der Rückgriff auf eine tragfähige Lern- und Handlungstheorie sinnvoll. Transfer meint dann die Leichtigkeit oder Schwierigkeit, mit der eine erworbene Kompetenz in unterschiedlichen Situationen in Performanz überführt werden kann. Dabei sind die auftretenden Transferprobleme zu untersuchen, um darauf aufbauende Transferstrategien zu entwickeln.

9.2 Transfertheorien vor dem Hintergrund von Lerntheorien

Weiterführende Literatur:

Faulstich, P. (1998): Strategien betrieblicher Weiterbildung. Kompetenz und Organisation. München: Oldenbourg.

Als Transfer wird zumeist die Übertragung des Gelernten aus einer Lernsituation in ein Funktionsfeld bezeichnet. Mit diesem Denkmuster des Übertragens wird »Transfer« zum wesentlichen Kriterium des Lernerfolgs. Transfer gelingt, wenn etwas, was in einem Zusammenhang gelernt wurde, auf einen anderen Zusammenhang übertragen wird (Mandl/Prenzel/Gräsel 1992, S. 127).

Im Hinblick auf die betriebliche Weiterbildung bietet es sich entsprechend an, die im Transferkonzept unterlegte Unterscheidung von »Source« und »Target« aufzugreifen. Als »Source« kann das Lernen im Kontext einer systematischen und geplanten Lehr-Lern-Maßnahme gelten, eine Intervention, die ein »Lernfeld« bildet. Der Arbeitszusammenhang, in dem das Gelernte eingesetzt werden soll, entspricht dem »Target« (vgl. Bergmann/Sonntag 2006, S. 357).

Eine ebenso plausible wie banale idealtypische Darstellung des Transferprozesses, nach der Weiterbildungserfolg als gelungener Transfer interpretiert wird, findet sich häufig in Lehrbüchern und Aufsätzen. Dabei wird unterstellt, dass Veränderungen von Wissen und Verhalten, die im Lernfeld erreicht worden sind, im Funktionsfeld gebraucht werden. Eine *Transferlücke* wird unterstellt, wenn dies nicht vollständig gelingt.

Diese von Neuberger als »Lern-Ballistik-Kurve« – in Analogie zu Start- und Landephasen von Flugkörpern – ironisierte Vorstellung geht zurück auf eine Darstellung von Bronner und Schröder (1983, S. 36; vgl. auch Neuberger 1991, S. 187; Pawlowsky/Bäumer 1996, S. 148).

Die Defizite dieses Konzepts lassen sich unter Rückgriff auf den »Lehr-Lern-Kurzschluss« nach Klaus Holzkamp aufdecken. Dieser unterstellt, wie bereits in Kapitel 6.2 erklärt, dass das, was die Lehrenden lehren, mit dem übereinstimmt, was die Lernenden lernen. Holzkamp macht deutlich, dass diese Schlussfolgerung selten mit der Realität eines Lehr-Lern-Prozesses übereinstimmt.

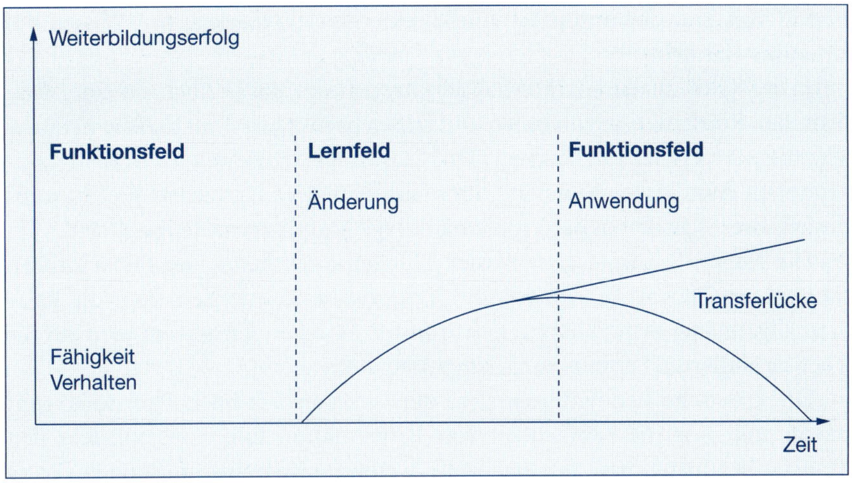

Abb. 17: »Lern-Ballistik-Kurve«

Es können sich aber durchaus Transfereffekte ergeben, die nach ihrer Wirksamkeit unterschieden werden:

- Ein im Resultat »gelungener« oder »positiver« Transfer liegt vor, wenn Personen ihre im Lehr-Lern-Prozess (»Source«) entwickelten Kompetenzen in einem Funktionsfeld (»Target-Konstellation«) erfolgreich einsetzen. Dieser Transfer in verschiedene Situationen wird als *horizontaler Transfer* bezeichnet.
- Ein anderer Transfertyp liegt vor, wenn die Person eine Verbesserung bereits vorhandener Kompetenzen vollzieht. Bei einem solchen Dazulernen wird ein *vertikaler Transfer* vollzogen.
- Es kann aber auch sein, dass im Funktionsfeld auf die in der Lernsituation erworbenen Kompetenzen überhaupt nicht zurückgegriffen wird. Es werden früher angeeignete Verhaltensweisen reaktiviert und die Personen handeln, als ob kein Lernen stattgefunden habe. Es liegt *Null-Transfer* vor.
- Die in Lernsituationen erworbenen Kompetenzen können sich aber auch im Funktionsfeld als beeinträchtigend oder störend erweisen. Entweder dass sie falsch angewendet werden oder aber nicht einsetzbar sind, oder sogar angemessenes Handeln behindern. In diesem Fall liegt ein *negativer Transfer* vor (vgl. Bergmann/Sonntag 2006, S. 358).

Diese Übertragungsvorstellungen gehen von einem instrumentellen Kompetenzbegriff aus: Danach wird Wissen wie in einen Topf in die Köpfe eingefüllt und kann von einer Situation, in der es erworben wird, ohne Verlust abgelöst und übertragen werden. Wissen wäre demnach eine abstrakte Entität, d.h. ein nicht konkret fassbares Objekt, das im Individuum reproduziert wird. Dieser

Begriff von Transfer impliziert eine direkte Übertragbarkeit von Wissen auf situatives Handeln.

In der Kritik an diesem Internalisierungskonzept, das letztlich auf einer dualistischen Konstruktion von innen und außen beruht, wird auf unterschiedliche Theorien des Lernens zurückgegriffen. Es ist fraglich, wieweit die Transferkonzeptionen dem Diskussionsstand über Lerntheorien entsprechen. Es gibt mindestens drei Sichtweisen der Problematik (vgl. Mandl/Prenzel/Gräsel 1992).

Die älteste Tradition geht zurück auf den amerikanischen Behavioristen Edward Lee Thorndike (1874–1949). Eine zweite Sichtweise betont die Relevanz allgemeiner Prinzipien für den Transfer. In neueren Ansätzen wird auf die Theorie situierten Lernens zurückgegriffen.

Die klassische Bedingungsanalyse des Lerntransfers nach Thorndike geht davon aus, dass die Ähnlichkeit von Lernsituation und Funktionsfeld den Transfer begünstigt bzw. ihn erschwert, wenn die Übereinstimmungen gering sind. So sehen Bronner und Schröder (1983) eine steigende Wahrscheinlichkeit von Transfer mit dem Ausmaß der Ähnlichkeit des Lerninhaltes mit der Arbeitsaufgabe. Vorschläge zu transferunterstützenden Maßnahmen zielen deshalb darauf ab, eine Übereinstimmung zwischen Lern- und Anwendungsfeld herzustellen. Obwohl diese Strategien ebenso schlüssig wie trivial zu sein scheinen, stößt man doch auf tiefer liegende Probleme:

- *Erstens* ist für möglichen »Transfer« nicht die tatsächliche, sondern die vom Lernenden wahrgenommene Ähnlichkeit ausschlaggebend für das Gelingen.
- Damit ist *zweitens* zu fragen, welche Merkmale ähnlich oder identisch sein müssen und welche variieren dürfen oder müssen.
- *Drittens* sind die Möglichkeiten, Lernfeld und Arbeitsfeld anzugleichen, prinzipiell beschränkt. Das »Transferproblem« hat sich ja erst ergeben durch ein Auseinandertreten dieser beiden Bereiche.

Die behavioristischen Limits des Konzepts identischer Elemente werden in der kognitiven Psychologie durch die Vermittlung beziehungsweise Förderung allgemeiner Strategien zu überwinden versucht. Es geht dann um einen »Transfer von Prinzipien« (Holzkamp 1995, S. 487). In der aktuellen Diskussion stehen solche allgemeinen Strategien für den Lerntransfer in engem Bezug zur Auseinandersetzung über Schlüsselqualifikationen. Damit sind generalisierte Kompetenzen gemeint, die es erlauben sollen, in unterschiedlichsten Situationen adäquat zu handeln.

Allerdings gibt es mittlerweile Belege dafür, dass die Annahme, abstrakte Strategien seien beliebig auf unterschiedlichste Kontexte anwendbar, ebenfalls auf Grenzen stößt. Die Transferierbarkeit von Lerneffekten auf andere Situationen ist keineswegs beliebig zu unterstellen. Sie zeigt Schwächen in beide Richtungen: Zum einen ist die Erwerbbarkeit von inhaltsleeren Formalqualifikationen fragwürdig, zum anderen ist die Anwendbarkeit keineswegs gewährleistet.

Die Vorstellung einer »Übertragung« spezifischer Elemente als Lernergebnisse führt demgemäß ebenso wie die Unterstellung eine abstrakten »Verallgemeinerbarkeit« in entgegengesetzte falsche Richtungen. Sie unterstellen beide eine Abspaltung bzw. Ablösung von Lernen und Anwenden. Dabei wird unterschlagen, dass der Prozess des Lernens nicht auf das Lernfeld beschränkt ist, sondern sich im Anwendungsfeld fortsetzt.

In verschiedenen Lerntheorien werden der Übertragung, Verallgemeinerung bzw. dem Anwenden von Gelerntem jeweils unterschiedliche Funktionen zugeordnet, die sich in ihrer Konkretion unterscheiden.

Lerntheorie	Übertragen/Verallgemeinern/Anwenden
Behaviorismus	ähnliche Elemente
Kognitionspsychologie	Prinzipien, Strategien, »Schlüsselqualifikationen«
Konstruktivismus	konkrete Problemsituationen

Tab. 14: Transfertheoretische Ansätze (vgl. Mandl/Prenzl/Gräsel 1992)

Holzkamp definiert dagegen als wesentliche Voraussetzungen der »Theorie situierten Lernens« die Situativität und Kontextualität des Lernens (vgl. Holzkamp 1995, S. 488). Dabei wird unterstellt:

- Lernen ist abhängig von der *Bedeutsamkeit* für den Lernenden, und deshalb ist der Erwerb von Kompetenz immer von diesem selbst generiert.
- Lernen findet immer in *authentischen und interaktionalen sozialen Situationen* statt, und seine Effektivität bestimmt sich aus der Interpretation des Kontexts, in dem es geschieht.
- Lernprozesse involvieren immer *Tätigkeiten*. Ausgangspunkt solcher Ansätze ist die Einsicht, dass Lernen und Handeln immer im Kontext erfolgen, also situiert sind.

Weinert hat frühzeitig (1974) Bedingungsanalysen für den Transfererfolg zusammengestellt:

- *Voraussetzungen der Lernenden:* Lernen wird ausgelöst durch Aufgaben, die sich aus Tätigkeiten ergeben. Es knüpft an vorausgehende Erfahrungen und an die Erwartungen an die Lehre an.
- *Verhältnis von Lernen und Anwenden:* Art und Ausmaß sind abhängig von der Ähnlichkeit der Aufgaben. Dies führt zu einer Verallgemeinerbarkeit.

Wichtig für die Lernenden ist die Intensität der Auseinandersetzung mit der Lernaufgabe, beruhend auf der eigenen Motivation. Diese verstärkt und ermöglicht die Chancen der »Mitsteuerung« des Lernprozesses.

- *Unterstützende Transferstrategien:* Es kommt darauf an, unterstützende Aktivitäten zu initiieren, welche die »Transfermotivation« stärken. Dabei muss der Lernen-Anwenden-Prozess als Einheit gesehen werden. Wichtig sind also Strategien, die die sozialen Konstellationen im Arbeitsfeld mit verändern.

9.3 Lerntransfer in der Weiterbildung: Transferstrategien

Vor dem Hintergrund der Problembeschreibung des Transfers in der Weiterbildung (Kap. 9.1) und mit dem Bezug auf lerntheoretische Ansätze (Kap. 9.2) geht es im Folgenden darum, konkrete Transferstrategien zu benennen.

So sinnvoll oft auch Intentionen und Konzepte von Kursen und Programmen sein mögen, bleibt doch die Frage nach dem Lerntransfer und damit nach dem Erfolg entsprechender Lernbemühungen nicht selten unbeantwortet. Während die Anzahl von Angeboten und Teilnehmenden an Weiterbildung beeindruckt, enttäuschen die oft unzureichenden Analysen ihrer Wirksamkeit und ihrer Anwendungserfolge. Daraus resultiert Transferresistenz.

Vorbei sind die Zeiten, als Personalentwickler ihre Arbeit durch lautstarke Erfolgsmeldungen oder die mündliche Zustimmung von Seminarteilnehmenden in Evaluationsbögen rechtfertigen konnten. Für zahlreiche Unternehmen, aber auch Verwaltungen und Verbände reichen diese als Belege von Lerntransfer und -erfolg und zur immer stärker nachgefragten Legitimation von Weiterbildungsausgaben im Bildungscontrolling nicht mehr aus. Deshalb tritt das Transferproblem zunehmend in den Vordergrund der Diskussion um Weiterbildung.

Die Suche nach messbaren Belegen von Transfererfolg ist allerdings schwierig. Ausgehend von den Diskussionen über Qualität in der Weiterbildung können einige Indikatoren benannt werden.

Beispiel Julia Müller:
Aspekte und Indikatoren für Qualität

Julia Müller hat ein System von Indikatoren entwickelt, das ihr argumentativ helfen soll, Fachvorgesetzte und Finanzressorts zu überzeugen, dass Weiterbildung wichtig ist. Sie weiß selbst, dass diese Aspekte »weich« sind und höchstens Hinweise auf den Transfererfolg geben können. In der betriebswirtschaftlichen Sichtweise ist sie trotzdem gezwungen, quantifizierbare und möglichst finanziell bewertbare Kriterien anzugeben, um den Bereich Personalentwicklung aufzuwerten.

Die Indikatoren beziehen sich auf das Personal, die Organisation, die Technik und den Markt. Ob ein Transfer also erfolgreich implementiert werden kann, ist ebenso abhängig von den beteiligten Personen wie auch von den Rahmenbedingungen in der Organisation, d. h. die Bedingungen im Betrieb, in der Abteilung, bei den Arbeitsabläufen müssen so gestaltet werden, dass Transfer überhaupt möglich wird.

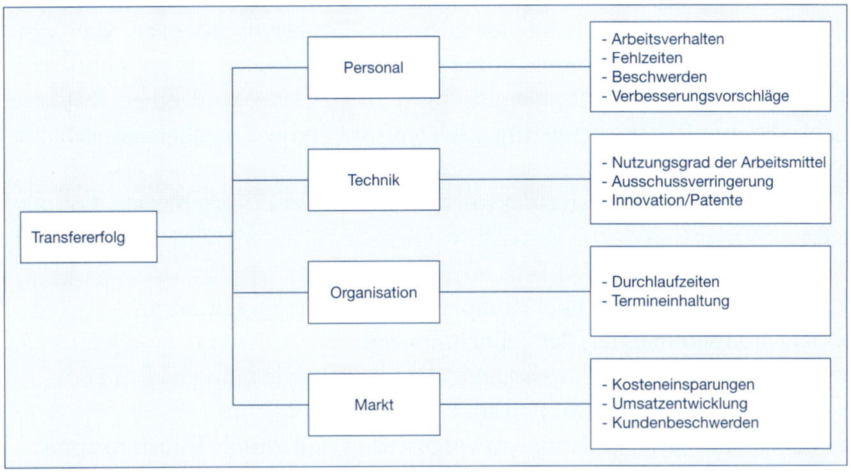

Abb. 18: Aspekte zum Transfererfolg

Um solche Lernerfolge zu sichern, werden seit langem – besonders in der betrieblichen Weiterbildung – *Transferstrategien* vorgeschlagen. Diese beruhen vorwiegend auf vielfältigem Erfahrungswissen. Zumindest ansatzweise können sie in unterschiedliche wissenschaftliche Ansätze einbezogen werden, in denen grundlegende Begriffe wie Handeln, Lernen und Widerstände geklärt werden müssen.

Beispiel: Wirkung von Seminaren

Voller guter Vorsätze kommt Paul Maier vom Seminar »Das Mitarbeitergespräch« zurück. Ziel sollte es sein, dass er als Vorgesetzter regelmäßige Gespräche mit den Mitarbeitern führt und auch kritische Probleme bespricht. Doch seine guten Vorsätze, dieses umzusetzen, machen schnell der Alltagsroutine Platz. Der Zeitdruck und Arbeitsstress sind hoch und ein Versuch, ein Gespräch im Sinne des neu Gelernten zu führen, scheitert. Ein Kollege meint trocken: »Du warst wohl auf einem dieser Führungsseminare – na ja, das gibt sich schon wieder.«

Lernen wird zunächst bezogen auf den Kontext und die Situation der Aneignung. Erworbene Kompetenz fließt keineswegs automatisch in erhöhte Performanz, also gelingende Handlungsdurchführung wie z. B. verbesserte Arbeitsleistungen. Fälle wie der folgende charakterisieren die möglichen Reaktionen:

Oft steht bei Weiterbildungsseminaren die Durchführung von »Training« im Mittelpunkt, und Sicherung von Transfer spielt keine Rolle. Lernerfolg in der beruflichen Weiterbildung misst sich jedoch auch daran, ob das erlernte Wissen überhaupt *Anwendungsbezüge* hat und was die Teilnehmer später in ihrem Arbeitsalltag umsetzen. Anwendungsbezüge werden selten hergestellt, da viele Dozenten und Teilnehmende zu wenig darüber nachdenken, wie Lernergebnisse umgesetzt werden können. Seminare drohen so zu Alibiveranstaltungen für fehlende Problemlösungen zu werden – und geben Kritikern recht, die ihre Bedeutung gering schätzen und vom zerbrechenden »Mythos Weiterbildung« sprechen.

Für fehlenden Transfererfolg von Seminaren gibt es verschiedene Gründe, z. B.:

- fehlende Absprachen über Kompetenzziele in der Organisation
- fehlende Seminarziele der Teilnehmenden
- Teilnahme an Standardseminaren, die nicht auf die individuellen Lernbedeutsamkeit zugeschnitten sind
- mangelnde Unterstützung von Vorgesetzten, z. B. durch Transfergespräche, in denen Maßnahmen für die Umsetzung vereinbart werden
- Kollegen, die sich lustig machen nach dem Motto »Der beruhigt sich schon wieder!«

Transfer ist also keine einmalige Maßnahme nach Abschluss einer Lernsequenz, sondern umfasst den gesamten Zyklus der Weiterbildungsplanung von der Bedarfsermittlung bis zur Evaluation. Es gibt eine Kopplung von Aneignungs- und Umsetzungsprozessen.

9.3.1 Transferbarrieren

Sind diese Faktoren nicht erfüllt, kann es zu *Transferbarrieren* kommen, die im Hinblick auf ihre Relevanz überprüft werden müssen. Wichtig ist es in jedem Fall, bereits beim Planen einer Lernsequenz die spätere Umsetzung und Anwendung im Handlungskontext mit zu berücksichtigen. Transferbarrieren können doppelt auftreten: Zum einen als *Lernwiderstände im Aneignungszusammenhang*, zum anderen als *Handlungswiderstände im Verwendungszusammenhang*.

Dies betrifft schon die Bedarfsentwicklung. Daher gilt es, nicht nur zu fragen, wer *was* lernen soll, sondern auch, unter welchen Bedingungen das Gelernte im Unternehmen angewendet werden soll und kann. Auf diese Weise kann es besser gelingen, Weiterbildung gezielt auf die betrieblichen und persönlichen Bedürfnisse auszurichten.

Außerdem ist es sinnvoll, den Teilnehmer bereits bei der Planung der Maßnahme – beispielsweise durch ein Gespräch mit dem Vorgesetzten – mit einzubeziehen. So wird gewährleistet, dass er die Maßnahme als gezielte Hilfe und Förderung für sich erkennen kann. Gleichzeitig können so förderliche und hemmende Einflussfaktoren auf einen erfolgreichen Lerntransfer ermittelt werden. Nach Abschluss der Weiterbildungsmaßnahme ist es vor allem Aufgabe der Vorgesetzten, den Lerntransfer durch Beratung und Förderung zu unterstützen, indem mögliche Hindernisse beseitigt und Anwendungsfreiräume gewährt werden.

Dies hat weitreichende Konsequenzen für die Transferdiskussion. Das naive Übertragungskonzept muss ersetzt werden durch ein Konzept unterschiedlicher Flachheit/Tiefe von Lerngegenständen und der davon abhängigen situativen Anwendbarkeit des Gelernten (Holzkamp 1995, S. 221, S. 489). Lernen und Handeln in bedeutungsvollen Kontexten werden demnach Voraussetzung für erfolgreiche Anwendungsstrategien. Ausschlaggebend ist, inwieweit das Gelernte aus verschiedenen Anwendungskontexten übertragbar, auf umfassende Bedeutungskonstellationen der Lernenden hin verallgemeinerbar und somit konkret anwendbar ist. In einem solchen reflektierten Ansatz sind die Beschränktheiten einfacher Übertragungs- bzw. Verallgemeinerungsvorstellungen aufgehoben.

Eine angemessene Diskussion von Transferproblemen und -theorien kommt also nicht aus ohne eine entsprechende Handlungs- und Lerntheorie und eine Systematik der Hintergründe und Entstehungszusammenhänge von *Lernwiderständen* und *Handlungswiderständen*, die wir in Kapitel 5.3.2 ausführlich dargestellt haben.

Differenziert werden kann eine Systematik in drei verschiedene Bereiche: *Gründe*, *Hemmnisse* und *Schranken* (vgl. Abb. 22).

Welche der dem Individuum in derartigen »Möglichkeitsbeziehungen« als Handlungsalternativen gegebenen Bedeutungsaspekte der Einzelne im Interessenzusammenhang seiner eigenen Lebenspraxis tatsächlich in Handlungen umsetzt, hängt von den dafür sprechenden Gründen ab. Bedeutungen von Weltgegebenheiten stellen für die Handelnden gesellschaftlich gegebene Möglichkeiten dar, in denen sie handeln können. Sie können sie ergreifen, sich ihnen offen verweigern, sie strategisch unterlaufen, sie nur teilweise umsetzen oder aber auch verändern. Es gibt vielfältige Gründe, *nicht* zu lernen: berechtigte Lernwiderstände – und ebenso gute Gründe, Gelerntes nicht in Handeln umzusetzen, also berechtigte Handlungsverweigerung. Diese gilt es aufzudecken.

- *Gründe:* Die zentrale Frage zur Analyse von Lern- und weitergehend von Handlungswiderständen ist die Suche nach den Gründen. Wenn ein Lerngegenstand aus Sicht der Lernenden bedeutsam für ihr Handeln ist, haben sie Gründe zu lernen. Fehlt die Bedeutsamkeit des Gegenstands gemessen an den eigenen Interessen, gibt es gute Gründe, nicht zu lernen, sondern bestenfalls die Situation zu bewältigen. Bedeutsamkeit lässt sich in diesem Kontext übersetzen in Fragen:

Subjektive Bedeutsamkeit von Lernen

- »Macht es überhaupt Sinn, dieses Angebot wahrzunehmen?«
- »Lohnt es sich, meine Zeit, mein Geld, meinen Fleiß in diese Lernanstrengung zu stecken bezogen auf das, was am Ende für mein Handeln dabei herauskommt?«
- »Ist es für mich unter den derzeitigen Bedingungen sinnvoll oder wäre späteres Handeln nicht vielleicht sogar gemessen an den eigenen Interessen riskant?«

Wenn zwischen dem zu betreibenden Aufwand und dem Resultat des Lernens eine Diskrepanz besteht, wenn Sinnhaftigkeit von Lernanstrengungen und Lernbemühungen nicht gegeben ist, dann sind Lernwiderstände berechtigt. Welche Maßstäbe von den Lernenden angelegt werden, um festzustellen, welches Verhältnis von Lernanstrengung und Lernerfolg akzeptabel ist, hängt von biografischen Erfahrungen, von den Einstellungen, den Werthaltungen und von unseren Interessen ab. Es handelt sich dabei um Faktoren, die sich als geronnene Erfahrungen in Lebenszusammenhängen gebildet haben.

- *Hemmnisse:* Biografisch gebundene Gründe dürfen nicht isoliert betrachtet werden, weil Erfahrungen auch an soziale und milieuspezifische Erfahrungshorizonte gebunden sind. Die Einstellungen und Werthaltungen, die wir entwickeln, sind nicht keimartig von innen heraus gewachsen, als wären wir unabhängig von sozialen Rahmenbedingungen, sondern sie sind in Interaktionen entstanden. Milieuspezifische Faktoren spielen in diesem Kontext eine wichtige Rolle, sie können hemmend oder auch förderlich sein. Dies sind Erfahrungen und Werthorizonte, die zu Hemmnissen werden können.
- *Schranken:* Lernerfahrungen richten sich besonders auf die Schranken, welche die Institutionen aufbauen. Es geht in diesem Punkt nicht nur um rigide oder fremdbestimmte Organisationsformen von Klausur, Isolation oder Zeit. Die Frage ist auch: Entspricht die Gestaltung des Angebots – zeitlich, räumlich, von der Organisation her – Anforderungen, Erwartungen, Werthaltungen, und Vorstellungen, wie man mit der Lernproblematik umgehen sollte, oder steht die institutionelle Gestaltung in Kontrast dazu?

Die systematische Aufschlüsselung nach Gründen, Hemmnissen und Schranken ist relevant, um die Vielfalt von Aspekten wahrzunehmen. Es wird deutlich, dass es sich um eine sehr komplexe Konstellation handelt. Lernwiderstände sind auf ein großes Spektrum von Phänomenen zurückzuführen, die auf unser Lernen und unsere Lernanlässe ebenso Einfluss nehmen wie auf unsere Lern- und Handlungswiderstände bzw. -erfolge. Transfer ist aus einer solchen weiteren Perspektive also kein einfach instrumentell zu lösendes Problem, sondern setzt die Reflexion förderlicher oder hemmender Gründe voraus.

Selbstverständlich werden in besonderer Weise diejenigen Gründe wichtig, die institutionell beeinflussbar und gestaltbar sind. Transferbarrieren müssen also aufgedeckt und Transferstrategien entwickelt werden. Wichtig für die Klärung von Lern- und Handlungswiderständen ist, dass Hemmnisse und Schranken nicht direkt verursachend wirken, sondern dass sie erst »intern« als Gründe bedeutsam werden, indem sie von den Lernenden erfahren werden.

Das Gelingen des Lerntransfers ist von mehreren Faktoren abhängig, die personenbezogen die unterschiedlichen Akteure betreffen, die an der Weiterbildung beteiligt sind und den Transfer in die Arbeitssituation ermöglichen müssen:

- »das persönliche Wünschen und Wollen (Motivation und Volition)
- das individuelle Können (Wissen, Erfahrung, Fertigkeiten, Fähigkeiten)
- das soziale Dürfen und Sollen (informelle oder formelle Normen der Arbeitsgruppe oder des Unternehmers, Aufgabenstellungen, die Organisationskultur, die Bewertung durch den Vorgesetzten) und
- die situative Ermöglichung (materiale oder soziale Barrieren und Widerstände bzw. förderliche Ressourcen)« (Rosenstiel 2009, S. 964).

Zentrale *Transferstrategie* ist deshalb, ausgehend von den individuellen Bedeutungszusammenhängen, die Unterstützung selbstbestimmten Lernens. Die Lernproblematik stellt sich also einerseits immer situationsspezifisch und erlaubt andererseits eine »Dekontextualisierung« in Abhängigkeit von der Tiefenstruktur unterschiedlicher Verallgemeinerungsgrade.

9.3.2 Transferprinzipien

Wie Transfer unterstützt werden kann, ist von dieser zentralen Prämisse abhängig. Transfererfolg des Gelernten kann mittels verschiedener Maßnahmen gezielt erhöht werden – man muss sich aber vor der Illusion hüten, er sei instrumentell herstellbar. Unabdingbar ist vielmehr die Reflexion der Lern- wie der Anwendungssituationen. Transfersicherung beginnt nicht erst im oder nach dem Seminar, sondern bereits vor dem Seminar. Ob der Transfer tatsächlich stattfindet, hängt dabei von mehreren Faktoren ab:

- der erworbenen *Kompetenz* der Lernenden und der Bedeutsamkeit für ihr Handeln

- der Fähigkeit der Dozenten, die *Relevanz* der Seminarthemen für den Teilnehmenden transparent und stimmig darzustellen
- einer Unternehmenskultur, welche *Veränderungen* zulässt und ermöglicht
- der *Unterstützung* durch Personalentwickler bzw. Vorgesetzte, Gelerntes in neue Berufsroutinen zu integrieren

Reflexionen zu Kapitel 9.3

Überlegen Sie, wie Julia Müller und Andreas Schneider für ihre jeweiligen Veranstaltungen den Transfer des Gelernten durch die Teilnehmenden in ihre berufliche Tätigkeit vorbereiten können und welche Elemente bereits in die Veranstaltungen integriert werden könnten.

Inwiefern Transfersicherung gelingt, hängt auch davon ab, ob diese Faktoren berücksichtigt werden, denn sie bedingen die Tragfähigkeit verschiedener Ansätze und Strategien. Dabei geht es zunächst darum, Lernwiderstände –*Transferbarrieren* – aufzudecken. Diese können zum einen im Kontext des Lern- bzw. Arbeitsfeldes liegen:

- falsche Teilnahmeauswahl
- unklare Lernziele
- inadäquate Lerninhalte bezogen auf die Arbeitstätigkeit
- fehlende Akzeptanz bei Vorgesetzten und Mitarbeitenden
- Zeitstress durch Tagesroutinen und Terminzwänge

Zum anderen gibt es aber auch Lernwiderstände durch die Situationsinterpretation der Lernenden selber:

- fehlende Einsicht in die Anwendbarkeit der Lerninhalte in der Arbeitstätigkeit
- mangelnde Übung im Umgang mit dem Gelernten
- unzureichende Unterstützung beim Arbeitseinsatz

Diese Transferbarrieren hemmen unterschiedlich stark. Es zeigt sich in empirischen Untersuchungen, dass die Transferbarrieren hauptsächlich in den organisatorischen Strukturen des Unternehmens bzw. des Weiterbildungsbereichs begründet sind. Dies wird z. B. belegt durch Befragungen von Weiterbildungsverantwortlichen, die annehmen, dass fehlende Nachbereitungs- und Anwendungsmöglichkeiten als zentrale Barriere wirken. Insgesamt liegen die gravierendsten Probleme nach der Lernaktivität im Arbeitsbereich.
Um solche Handlungswiderstände auszuräumen, sind eine ganze Reihe von Transferprinzipien und -instrumenten entwickelt worden, die sich auf die Ab-

Auf den Punkt gebracht:
Relevanz von Transferbarrieren

- keine Nachbereitung der Veranstaltungen
- fehlende Zeit, Inhalte umzusetzen
- mangelnde Kommunikationsmöglichkeiten
- Vorgesetze verhindern Umsetzung aus Angst vor Kompetenzverlust
- zu hohe Erwartungshaltung
- mangelnde Vorbereitung
- Schwellenangst der Teilnehmenden
- zu geringe Motivation
- mangelnde Relevanz für die tägliche Arbeit
- Seminare gelten als Kurzurlaub
- Inhalte werden nicht ernst genommen
- Seminare sind zu anspruchsvoll

(Faulstich 1998, S. 199)

schnitte des Lernprozesses in der Vorbereitungsphase, Durchführungsphase und Nachbereitungsphase beziehen. Wenn man der Bedingungsanalyse als Systematisierungsaspekten folgt, ergeben sich zehn Strategien:

Vorbereitung	Durchführung	Nachbereitung
Aufgaben	Ähnlichkeit	Unterstützung
Erfahrungen	Verallgemeinerbarkeit	sozialer Kontext
Erwartungen	Motivation	Absprachen
	Mitsteuerung	

Tab. 15: Transferprinzipien (Faulstich 1998, S. 200)

Diese Transferprinzipien bedeuten im Einzelnen:

- *Ausgehen von den Arbeitsaufgaben:* Lernanlässe entstehen aus der Diskrepanzerfahrung zwischen vorhandenen Problemen und notwendigen Kompetenzen. Daraus entwickeln sich Weiterbildungsbedarfe. Diese bestimmen die Intentionen und Themen der Lernaufgaben, die Lernziele und Lerninhalte.
- *Anknüpfen an den Erfahrungen:* Lernerfolg bezieht sich immer auf vorausgegangene Lernerfahrungen. In der Erwachsenenbildungsdiskussion ist dies als wesentlicher Aspekt der »Teilnehmerorientierung« aufgenommen worden (vgl. Kap 5.2). Es geht darum, an vorhandene Wissensbestände und Kompetenzen anzuknüpfen.

- *Aufnehmen der Erwartungen:* Es werden von den Teilnehmenden jeweils sehr konkrete Erwartungen an Ablauf, Ziele und Inhalte der Lehrveranstaltung eingebracht. Diese sind schon bei der Planung wahrzunehmen. Schwierig ist es, dabei eine Balance zwischen unterschiedlichen Anforderungen herzustellen.
- *Ähnlichkeit der Lernaufgaben:* Lernergebnisse lassen sich leichter verallgemeinern und anwenden, wenn die Situationen im Lern- und Arbeitsfeld und die zu lösenden Probleme sich gleichen. Daran können konkrete Problemlösungsstrategien anknüpfen.
- *Verallgemeinerbarkeit der Probleme:* Lösungen von Problemsituationen sind dann zu generalisieren, wenn der konkrete Kontext reflektiert wird. Geltungsvoraussetzungen und einschränkende Bedingungen sind mitzudenken, um notwendige Modifikationen zu berücksichtigen.
- *Motivation:* Lernerfolge sind dann zu erreichen, wenn die Bedeutsamkeit der angebotenen Lerngegenstände für die persönlichen Intentionen geklärt wird. Die Motivation der Teilnehmenden wird erhöht, wenn die Bezüge zu eigenen Zielsetzungen und Arbeitsbedingungen hergestellt werden können.
- *Mitsteuerung durch die Teilnehmenden:* Ausgehend von der Diskussion über »selbstgesteuertes« Lernen ist es einsichtig, Chancen der Partizipation am Lernprozess selbst zu erweitern. Gerade dadurch können Motivationen ausgenommen und Problemorientierung hergestellt werden.
- *Unterstützung am Arbeitsplatz:* Wichtig ist, dass überhaupt die Möglichkeit besteht, das Gelernte einzusetzen. Arbeitsumfeld und -gegenstände müssen mitgestaltet werden.
- *Berücksichtigung des sozialen Kontexts:* Wenn gelungene Kompetenzentwicklung fruchtbar werden soll für Organisationsentwicklung, muss sie auf die Arbeitsgruppen und Abteilungen rückwirken. Dazu müssen die Umsetzungsbedingungen hergestellt werden und auch Vorgesetze und Mitarbeitende eingebunden werden.
- *Absprachen über Transferaktivitäten:* Mit den Teilnehmenden müssen konkrete Implementationsstrategien verabredet werden, die als Umsetzungsaufgaben formuliert und in Nachbereitungen kontrolliert werden.

Aufseiten der Lernenden ist zentrale Voraussetzung für den Transfer die Einsicht in die Bedeutsamkeit der Thematik. Dazu gehört eine Vorstellung von dem, was Lernende wissen möchten, ihre Bereitschaft, sich selbst auf Lernen einzulassen und Lernerfahrungen in Handlung umzusetzen sowie Neues in Bekanntes zu integrieren. Das erfordert den Mut, etwas anders zu machen als gewöhnlich.

Die Lehrenden können die Teilnehmenden bei diesem Prozess gezielt unterstützen. Es ist ihre Aufgabe, die Verbindung zwischen den Thematiken und den Intentionen der Lernenden zu vermitteln, die richtigen Lernanstöße zu geben und ein positives Lernklima zu schaffen. Dies kann durch Methodenvielfalt unterstützt werden, z. B. Einzel- oder Gruppenarbeit, Rollenspiele, Fallstudien, Führen von Lerntagebüchern.

Aufseiten der Organisation im Handlungsfeld gibt es oft fehlende Anwendungsmöglichkeiten aufgrund von Handlungshindernissen oder Zeitdruck durch das Alltagsgeschäft. Dazu kommt, dass Kollegen und Vorgesetzte den Rückkehrer relativ schnell wieder »eingemeinden«. Routinisierte Umgebungen reagieren oft abwehrend, wenn die Seminarteilnehmer mit neuen Ideen ankommen. Notwendig ist es, Kollegen zu informieren und deren Befürchtungen über Wissensvorsprünge auszuräumen. Darüber hinaus sollten die Vorgesetzten mit einbezogen werden, den Lerntransfer durch Beratung zu unterstützen und zu fördern, indem schon vorab Lernziele vereinbart werden und anschließend Nachgespräche über die Integration von Neuem geführt sowie dafür Anwendungsfreiräume gewährt werden, wie unser Beispiel zeigt.

Beispiel Julia Müller: Transferprobleme

Besonders in der betrieblichen Weiterbildung wird das Transferproblem betont. Julia Müller hat deshalb in Kooperation mit den einzelnen Sparten ihres Versicherungsunternehmens versucht, angemessene Transferstrategien zu entwickeln: Sie versucht, mehrere Mitarbeiter einer Abteilung in die gleiche Weiterbildung einzubeziehen. Sie legt Wert darauf, dass diese vorab Informationen erhalten, was sie erwartet. Interessen der Adressaten werden zu artikulieren versucht und an die Dozenten weitergegeben. In den Veranstaltungen werden Absprachen über die Umsetzung getroffen. Am Arbeitsplatz werden Erfahrungsberichte diskutiert. Es werden gezielte Unterstützungen für die Umsetzung gegeben.
Diese Transferstrategien sind zweifellos aufwendig und werden von den Bereichsleitern als lästig empfunden. Nichtsdestoweniger wird das vom Vorstand mitgetragen, weil erst dadurch der Effekt und die Relevanz der Weiterbildung gesichert werden können und deutlich werden.

Reflexionen zu Kapitel 9

- Welche Formen von Transfer spielen hier eine Rolle?
- Wie wird der Transfer vorbereitet und organisiert?
- Ist anzunehmen, dass dieser Ansatz den Transfer auf die Arbeitsebene begünstigt?
- Welche weitergehenden Maßnahmen könnte Julia Müller entwickeln?

Die Hinweise auf Transferprinzipien und entsprechende -instrumente sind zu verstehen als Anhaltspunkte für Transferstrategien, nicht als fertige Rezepte. Sie dürfen nicht zurückfallen auf ein naives Übertragungskonzept und nicht unterschlagen, dass Anwendungschancen aufgrund der Situativität, Kontextualität und Biografizität des Lernens und Handelns abhängig sind von spezifischen Konstellationen. Gleichzeitig sollen aber auch Strategien zur Erfolgssicherung betrieblicher Weiterbildung unterstützt werden. Insofern können die Transferstrategien begriffen werden als »Wahrscheinlichkeitserhöhung« und »Ermöglichungsbedingungen« für »gute« Weiterbildung.

Zusammenfassung

Beim Problem des Weiterbildungstransfers steht die Frage im Mittelpunkt, auf welche Weise Lernende *Gelerntes in Handeln umsetzen* können. Der Transfer von einem Lernfeld in ein Anwendungs-, Arbeits- oder Aktionsfeld ist vor allem für die berufliche Weiterbildung relevant, da Weiterbildung hier vor allem die Funktion der Verbesserung oder Optimierung der beruflichen Tätigkeiten zugeschrieben wird.

Dieses Übertragungsziel muss nicht nur in der Planung und Durchführung von Veranstaltungen vorausschauend und -planend berücksichtigt werden, sondern auch von den Lernenden als Lernziel akzeptiert werden. Ebenso ist es zwingend erforderlich, dass die organisatorischen Rahmenbedingungen in Abteilungen/Betrieben nach erfolgter Weiterbildung einen *Transfer zulassen.*

Insofern sind die Vorbereitung und der Erfolg des Transfers abhängig von Faktoren, die einen besonderen Stellenwert im Planungshandeln der unterschiedlichen Akteure einnehmen müssen.

10. Bildungsberatung

Bildungsberatung haben wir im einleitenden Kapitel als Querschnittsaufgabe bezeichnet, deren Stellenwert in der Erwachsenenbildung seit langem diskutiert wird und deren Notwendigkeit seit einigen Jahren besonders hervorgehoben wird. Gründe hierfür liegen – erneut – in der Forderung nach »Lebenslangem Lernen« und in der Einsicht, dass Adressaten unterstützt werden müssen, um diesem Anspruch gerecht zu werden.

Vertiefung

Mehr zur Erklärung der sechs Perioden siehe Download-Bereich.

Damit Weiterbildung ihrer primären Zielsetzung gerecht werden kann, möglichst vielen Menschen Zugang zu Bildung und damit Chancen der persönlichen, politischen und beruflichen Entwicklung zu eröffnen, wird, seitdem der *Deutsche Bildungsrat* 1970 in seinem »Strukturplan« den Ausbau von Beratungsmöglichkeiten anmahnte, Beratung als ein Element notwendiger Supportstrukturen diskutiert.

> »Individualisierung und Differenzierung im Bildungswesen machen es notwendig, dem Lernenden durch sachkundige Beratung zu helfen, damit er die Bildungsangebote und Lernmöglichkeiten wählen kann, die die Entfaltung seiner Persönlichkeit fördern und ihm gleichzeitig berufliche und gesellschaftliche Chancen bieten. […] Bildungsberatung ist ein Strukturelement des Bildungswesens.«
> (Deutscher Bildungsrat 1970, S. 91)

Weiterbildung wurde in dieser Zeit unter dem Aspekt der Chancengleichheit diskutiert, sie sollte »bildungsfernen Schichten« Zugang zum Arbeitsmarkt und Aufstiegschancen eröffnen.

Auf den Punkt gebracht: Beratung im Wandel

1. in den 70er Jahren: Bildungsreformdiskussion
2. Anfang der 80er Jahre: wirtschaftspolitische Impulse
3. Ende der 80er Jahre: Wirtschaftsförderung durch Qualifizierungsberatung
4. Anfang der 90er Jahre: Einflüsse durch die Wiedervereinigung und Zielgruppen
5. seit Mitte der 90er Jahre: »Lebenslanges Lernen«
6. aktuelle Einflüsse und Professionalisierung

In der historischen Entwicklung sind sechs Zeitabschnitte auszumachen, in denen die Notwendigkeit von Beratung jeweils unterschiedlich begründet wurde und von denen Impulse zur Institutionalisierung der Weiterbildungsberatung ausgingen (vgl. Pätzold 2004; Sauer-Schiffer 2004, S. 17 [mit einer anderen Periodisierung]; Arnold/Mai 2009).

Beratung hat als Aufgabe der Weiterbildung also bereits eine längere Tradition. Ihr werden vielfältige Funktionen zugeschrieben, die von der antizipativen Gestaltung der individuellen Bildungsbiografie bis zur reaktiven »Reparaturinstanz für Gescheiterte« reichen. Insofern können der Beratung durchaus weiterreichende bildungs-, sozial- und wirtschaftliche Zielsetzungen zugeordnet werden, die über die zentralen pädagogischen Aufgaben der Unterstützung von Individuen hinausgehen. Ob Beratung diese Erwartungen erfüllen kann oder ob die Lösung vieler Probleme im Bildungsbereich nicht eher über strukturelle und organisatorische Maßnahmen zu erreichen ist, ist fraglich.

Die Anforderungen an die Weiterbildungsberatung sind aber präsent und insofern sollten sich in der Erwachsenenbildung Tätige mit ihnen auf der Ebene der Theorie und Praxis auseinandersetzen – auch um entsprechende professionelle Kompetenzen zu entwickeln, die Beratungshandeln überhaupt erst möglich machen.

10.1 Bildungsberatung – Begriffsklärungen

In unserem Zusammenhang ist zu überlegen, was unter Bildungsberatung im Allgemeinen und Weiterbildungsberatung im Besonderen zu verstehen ist. Dabei wird »Bildungsberatung« als Oberbegriff verwendet. Sie findet ihren Ort in einer Vielzahl explizit ausgewiesener Beratungseinrichtungen (vgl. Engel 2008). Darüber hinaus ist Bildungsberatung in den meisten Lebensbereichen gefordert und durchdringt nahezu alle gesellschaftlichen Verhältnisse von der Geburt (Elternberatung) und der Schule (Erziehungs- und Bildungsberatung), über den Lebenslauf (Berufs- und Beschäftigungsberatung) bis zum nahenden Tod (Sterbeberatung).

»Weiterbildungsberatung« engt das Feld ein und deckt alle Bereiche ab, in denen es um Entscheidungen über Lernprozesse, Lerninstitutionen und Lernsysteme geht. Damit werden Aspekte unterschiedlicher Reichweite erfasst, die sich auf der personalen Ebene auf Informationen, Adressaten und Themen beziehen.

- *Informationen:* Bereitstellen von Informationen über Träger, Einrichtungen, Programme und Kurse
- *Adressaten:* Einlassen auf die Situation der Lernenden, Bezug auf reale Konstellationen im Lebenszusammenhang, z. B. von Frauen, Arbeitlosen, Jugendlichen in Übergangssituationen

- *Themen:* gegenstandsbezogene Klärung der Interessen im Kontext der Rahmenbedingungen und der Relevanz der Aufgaben

Ein derart gefasstes Beratungsspektrum hebt Sachaspekte gegenüber dem unmittelbaren Personenbezug hervor und ermöglicht eine Abgrenzung zur Psychotherapie, bei der individuelle Probleme von Patienten im Mittelpunkt stehen.

Ziel von Weiterbildungsberatung ist es, Transparenz über Lernmöglichkeiten und -übergänge zu schaffen und die Kompetenz und Motivation für Bildungsfragen zu erhöhen. Im Mittelpunkt steht also der Anspruch, ein bestimmtes, definierbares und eingrenzbares Problem zu lösen, mit dem ein Ratsuchender eine Bildungsberatung aufsucht.

Eine Definition, die diese Aspekte hervorhebt, findet sich bei Jörg Knoll, der Beratung von Information und Anleitung abgrenzt.

Definition: Beratung (I)

»Beratung umfasst danach im eigentlichen, fachlichen Sinn ›Interventionen als Hilfe‹, damit die betroffene Person durch *eigenes* Wahrnehmen und Erinnern, durch Nachdenken und Einfälle *selbst* zu Schlussfolgerungen, Zielvorstellungen, Lösungsideen und Entscheidungen kommt.« (Knoll 2008, S. 20; Hervorhebungen von den Autoren)

Wichtig ist in dieser Definition der Hinweis auf die *Eigentätigkeit* der Ratsuchenden: »Rat geben« wird in der Weiterbildungsberatung *nicht direktiv* verstanden, d. h.: Die Aufgabe der Beratenden ist es nicht, die Probleme zu lösen, sondern gemeinsam mit den Ratsuchenden Lösungswege zu erarbeiten, die diese dann alleine verfolgen sollten (oder die nicht zu gehen sie sich unter Umständen auch entscheiden können).

Beratung, die sich auf eine solche Idee bezieht, wird auch als »Hilfe zur Selbsthilfe« deklariert. Sie geht auf die Einsicht zurück, dass Beratungsprozesse für die Ratsuchenden zu Lernprozessen führen, die diese individuell und mit subjektiven Begründungen verfolgen; sie können ihnen von Beratern nicht vorgegeben werden.

Dabei geht es aber nicht unbedingt im sozialpädagogischen Verständnis von Beratung um einen ganzheitlichen Ansatz, der die Veränderung und Entwicklung einer Person im Auge hat. »Hilfe zur Selbsthilfe« bezieht sich hier vielmehr auf die Lösung eines bestimmten Problems, z.B. auf fehlende Informationen über Weiterbildungsangebote und -einrichtungen. Oder darauf, Wege aufgezeigt zu bekommen, wie bestimmte Qualifikationen erlangt werden können, die für den beruflichen Aufstieg notwendig sind. Verbunden damit ist die Zielsetzung, solche Informationen in der Zukunft auch ohne Beratung finden zu können.

Ein zweiter Aspekt, der in dieser Definition enthalten ist, kann mit »Situationsbezogenheit« umschrieben werden. Ratsuchende kommen in eine Bildungsberatung mit einem individuellen Problem, einer Situation, für die sie eine Lösung suchen. Wenn sie durch die Beratung zu einem für sie befriedigenden Ergebnis kommen, ist die Beratung beendet.

Die vom BMBF in Auftrag gegebene Studie zur Bestandsaufnahme in der Bildungs-, Berufs- und Beschäftigungsberatung definiert Beratung für die drei Bereiche in Anlehnung an internationale Studien übergreifend:

Definition: Beratung (II)

»Grundsätzlich wird der Begriff [Beratung] jedoch auf eine Reihe von miteinander verzahnten Dienstleistungen bezogen, die das Angebot von Informationen und Unterstützung in strukturierter Form zum Ziel haben, um Einzelpersonen und Gruppen zu befähigen, unabhängig von ihrem Alter und vom jeweiligen Zeitpunkt in ihrem Leben Entscheidungen in Bezug auf ihre Bildungs-, Ausbildungs- und Berufslaufbahn zu treffen und ihren Lebensweg effektiv steuern zu können.« (Niedlich u. a. 2007, S. 7)

Weiterführende Literatur

Unterschiedliche Beispiele für Beratungssituationen stellt Jörg Knoll in seinem Buch »Lern- und Bildungsberatung« (2008) vor. Die Situationen werden analysiert und die möglichen Handlungsimplikationen diskutiert.

Beratung richtet sich mit unterschiedlichsten Zielsetzungen an Menschen und Organisationen. Teilweise werden die Beratungen aktiv nachgefragt, teilweise sind Beratungen Grundlage für die Teilnahme an Veranstaltungen und Maßnahmen (z. B. Einstufungsberatungen für Sprachkurse, Computerkurse oder auch für berufliche Fortbildungsmaßnahmen durch die Arbeitsagenturen). Lernberatungen können Bestandteil einer Veranstaltung/eines Kurses sein, es kann aber auch ad hoc durch Fragen von Teilnehmenden zu Lernberatung kommen.

In jedem Fall ist ein professioneller Umgang der Beratenden mit der Situation und dem Anliegen der Ratsuchenden erforderlich. Es muss relativ schnell die Entscheidung getroffen werden, ob es sich tatsächlich um einen Beratungsbedarf handelt oder ob ein Ratsuchender eher Informationsbedarf hat.

Beratung als *Handlungsfeld* ist also vielfältig. Für Personen, die in der Erwachsenenbildung tätig sind, bedeutet dies, dass Beratungsaufgaben in die täglichen Aufgaben integriert sein können (z. B. Beratung von Kursleitenden, Lernberatung im Rahmen von Veranstaltungen) oder ein separiertes Handlungsfeld darstellen können (wie in Agenturen/Büros für Weiterbildungsberatung).

Reflexionen zu Kapitel 10.1

- Überlegen Sie, in welchen Situationen Sie selbst bereits in einer Beratungssituation waren – als Ratsuchende/r oder Beratende/r.
- Lesen Sie unsere Praxisbeispiele in Kapitel 1 noch einmal durch im Hinblick auf Ansätze/Gründe für Beratungstätigkeiten.

10.2 Beratungsansätze – theoretische Begründungen

Beratung erscheint nach den dargestellten Prozessen und Konstellationen als ein geeigneter Ansatz, um durch bessere Information und höhere Transparenz Entscheidungsfähigkeit und Selbstverantwortung der Ratsuchenden zu steigern.

Theoretische Begründungen für Beratung, die wir im Folgenden vorstellen, zeigen, dass Beratungskonzepten differente Menschenbilder und Perspektiven zum Verhältnis von Individuum und Gesellschaft zugrunde liegen. Bildungsberatung wird von Therapie abgegrenzt, aber es kommen trotzdem psychosoziale Probleme in Beratungskontexten zum Tragen, die personenbezogene Veränderungsprozesse initiieren und begleiten können (vgl. Nestmann/Engel/Sickendiek 2007; 2007a; Schiersmann/Remmele 2004).

Beratungskonzepte beruhen auf divergierenden theoretischen Bezügen und Grundannahmen:

- individualpsychologische Beratung
- humanistische, klientenzentrierte Beratung
- systemische Beratung
- konstruktivistische Beratungsansätze
- subjektbezogene Beratung

War Beratung zunächst von psychoanalytischem oder humanistischem Wissen und Vokabular geprägt, ist dieser Bezug mittlerweile eher die Ausnahme. Eine interpretierende Perspektive auf die jeweiligen individuellen Biografieverläufe und Problemgeschichten ist komplexer und wird auf die Ressourcen des einzelnen Subjekts im systemischen Kontext bezogen. Systemische, konstruktivistische oder subjektbezogene Beratungsansätze versuchten, dem gerecht zu werden (vgl. zum Überblick auch Nestmann u. a. 2007a, Kossack 2006). Im Zentrum stehen weniger persönlichkeitstheoriespezifische als vielmehr an konkreten Handlungspotenzialen orientierte Konzepte.

Vertiefung

Eine Beschreibung theoretisch unterschiedlich begründeter Beratungsansätze finden Sie im Download-Bereich.

10.3 Beratung in der Erwachsenenbildung: Anlässe und Zielsetzungen

Die Anlässe für Beratung und ihre Zielsetzungen sind so vielfältig wie die Beratungssituationen und Beratungsfelder selbst. Sie sind abhängig von den Interessen der Akteure, d. h. Ratsuchenden und Beratenden. Von Bedeutung ist auch, ob Beratung freiwillig, aus eigenem Antrieb, oder – z. B. veranlasst durch die Arbeitsagenturen – gezwungenermaßen aufgesucht wird.

In erster Linie erzeugen Übergänge zwischen Lebensphasen Beratungsanlässe, die durch externe oder interne Faktoren motiviert sein können. Interne Faktoren beziehen sich auf bewusste Entscheidungen von Individuen zur Veränderung. Durch externe Faktoren veranlasste Übergänge können institutionell bedingt oder zufallsbedingt entstehen.

Übergänge

»Die Befragungsergebnisse untermauern die Relevanz von Übergängen für die Gestaltung der Bildungs- und Berufsbiographie: Beinahe zwei Drittel aller Organisationen haben spezielle Angebote für Übergänge. Dabei dominieren die rechtlich geregelten, institutionalisierten Übergänge, wie Schule–Ausbildung, Schule–Schule, Schule–Studium und Arbeitslosigkeit–Beruf.« (Niedlich u. a. 2007, S. II)

Zielgruppen, die aufgrund interner Faktoren Bildungsberatung nachfragen, sind vor allem • Auszubildende und Ausbilder, • Studierende an Hochschulen, • Arbeitnehmer und Arbeitgeber, • Selbstständige und • Eltern in Elternzeit. Zu den durch externe Faktoren beeinflussten Zielgruppen gehören Personen in »Statuspassagen«: • Schüler sowie deren Eltern und Lehrer, • Wehr- und Ersatzdienstleistende, • Schulanfänger und -abgänger und • Senioren oder • in Problemsituationen Geratene, beispielsweise Erwerbslose und Berufsunfähige (Niedlich u. a. 2007, S. III).

Die Zielsetzungen der Beratung variieren zum einen aufgrund der vielfältigen möglichen Anlässe, zum anderen ist es aber auch sinnvoll, sich zu verdeutlichen, dass aus der Sicht der beteiligten Akteure (Ratsuchende/Beratende/Organisationen) durchaus unterschiedliche Interessen vorliegen und dass damit die Reichweite von Beratung variiert.

10.3.1 Beratungsanlässe aus der Sicht der Ratsuchenden

Primäres Ziel von Beratung für Ratsuchende ist es, eine Lösung für ein bereits definiertes Problem zu finden oder zunächst zu klären, worin ein Problem überhaupt besteht. Die Beantwortung konkreter Fragen erfordert häufig die Gewinnung von Informationen über Angebote, Einrichtungen, Finanzierungsmöglichkeiten usw., während Probleme wie z. B. die Unzufriedenheit mit der beruflichen Situation, eine wesentlich weitergehende Auseinandersetzung mit subjektiven Zielsetzungen, Vorstellungen, Interessen, Ideen, Absichten und auch Grenzen bedeuten.

Wenn ein Berater die Setzung ernst nimmt, dass Bildungsberatung eine pädagogische Zielsetzung enthält, erscheint es wichtig, die psychologische und sozialpädagogische Formel der »Hilfe zur Selbsthilfe« so weit einzuschränken, wie es der Reichweite von Bildungsberatung angemessen ist. Vielmehr stehen aus Sicht der Ratsuchenden Fragen in Bezug auf die Gewinnung, Gewichtung und Bewertung bestimmter Informationen im Vordergrund, auf deren Grundlage geeignete Entscheidungen getroffen werden können. Das Ergebnis kann dann sein, an einer bestimmten Weiterbildung teilzunehmen. Evtl. kommen auch andere Lösungen in Frage, d. h.: Ziel einer Beratung sollte sein, in Bezug auf eine bestimmte Fragestellung oder ein Problem, das zur Lösung ansteht, mit den Ratsuchenden Handlungsoptionen zu entwickeln, die ihre Handlungsmöglichkeiten für die Zukunft erweitern und damit über ein aktuelles Problem hinausweisen.

Für Beratende ergibt sich in diesem Zusammenhang die Herausforderung, eine Balance zu finden zwischen dem pädagogischen Anspruch, die Selbstständigkeit der Ratsuchenden zu fördern und bei der Problemlösung vor allem unterstützend zu wirken. Wenn Ratsuchende die sofortige Lösung eines konkreten Problems durch die Berater erwarten, entstehen unter Umständen Spannungen. Die Diskrepanz zwischen Erwartung und Möglichkeit und Reichweite von Weiterbildungsberatung sollte einem Berater bewusst sein und in einem Beratungsgespräch thematisiert werden.

10.3.2 Zielsetzungen von Beraterinnen und Beratern

Aus der Sicht von Beraterinnen und Beratern unterscheiden sich die Zielsetzungen von Beratung zwischen eher personenbezogenen/subjektorientierten Motivationen und eher funktionalistischen/instrumentellen Zielen.

Personenbezogene/subjektorientierte Zielsetzungen fragen mit Blick auf die Ratsuchenden, zu welchen erweiterten Handlungsmöglichkeiten eine Beratung führen könnte. Im Rahmen einer Befragung von Beraterinnen und Beratern des Programms »Lernende Regionen – Förderung von Netzwerken« wurden die folgenden Ziele genannt (Zeuner 2009, S. 32):

1. Hilfe zur Selbsthilfe
2. Handlungsfähigkcit
3. Selbstaktivierungsfähigkeit
4. Problemlösungsfähigkeit

5. Übernahme von Eigenverantwortung
6. Lernfähigkeit

Weitere Zielperspektiven, die eine Beratung verfolgen kann, benennt Jörg Knoll (2008, S. 34).

- umfassende Wahrnehmung einer gegebenen Situation, Differenzierung der sie bestimmenden Faktoren, Verstehen der Situation
- Erfassung bedeutsamer Kontexte
- Beschreibung und Entwicklung von Zusammenhängen
- Erarbeitung alternativer Sichtweisen
- Entwicklung von Zielen: Abwägung, Überprüfung und Entscheidung
- Setzung von Prioritäten
- Entwicklung von Handlungsalternativen, Festlegen von Schrittfolgen für das Handeln
- Bewusstmachung eigener Kenntnisse, Fähigkeiten, Lösungserfahrungen (der Ratsuchenden), die zu Selbstvertrauen in die eigene Handlungsfähigkeit führen.

Anders als die vorhergehenden orientieren sich diese eng an einem idealtypischen Ablauf eines Beratungsgesprächs. Zu fragen wäre aber, ob Ratsuchende solche Zielperspektiven selbst formulieren würden oder ob sie eher aus Sicht der Beratenden wünschenswert wären.

Instrumentelle Zielsetzungen orientierten sich stärker an externen – gesellschaftlichen, politischen, wirtschaftspolitischen – Anforderungen, die an Ratsuchende herangetragen werden (Zeuner 2009, S. 32):

1. Teilnahme an Weiterbildungsmaßnahmen
2. Herstellung der Arbeitsfähigkeit
3. Wirtschaftliche Selbstständigkeit
4. Berufsfindung
5. Integration in den (ersten) Arbeitsmarkt.

10.3.3 Zielsetzungen der Träger/Organisationen

Darüber hinaus wurde im Rahmen der Befragung von Beraterinnen und Beratern der *Lernenden Regionen* darauf hingewiesen, dass Weiterbildungsberatung zur Regionalentwicklung beitragen könne. Dies erklärt sich aus der Zielsetzung der *Lernenden Regionen*, die Weiterbildungsinfrastruktur zu verbessern, um die Teilnahmechancen der Bevölkerung zu erhöhen (Zeuner 2009, S. 33).

Hinzuzufügen ist, dass Weiterbildungsberatung auf der Ebene von Erwachsenenbildungseinrichtungen durchaus auch einen betriebswirtschaftlichen Stellenwert haben kann: Gute Beratungsangebote können unter Marketingaspekten verwertet werden. Sie erhöhen den Marktwert einer Einrichtung durch Sichtbarwerdung, sie führen einer Einrichtung unter Umständen neue Zielgruppen zu und steigern im Idealfall über einen Anstieg der Teilnahmezahlen den Profit.

10.4 Akteure, Beratungsfelder, -konzepte und -methoden

Die unterschiedlichen Beratungsanlässe wurden durch die empirische Forschung aufgenommen und führten in ihrer Analyse zu einer Differenzierung von Beratungsfeldern und Beratungsanbietern. *Bildungs-, Berufs- und Beschäftigungsberatung* (BBB) wird in Deutschland für unterschiedliche Adressatengruppen in unterschiedlichsten Lebenssituationen angeboten, sodass sich die Beratungslandschaft extrem heterogen und unübersichtlich präsentiert.

Begriff: *Bildungs-, Berufs- und Beschäftigungsberatung* (BBB)

»BBB-Beratung in Deutschland wird von einer großen Anzahl verschiedener Beratungsakteure für eine Vielzahl verschiedener Nutzergruppen in unterschiedlichsten Lebenssituationen angeboten. Beratungseinrichtungen und Ratsuchende finden in unterschiedlichsten Beratungs-Settings zueinander.« (Niedlich u. a. 2007, S. VII)

10.4.1 Beratungsakteure

Die Beratungslandschaft ist organisatorisch und institutionell stark differenziert und kann systematisiert werden nach der Trägerschaft und der Reichweite und Intensität, mit der Beratung angeboten wird.

In der Studie von *Rambøll Management* wird zwischen öffentlichen, privaten und gemeinnützigen Trägern der Bildungsberatung unterschieden, wobei die öffentlichen Anbieter dominieren (Niedlich u. a. 2007, S. 221). Die Anbieter sind zu differenzieren zwischen denjenigen, die ausschließlich Bildungsberatung offerieren (z. B. die Berliner LernNetz-Läden oder andere Beratungsagenturen, die im Rahmen des Programms »Netzwerke Lernende Regionen« aufgebaut wurden), und solchen, für die Beratung eine beigeordnete Aufgabe darstellt.

Die Umfrage von *Rambøll Management* hat unter 7 288 Einrichtungen 25 Einrichtungs- bzw. Akteurstypen ermittelt, die Bildungsberatung anbieten. Die größten Anbieter sind Schulen (31,2%), gefolgt von sozialen Trägern (11,5%), Volkshochschulen (4,9%) und Unternehmen (4,7%). Kommunale Weiterbildungsberatungsagenturen stellen nur 0,2% des gesamten Beratungsangebots (Niedlich u. a. 2007, S. 220).

Die Erhebung zeigt weiter, dass Bildungsberatung abgesehen von der Arbeitsagentur von allen großen gesellschaftlichen Organisationen wie Gewerkschaften, Kirchen, Arbeitgeberverbänden, Kammern, Berufsgenossenschaften angeboten wird. Beratungsangebote für Zielgruppen wie Migranten, Jugendliche im Übergang zwischen Schule und Ausbildung bzw. Ausbildung und Beruf oder Frauen werden von jeweils spezialisierten Beratungsstellen durchgeführt.

10.4.2 Beratungsfelder

Die Vielfalt der Anbieter spiegelt sich in funktional zuzuordnenden Beratungsfeldern. Die Anliegen, die Menschen veranlassen, eine Bildungsberatung aufzusuchen, und die Ausrichtung auf unterschiedliche Zielgruppen haben zu deren Differenzierung geführt.

In der Regel wird zwischen personenbezogenen und organisationsbezogenen Beratungsformen unterschieden: Personenbezogene Beratung richtet sich an Einzelpersonen oder Gruppen, organisationsbezogene Beratung kann sich auf Unternehmen, Abteilungen oder auch auf Weiterbildungseinrichtungen beziehen (Schiersmann/Remmele 2004, S. 9 ff).

Das Modell von Christiane Schiersmann und Heide Remmele wurde aus den Ergebnissen einer empirischen Erhebung zur Weiterbildungsberatung abgeleitet. Die Autorinnen unterscheiden bei der personenbezogenen Beratung zwischen Weiterbildungs-/Kompetenzentwicklungsberatung und Lernberatung. Bei der Weiterbildungs-/Kompetenzentwicklungsberatung geht es zum einen um Orientierungs- und Entscheidungshilfen für die Auswahl von Weiterbildungsveranstaltungen. Zum anderen wird in Anlehnung an Gieseke zwischen informativer, situativer und biografieorientierter Beratung differenziert. Lernberatung findet in konkreten Lernsituationen statt.

Eine erweiterte Differenzierung schlagen Rolf Arnold und Jürgen Mai vor (2009, S. 218 ff.). Ihre Systematik bezieht sich vor allem auf Ansätze der personenbezogenen Beratung. Die Autoren entwickeln eine »Fünf-Felder-Matrix« als integratives Modell für Beratung, in der

- Informationsberatung
- Laufbahnberatung
- Kompetenzentwicklungsberatung
- Lernberatung

als Beratungsfelder in der Erwachsenenbildung unterschieden werden. Diese vier Felder werden über die Orientierungsberatung miteinander verknüpft.

Orientierung zu bieten wird als Querschnittsaufgabe gesehen, die in jedem Beratungsfeld eine wichtige Rolle spielt. Ihr kommt eine doppelte Funktion zu: Als Phase, die der eigentlichen Beratung vorgeschaltet wird, dient sie zur Entscheidungsfindung, welche der vier Beratungsformen in dem jeweiligen Bera-

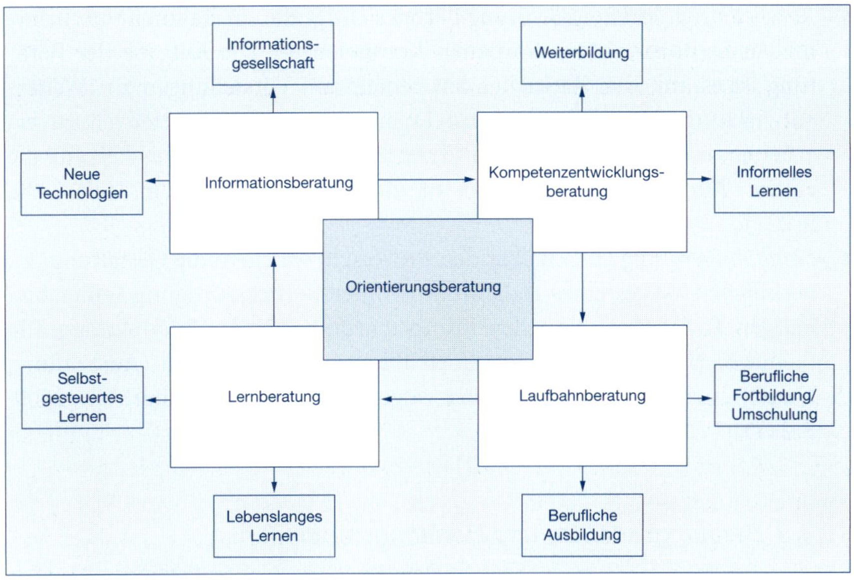

Abb. 19: Grundlinien eines integrativen Beratungsmodells (Arnold/Mai 2009, S. 219)

tungsprozess zur Anwendung kommen soll. Zweitens meint sie »eine stets mitschwingende, analytisch orientierte Aufmerksamkeitsrichtung, die berücksichtigt, dass ein Beratungsanliegen oft im ersten Gespräch gar nicht final geklärt werden kann« (Arnold/Mai 2009, S. 222).

Jedes Beratungsfeld erfüllt Aufgaben und Zielsetzungen, die vor dem Hintergrund politischer und gesellschaftlicher Entwicklungen bestimmte Funktionen zugewiesen bekommen:

- *Informationsberatung* dient im Rahmen allgemeiner technologischer Entwicklungen dazu, Menschen bei der Suche nach passenden Weiterbildungsangeboten zu unterstützen. Information hat hier die Aufgabe, den Ratsuchenden die für eine bestimmte Situation oder die Lösung eines bestimmten Problems erforderlichen Daten zur Verfügung zu stellen (Arnold/Mai 2009, S. 220).
- *Lernberatung* wird als Ausdruck der Debatten um das Lebenslange und selbstgesteuerte Lernen als unverzichtbare Unterstützungsleistung angesehen: »Lernberatung bezeichnet den Prozess, in welchem Lernressourcen von Individuen und Organisationen durch maßgeschneiderte und zumeist anlassbezogene Angebote […] gestärkt werden, indem in vielfältiger Hinsicht das ›Wie‹ des Lernens (Lernbiografie, Lernstrategien, Lerntypen, Lernkulturen in Unternehmen usw.) thematisiert wird« (Arnold/Mai 2009, S. 220).

- *Kompetenzentwicklungsberatung* berücksichtigt die im Rahmen von informellen Lernprozessen erworbenen Kompetenzen. Die Aufgabe der Beratung ist es, mit den Ratsuchenden gemeinsam Vorstellungen zur Weiterentwicklung, Aktualisierung und Ergänzung ihrer Kompetenzen zu erarbeiten, um sie in die Lage zu versetzen, »die Verantwortlichkeit für die eigene Kompetenzentwicklung zu übernehmen« (Arnold/Mai 2009, S. 221).
- *Laufbahnberatung* »bezeichnet den Prozess, in welchem die Gestaltung des beruflichen Weges eines Individuums unter Berücksichtigung seiner bisherigen Tätigkeiten, aktuellen Kompetenzen sowie der Bildungsbiografie thematisiert wird, wobei stets auch Bildungsmöglichkeiten (Ausbildung, Umschulung, Fortbildung) abgewogen werden« (Arnold/Mai 2009, S. 221).

10.4.3 Beratungsansätze und Beratungsmethoden

Die Vielfalt der skizzierten Beratungsanlässe, Zielgruppen, Beratungseinrichtungen, Beratungsfelder und -ansätze zeigt, dass es ein allgemeingültiges Beratungskonzept nicht geben kann. Schiersmann und Remmele konstatierten dazu: »Als zentrales Charakteristikum der Weiterbildungsberatung in Deutschland tritt somit hervor, dass sich keine ausdifferenzierten theoretischen Konzeptionen bzw. konkret auf das Feld der Bildungsberatung zugeschnittenen Theorieansätze ausmachen lassen« (Schiersmann/Remmele 2004, S. 72 f.). Es gibt mittlerweile in der Literatur einige Hinweise darauf, welche Instrumente genutzt werden, aber auch diese Aussagen sind eher allgemein gehalten (vgl. Zienert 2009).

Schiersmann und Remmele kommen in ihrer Befragung von Berater/innen ebenfalls zu eher allgemeinen Aussagen. Danach wird in der Beratung häufig von einer »personzentrierten« oder »klientenzentrierten« Sichtweise auf Beratung ausgegangen, die sich an den von Carl Rogers formulierten Grundsätzen einer nicht direktiven Beratung orientiert. Die Autorinnen schlussfolgern, dass Beratungsinstrumente häufig eher unspezifisch und zufällig, je nach Kenntnisstand und professionellem Hintergrund der Beratenden, eingesetzt werden, und sprechen von einem »regelrechten Methodenmix« (Schiersmann/Remmele 2004, S. 75).

Die BMBF-Studie von 2007 listet ebenfalls Beratungsmethoden auf, wobei zwischen

- informationsstruktureller Methodik,
- lösungsorientierter Kurzberatung,
- behavioristischen Methoden der Laufbahnberatung und
- klientenzentrierter Beratung

unterschieden wird. Die Zielsetzungen der Methoden werden kurz beschrieben, um dann »Techniken« abzuleiten, die bei der jeweiligen Methode eingesetzt werden können (Niedlich u. a. 2007, Kap. 4).

Diese Darstellungen sind übersichtlich und durchaus nachvollziehbar. Allerdings suggerieren sie eine gewisse »Rezeptur« für den Ablauf von Beratungsprozessen. Dabei wird nicht berücksichtigt, dass die jeweilige Situation, die beteiligten Personen und das zu bearbeitende Problem niemals gleich sein können und daher Beratungssituationen »nicht standardisierbar« sind (Schiersmann/Thiel 2007, S. 899).

Zienert (2009) referiert die Ergebnisse einer Online-Umfrage unter 70 Netzwerken, die im Rahmen des Programms »Lernende Regionen – Förderung von Netzwerken« durchgeführt wurde. Als Beratungsfelder/-anlässe werden Kompetenzentwicklungsberatung/Kompetenzerfassung (51%), Orientierungsberatung (43%), Karriereberatung (3%) und Lernberatung (3%) angegeben. Methoden im Rahmen der Orientierungsberatung sind vor allem diagnostische Verfahren zur Erfassung von Vorkenntnissen, Interessen, Lebenslagen, Wünschen, Zielen und Lebensperspektiven. In der Kompetenzentwicklungsberatung kommen Instrumente wie der »Profilpass« zum Einsatz, die als Reflexionsangebot gedacht sind.

Die empirischen Erhebungen im Rahmen verschiedener Projekte zeigen somit, dass Beratungsansätze und -methoden eher zufällig angewandt und theoretisch häufig nicht reflektiert und begründet werden.

Um diesen Zustand zu überwinden, der dem Anspruch einer Bildungsberatung nicht unbedingt gerecht wird, wurden in den letzten Jahren im Rahmen von Projekten Beratungsansätze entwickelt, die theoretisch subjektwissenschaftlich oder auch konstruktivistisch begründet werden. Sie legen den Schwerpunkt auf die prozessorientierte Beratung, in der Beratung immer als Lernprozess verstanden wird, durch den die Ratsuchenden dazu befähigt werden, eigene Problemlösungsstrategien zu entwickeln.

Zu nennen sind in diesem Zusammenhang vor allem die Beratungsansätze zur Kompetenzentwicklung, die im Rahmen eines Projekts mit Gewerkschaften durchgeführt wurden (Linderkamp u. a. 2007), Handlungshilfen für Bildungsberater (Loebe/Severing 2007) und das »Strukturmodell für personenbezogene Bildungsberatung«, das im Rahmen des Projekts »Bildungsberatung im Dialog« entwickelt wurde (Kossack 2009; Cuvry/Kossack/Zeuner 2009; 2009a).

Vertiefung

Beratungsansätze und -methoden, Geschäftsmodelle für den Aufbau von Beratungsagenturen und Qualitätssicherungsmodelle für die Beratung sind auf der Homepage des Projekts »Bildungsberatung im Dialog« in einer sog. »Toolbox« zusammengestellt. Sie verweisen auch auf andere Projekte und weiterführende Literatur. www.bb-dialog.de

10.5 Beratung als professionelle Aufgabe von Erwachsenenbildner/innen

Beratung ist also ein komplexes Handlungsfeld, das situationsabhängig spezifische Methoden und Verfahren erfordert. Dabei spielen viele Faktoren eine Rolle, die sich auf den Beratungsprozess, auf die Rolle der Beratenden und der Ratsuchenden beziehen. Ebenso von Bedeutung ist, in welchem institutionellen Umfeld eine Beratung stattfindet und aus welchen Gründen Ratsuchende eine Bildungsberatung aufsuchen.

Die sehr differenzierten Handlungsgrundlagen, Aufgaben und Zielsetzungen, die das Arbeitsfeld Bildungsberatung bestimmen, haben dazu geführt, dass sich seit ca. 2005 eine Diskussion um die Professionalisierung von Beraterinnen und Beratern entfaltet hat. Empirische Erhebungen verzeichnen steigenden Beratungsbedarf wie -angebote, weisen aber auch nach, dass viele Berater/innen in den dafür erforderlichen Fähigkeiten kaum oder wenig ausgebildet sind und in Bezug auf ihre Kenntnisse zur Beratungspraxis der Eindruck einer gewissen Zufälligkeit entsteht (vgl. Schiersmann u. a. 2008; Cuvry 2009).

Dies wird den Berater/innen in keiner Weise angelastet, offenbart aber deutlich das Problem einer bisher fehlenden Aus- oder Weiterbildung von Berater/innen im Bereich der Bildungsberatung. Wenn Bildungsberatung in Zukunft als Teil erwachsenenbildnerischer Tätigkeit immer wichtiger wird, dann wird die theoretische Durchdringung und Begründung dieses Gegenstandes aus der Sicht der Erwachsenenbildung immer wichtiger.

In diesem Sinn wurden Kompetenzkataloge für Berater/innen entwickelt, Weiterbildungen auf akademischem und nicht akademischem Niveau angeboten und weitere Projekte etabliert (Lampe 2009). Dabei wird deutlich, dass die Kompetenzen, die Berater/innen entwickeln sollten, entsprechend den häufig zitierten Aspekten Fach-, Methoden- und Sozialkompetenz sowie reflexive Kompetenz definiert und systematisiert werden können.

Professionalität und Kompetenzen

Es »ist die Professionalität des Personals zu stärken. Um ein quantitativ ausreichend und qualitativ hochwertiges Beratungsangebot sicherzustellen, das alle Zielgruppen, insbesondere die bisher nicht erreichten, in Anspruch nehmen können, bedarf es eines integrativen und alle Phasen des Lernens umfassenden Systems der Bildungsberatung, die auch die Berufsberatung umfasst«. (BMBF 2008, S. 17)
Der *Innovationskreis* setzt sich u. a. dafür ein, für Bildungsberater »langfristig die Entwicklung eines eigenen Berufsprofils zu prüfen, kurzfristig ist die Orientierung an Basiskompetenzen vorzusehen«.
(BMBF 2008, S. 19)

Die Empfehlungen des *Innovationskreises Weiterbildung* unterstützen diese Einschätzung.

Abgeleitet aus diesem Anspruch und bezogen auf die übergreifende berufliche Handlungskompetenz ist es möglich, zwischen Basiskompetenzen, die eine Rolle in Beratungsprozessen spielen, zu differenzieren.

Berufliche Handlungskompetenz	**Basiskompetenzen**
Fachkompetenzen	erziehungswissenschaftliche/pädagogische Kenntnisse; Kenntnis verschiedener Beratungsansätze und -konzepte; Kenntnis des regionalen Weiterbildungsmarktes, des regionalen Arbeitsmarktes und der Arbeitsmarktpolitik; Weiterbildungsdatenbanken
Methodenkompetenzen	Interaktions- und Kommunikationsfähigkeit; Beratungstechniken und -instrumente; Gesprächsführung
soziale Kompetenzen	Empathie; Kooperationsfähigkeit; Netzwerkfähigkeit; Wertschätzung der Ratsuchenden
reflexive Kompetenzen	Wahrnehmungsfähigkeit; Selbstreflexivität in Bezug auf die eigene Rolle/Tätigkeit; Kritikfähigkeit

Tab. 16: Basiskompetenzen für Beratende in der Weiterbildung (vgl. Cuvry/Kossack/Zeuner 2009a, S. 26)

Eine besondere Rolle spielt die Reflexionskompetenz der Beratenden. Eine erhöhte Wahrnehmungsfähigkeit eröffnet den Beratenden Perspektiven auf einen Beratungsprozess als Ganzes, die sich auf zwei Ebenen beziehen:

- »Reflexionskompetenz bezogen auf den Beratenden, und zwar die kritische Reflexion seines Handelns im Beratungsprozess.
- Reflexionskompetenz als methodische Kompetenz einerseits, damit sich der Beratende bewusst machen kann, wo der Ratsuchende im Prozess steht und was dieser zu diesem Zeitpunkt reflektiert. Andererseits um den Reflexionsprozess auch beim Ratsuchenden zu initiieren und zu unterstützen« (Cuvry/Kossack/Zeuner 2009a, S. 27).

Hinzu kommt eine Perspektive, die bisher nur wenig beachtet wurde: Die Frage, welche Verantwortung die beteiligten Akteure in einem Beratungsprozess übernehmen (Beratende und Ratsuchende) und welche Konsequenzen dieses für das Handeln innerhalb der Beratungssituation haben kann (Pätzold 2008).

Zusammenfassend ergibt sich: Beratung ist hinsichtlich der in ihr angesprochenen und behandelten Probleme und aufgegriffenen Konzepte immer in die spezifischen Konstellationen ihrer Zeit und ihrer Gesellschaft eingebunden und herausgefordert, mit Blick auf ihre theoretischen Konzepte, wissenschaftlichen Begründungen und Reflexivität wie auch in Bezug auf ihre praktischen Handlungsformen und professionellen Profile sich weiterzuentwickeln. Der Einbezug der Beratung in die Diskussion um das »Lebenslange Lernen« führt nach den vorhergehenden Impulsen zu einem gesteigerten Aktivitätsniveau der Bildungsberatung.

Reflexionen zu Kapitel 10

- Überlegen Sie, welche Beratungsformen für die Beratungen in Frage kommen, die Julia Müller mit ihrer Mitarbeiterin und dem externen Dozenten durchführt.
- Wie könnte man jeweils die Probleme definieren und Lösungswege vorbereiten?
- Welche Interessen können die Ratsuchenden an der Beratung haben, welche Julia Müller und welche die Personalabteilung?

Zusammenfassung

Bildungsberatung als Oberbegriff für Lernberatung, Weiterbildungsberatung, Ausbildungsberatung, Berufs- und Beschäftigungsberatung hat sich mittlerweile als Teil eines regelmäßigen Angebots im Bildungssystem etabliert. Sie hat eine lange Tradition. Seit der Expansion des Bildungssystems in den 70er Jahren bis zu den Debatten um lebenslanges und selbstorganisiertes Lernen in den 90er Jahren werden ihr bildungs-, sozial-, und wirtschaftspolitische Funktionen zugeschrieben.
Es wird zwischen *personen- und organisationsbezogener Beratung* unterschieden, wobei die personenbezogene Beratung in der Regel im Weiterbildungsbereich vertreten ist, in der vor allem pädagogische Zielsetzungen zum Tragen kommen.
Beratungskonzepte werden zumeist aus individual- und sozialpsychologischen Ansätzen abgeleitet, wobei eine notwendige *Unterscheidung zwischen Beratung und Therapie* zu treffen ist.

11. Handlungskontexte des Weiterbildungspersonals

Weiterbildung gerät immer dann unter Druck, wenn sich die allgemeine finanzielle Lage verschlechtert: Sowohl in Unternehmen als auch in staatlichen und kommunalen Haushalten wächst in einem solchen Fall die Legitimationsnotwendigkeit. Weiterbildungsaktivitäten werden in formale betriebswirtschaftliche Kalküle einbezogen.

Ein Stichwort für diese »Verbetriebswirtschaftlichung« ist »Bildungscontrolling«, durch das Weiterbildungsbemühungen ihre Wirtschaftlichkeit nachweisen sollen. Das Problem ist, dass die Kosten für Weiterbildung kurzfristig anfallen und belegbar sind, während der Nutzen erst langfristig sichtbar wird und nur schwer abzuwägen ist. Weiterbildung wird in ökonomisch guten Zeiten als Aufgabe wahrgenommen, die sich ein Unternehmen leistet, die aber eigentlich überflüssig scheint. Dagegen wird sie in Zeiten der Krise häufig eingeschränkt oder ganz gestrichen. Im Bereich der betrieblichen Personalentwicklung galt Weiterbildung in der Vergangenheit als Anreiz oder Belohnung für Mitarbeiter/innen, deren Potenziale weiterentwickelt werden sollten oder deren besonderes Engagement honoriert werden sollte.

Seitdem Mitte der 90er Jahre in bestimmten Berufen und Branchen Fachkräftemangel konstatiert wurde, gilt Weiterbildung als Mittel, um diesen Mangel zu beheben. Sie ist also nicht mehr Teil eines betrieblichen Sanktionssystems, sondern wird als notwendige Investition in die Zukunft gesehen, um den Fachkräftebedarf auf Dauer zu sichern und Wettbewerbsvorteile zu erlangen.

Durch die Abhängigkeit von der öffentlichen Hand sind in Krisenzeiten öffentlich geförderte Erwachsenenbildungseinrichtungen besonders gefährdet. Ihre Finanzierung erfolgt in der Regel unter dem Haushaltsvorbehalt, d. h.: Ein Rückgang kommunaler Steuereinnahmen führt häufig auch zu Kürzungen in den öffentlichen Bildungshaushalten. Die institutionellen und personellen Strukturen der Weiterbildung in Deutschland sind damit höchst instabil.

Beispiel Andreas Schneider: Kürzungsstrategien

Auch Andreas Schneider und die Beschäftigten der VHS sind von den Kürzungsstrategien betroffen. Es regt sich Widerstand: In einem Schreiben an die Ratsparteien lädt die Dozentenvertretung die Abgeordneten des Kommunalparlaments zu einer öffentlichen Podiumsdiskussion in die VHS im »Haus der Begegnung« ein. Am 19. November möchten die Lehrbeauftragten mit den Parteienvertretern unter dem Motto »Weiterbildung für alle?! Perspektiven für die VHS« über die Zukunft der VHS und der kommunalen Weiterbildung diskutieren.
Der Hintergrund: Die freiberuflichen Pädagog/innen der Bildungseinrichtung wollen von den Ratsparteien im Kommunalwahlkampf klare Stellungnahmen zur Zukunft der städtischen Weiterbildung. »Die sehr negativen Erfahrungen der laufenden Legislaturperiode haben uns skeptisch gestimmt: Drastische Etatkürzungen, Erhöhung der Kursgebühren und Kürzungen der Dozentenhonorare waren die Schlagworte. Deshalb wollen wir nun bereits vor der Wahl von den Politikern wissen, was auf die Volkshochschule in den nächsten Jahren zukommt«, so Kathrin Niehus, Dozentensprecherin für den Bereich »Erziehung und Familie«. Die Pädagogen fordern die Parteien auf, ihre Positionen vor der Wahl öffentlich darzulegen.
»Die Stadt braucht eine starke kommunale Weiterbildung und eine angemessene Bezahlung für die freiberuflichen Dozenten. Gerade in wirtschaftlichen Krisenzeiten ist eine hochqualifizierte Kompetenzentwicklung unverzichtbar. Deshalb ist in unseren Augen eine finanzielle Stärkung der VHS in den nächsten Jahren dringend notwendig, um die deutlichen Kürzungen der letzten Jahre auszugleichen«, umreißt Sonja Baumann, Dozentensprecherin für den Bereich »Deutsch als Fremdsprache«, die Forderungen.

11.1 Weiterbildungsinstitutionen als »Dienstleistungsanbieter«

Seit den 90er Jahren wird Weiterbildung in neue Regulationsstrategien einbezogen, die auf interne Kontrolle statt externe Planung setzen. Effizienzkriterien werden in die Institutionen hineinverlagert und unterliegen deshalb zunehmend betriebswirtschaftlichen Konzepten. Zwar wurden entsprechende Strategien immer schon verfolgt, aber Werbung und Öffentlichkeitsarbeit sind doch etwas anderes als *Bildungsmarketing;* Evaluation ist noch nicht Qualitätssicherung, kollegiale Unterstützung ist nicht dasselbe wie Coaching. Unterschiedlich sind vor allem die Kontexte, in denen die neuen Sprachspiele als »Lernkulturen« verortet werden und durch die sie eine veränderte Qualität erhalten.

- *Bildungsmarketing* ist einerseits der Versuch, die Lernattraktivität von Weiterbildungsangeboten aufzuzeigen und zu erhöhen, andererseits kann es zu bloßer Verkaufsstrategie degenerieren, wenn die Nutzenversprechen nicht greifen (vgl. Böttcher/Hogrebe/Neuhaus 2010).

- *Evaluation* ist eine sinnvolle Form der Überprüfung der Nachhaltigkeit der eigenen Arbeit; eingebunden in aufwendige Qualitätsmanagementstrategien kann sie aber missbraucht werden als Legitimation des Mangels, denn meist spielen die Lernenden im Qualitätssicherungsprozess keine Rolle, und die Frage nach Lernerfolgen wird ersetzt durch die – mit Zertifikaten scheinbar ausgewiesene – Selbstdarstellung der Institutionen.
- *Coaching* kann eine hilfreiche Form der Unterstützung und Förderung sein, bei der es um Leistungssteigerung geht. Die Variante des Coachings birgt aber die Gefahr, dass Beratung, die sich zugleich abgrenzt von Therapie und Supervision, den Druck auf die Beratenden erhöht. Zugleich steht Coaching aufgrund der Kostenintensität oftmals nur Führungskräften zur Verfügung und wirkt daher schnell elitär und selektiv.

Diese Tendenzen führen zu einem veränderten Selbstverständnis des leitenden Personals der Weiterbildungsinstitutionen. Es scheint darum zu gehen, erfolgreiche Dienstleistungsunternehmen zu betreiben und keine Bildungseinrichtungen.

Es ist nicht zu leugnen, dass unter einzelwirtschaftlicher Perspektive eine Weiterbildungseinrichtung als Unternehmen betrachtet werden kann. Übersehen bzw. unterschlagen wird dabei allerdings

- *erstens*, dass Bildung ein »besonderes Gut« ist,
- *zweitens*, dass die Lernenden an der Erstellung dieses »koproduzierten Gutes« entscheidend beteiligt sind,
- *drittens*, dass Bildung sowohl ein »konsumtives« als auch ein »investives Gut« darstellt, und
- *viertens*, dass es sich um ein »öffentliches Gut« handelt, das nicht allein dem Markt überlassen werden kann. Resultat wäre zwangsläufig ein »Unterangebot« an Weiterbildung.

Das betriebswirtschaftliche Vokabular deckt nur einen Ausschnitt der Weiterbildungswirklichkeit ab.

11.2 »Mittlere Systematisierung« als Entwicklungsstand der Weiterbildung

Verglichen mit Schule und Hochschule ist die Weiterbildung gekennzeichnet durch Vielfalt der Lernmöglichkeiten und -orte, Unübersichtlichkeit der Anbieter und »Weichheit« der Systemstrukturen. Wo in anderen Bereichen des Bildungswesens Probleme durch Starrheit, Versäulung und mangelnde Veränderbarkeit bestehen, sind für die Weiterbildung eher ein Zuviel an Bewegung, fehlende Transparenz und permanente Dynamik feststellbar.

Diese Mittellage ist mit dem Theorem der »mittleren Systematisierung« (Faulstich u. a. 1991) gekennzeichnet worden. Die besondere Verfasstheit der Weiterbildung betrifft systemische, politische, finanzielle, juristische, institutionelle, personelle und curriculare Aspekte. Für alle – sowohl für die Weiterbildungsträger als auch für die betrieblichen Weiterbildungsabteilungen – gilt ein hohes Maß an »Nichtfestlegung«.

Alle Erfahrungen belegen, dass Weiterbildung so lange fragil bleibt, wie stabilisierende Strukturen fehlen. Unübersichtlichkeit der Weiterbildungslandschaft, Informations- und Qualitätsdefizite des Institutionenspektrums und der Programme und Kurse können Weiterbildungsteilnahme erschweren oder sogar verhindern. Angesichts der durch Umfangswachstum und Aufgabenvielfalt gestiegenen Intransparenz der Erwachsenenbildung hat sich daher eine den unmittelbaren Lernmöglichkeiten vorgelagerte Ebene von Leistungen herausgebildet. Unterstützende Funktionen werden wichtiger und als *Supportstrukturen* institutionalisiert.

Es wächst trotz aller Probleme und Defizite die Zustimmung zu einem Konzept, das auf Kooperation der Institutionen und Akteure sowie auf die Initiierung und Stabilisierung unterstützender Vorleistungen beruht. Eine solche Strategie haben wir selbst vorgeschlagen und unter dem Begriff »Supportstrukturen« zusammengefasst (zuerst: Faulstich u. a. 1991). Als Supportstrukturen wurden definiert:

- *Information* über Weiterbildungsangebote (z. B. Erstellung und Verwaltung von Datenbanken, Verbreitung von Broschüren, Auskunft über Veranstaltungen)
- *Beratung* der Adressaten und Teilnehmer, der Abnehmer und der Weiterbildungsträger
- *Qualitätssicherung* und *Evaluationsansätze* von Weiterbildungsangeboten
- *Curriculum*- und *Materialentwicklung*
- *Personalqualifizierung*
- *Empirische Analysen* und *Statistiken* zu Trägern, Einrichtungen, Angeboten, Teilnehmenden
- *Management* von Institutionen und Infrastrukturen

11.3 Defizite und Perspektiven für die Weiterbildung

Die Weiterbildung ist ein Paradebeispiel dafür, welche Konsequenzen es für Teilnehmende und die Gesellschaft hat, wenn sich ein Bildungsbereich immer mehr an marktwirtschaftlichen Prämissen orientiert.

Es ist ein entscheidendes Versäumnis der Bildungspolitik der letzten 25 Jahre, dass öffentliche Verantwortung für die Weiterbildung nicht ausgebaut und umgesetzt wurde. Mit dem Hinweis auf die Steuerungskräfte von Markt, Pluralität und Subsidiarität wurde stattdessen auf Deregulierung gesetzt, und Strukturdefizite wurden billigend in Kauf genommen. Die Weiterbildungspolitik flüchtet sich weitgehend auf die Ebene symbolischer Politik – es werden Forderungen aufgestellt, ohne sie in konkreten Strukturen zu implementieren.

Die wachsende *Legitimationskrise* des ökonomischen und politischen Systems macht eine Orientierung notwendig, die neue Perspektiven eröffnet. Ziel sollte *Kompetenzerwerb als Beschäftigungssicherung* sein statt Qualifikationsverschleiß, der in die Erwerbslosigkeit führt oder sie verfestigt.

Allerdings gilt auch hier wieder, dass die bisherigen realen Erfahrungen eine Skepsis gegenüber den verbalen Verlautbarungen nahelegen. Bisher verhielten sich Geldgeber in den Konjunkturzyklen bei der Weiterbildungspolitik eher prozyklisch: Statt in einer Krise besonders in Weiterbildung zu investieren, wurde gekürzt – sowohl von den Unternehmen als auch von der Bundesagentur für Arbeit und den öffentlichen Haushalten.

Dagegen wäre eine antizyklische Politik der Weiterbildungsförderung notwendig. Bestehende bekannte Defizite der Weiterbildung sollten als Anknüpfungspunkte für strategische Perspektiven der Entwicklung genutzt werden.

- *Information und Beratung:* Ein wesentliches Hemmnis der Weiterbildungsbeteiligung ist die Unübersichtlichkeit der Angebote und Lernwege. Angesichts der Intransparenz der Weiterbildungsmöglichkeiten ist es notwendig, Informationssysteme und Weiterbildungsberatung aufzubauen. Ansätze sind im Spektrum individueller Lernberatung und unternehmensbezogener Organisationsberatung in Gang gekommen, aber ein flächendeckendes und interessenorientiertes Beratungsangebot besteht nicht. Im Sinne der oben genannten postulatorischen Politik werden immer neue Forschungsvorhaben finanziert, die aber nicht zu einer grundsätzlichen und langfristigen Veränderung von Strukturen führen.
- *Evaluation und Qualitätskontrolle:* Die Güte der Angebote ist sehr unterschiedlich. Die Diskussion über »Qualität« in der Weiterbildung könnte dazu genutzt werden, Innovationsanstöße und Organisationsentwicklungen in Gang zu setzen. Qualität muss im Interesse der Adressaten und Teilnehmenden gesichert werden. Besonders durch die Debatte um die Qualität der Angebote der Bundesagentur für Arbeit wurden Anerkennungs- und Zulassungsverordnungen entwickelt. Zudem wurden Qualitätssicherungssysteme in der betrieblichen Weiterbildung (z. B. die internationale Norm ISO 9001) und bei Weiterbildungsträgern (z. B. die »Lernerorientierte Qualitätssicherung in der Weiterbildung« LQW) teilweise verpflichtend eingerichtet. Die Folge war die Verbesserung der Angebote in einigen Segmenten, aber mittlerweile stellt sich als ein Metaproblem die Frage der Qualität der Qualitätssicherung.

- *Personalförderung in der Weiterbildung:* Eines der größten Risiken fortdauernder Kürzungspolitiken ist die Zerschlagung vorhandener Beschäftigtenstrukturen. Deren fatale Konsequenzen sind prekäre Beschäftigungsverhältnisse für das in der Weiterbildung tätige Personal und damit eine Verschlechterung der Qualität der Angebote. Obwohl die Qualität der Erwachsenenbildung stark von der Professionalität abhängt, ist dieser Bereich unterentwickelt. Dies gilt sowohl bezogen auf die Berufsmöglichkeiten als auch für Ausbildung und Rekrutierung des Personals. Gar nicht geregelt oder gesichert ist eine Weiterbildung des Personals, z. B. durch Supervision.
- *Abschlüsse und Zertifikate:* Die Nachweise für gelungene Weiterbildung und ihre Anrechenbarkeit auf Bildungs- und Beschäftigungsansprüche sind beschränkt. Besonders durch die Europäische Union und den Qualifikationsrahmen für die Berufsbildung und die Hochschulen droht eine Entwertung der deutschen Zertifikate. In einem nationalen Qualifikationsrahmen (NQR) muss deshalb das Prinzip der Beruflichkeit bewahrt werden. Der vorliegende Entwurf für einen Deutschen Qualifikationsrahmen (DQR) beruht auf einem Mindestkonsens der Verbände, unterläuft aber wissenschaftliche Anforderungen an eine angemessene Kompetenzermittlung, -beschreibung und -anerkennung.
- *Kooperation und Koordination, Netzwerke:* Es existiert eine unübersehbare Anzahl von Weiterbildungsanbietern und Kursen. Die Anbietervielfalt wirkt oft weiterbildungsverhindernd. Angesichts der Knappheit der Ressourcen ist eine stärkere Abstimmung zwischen den verschiedenen Institutionen notwendig. Der Versuch, durch die »Lernenden Regionen« mehr Transparenz und Kooperation zu erzeugen, stagniert. Viele Netzwerke wurden aufgegeben, nachdem die öffentliche Förderung ausgelaufen ist. Das Nachfolgeprogramm »Lernen vor Ort« setzt einerseits auf Kommunalität, bindet die Förderung aber andererseits an Stiftungen. Damit werden die finanzielle Entwicklung und Sicherung von öffentlichen Strukturen aufgelöst zugunsten langfristig nicht verlässlich berechenbarer privatrechtlicher Initiativen.
- *Integrative Weiterbildung:* Nach wie vor ist die traditionelle Trennung zwischen allgemeiner und beruflicher Bildung eines der Strukturdefizite des Erwachsenenbildungsbereichs. Dies setzt sich fort in juristischen, finanziellen und curricularen Abspaltungen. Insofern kommt es darauf an, ein integratives System der Erwachsenenbildung zu schaffen. Dabei müssen die Aufgaben politischer Bildung einbezogen und abgesichert werden. Die Finanzstränge existieren zurzeit getrennt nebeneinander und verfestigen damit die Desintegration.
- *Durchlässigkeit zwischen Erstausbildung und Weiterbildung:* Mit der Betonung »Lebenslangen Lernens« wird die Verkürzung von Bildung auf Schule durchbrochen. Davon ausgehend ist es notwendig, durch Modularität ein

abgestimmtes System von Erstausbildung und Weiterbildung zu installieren. Die Durchlässigkeit zu weiterführenden Bildungswegen ist aber trotz zahlreicher Modellversuche immer noch nicht gewährleistet, und Übergänge werden durch juristische Regelungen blockiert.

- *Verzahnung von Arbeiten und Lernen:* Die Vorstellung des »Lebenslangen Lernens« ist nur verwirklichbar, wenn Lernzeiten und Erwerbszeiten kombiniert werden. Es müssen Lernchancen im Rahmen einer umfassenden Zeitpolitik gesichert werden (vgl. Schmidt-Lauff 2008). Zeitkorridore für Weiterbildung sind durch einige Tarifverträge und Betriebsvereinbarungen geöffnet worden. Mit der Kombination von Kurzarbeit und Weiterbildung in der ökonomischen Krise sind bisher Entlassungen verhindert worden. Die Bausteine für solche Übergangsbrücken erweisen sich aber dann als zu klein und zu wenig abgestützt, wenn das andere Ufer – eine erhoffte wieder anziehende Beschäftigungslage – weit entfernt ist. Bisher wagt kaum jemand, umfassende Strategien für eine langfristige Reduktion des individuellen Arbeitsvolumens vorzuschlagen und diese mit einer nachhaltigen Kompetenzentwicklung – wie z. B. über ein Weiterbildungsjahr – zu verbinden.

Umsetzungsstrategien für »Lebenslanges Lernen« zeichnen sich aus durch halbherzige Schritte, die zum Teil in die falsche Richtung gehen. Gemessen an der politischen Bedeutung und programmatischen Unterstützung des Lebenslangen Lernens sind die Ergebnisse bisher bescheiden. Es dominiert eine Verschiebung des Politikmodells von realer – finanziell abgesicherter und strukturell wirksamer – hin zu symbolischer, nur verbal gestützter Politik.

Staatliches Handeln in der Weiterbildung wird durch politischen Gestaltungsverzicht auf Tarif- und Betriebspolitik übertragen. Das Konfliktfeld verschiebt sich aus dem öffentlich-politischen in den verteilungs- und arbeitspolitischen Raum. Tarif- und Betriebsvereinbarungen entwickelten sich zu »Innovationsinstrumenten in der beruflichen Weiterbildung«.

Für eine Strukturentwicklung des deutschen Weiterbildungssystems, die »Lebenslanges Lernen« tatsächlich allen Interessierten ermöglicht, gibt es in der bildungspolitischen Diskussion keine perspektivisch geklärte Implementationsstrategie. Angesichts der Situation im Weiterbildungsbereich besteht ein hoher Handlungsbedarf sowohl für die Unternehmen als auch für die Verbände, die Weiterbildungsinstitutionen, die Kommunen, die Länder sowie für die Bundes- und Europaebene.

Die bestehende Diffusität und Intransparenz der Weiterbildung macht es notwendig, Instrumente systematisierender Regulationen zu entwickeln, wenn die Leistungen von Weiterbildung für ökonomisches Wachstum und Arbeitsmarkt, Demokratie und individuelle Entfaltung gesichert werden sollen.

Die Weiterentwicklung der Weiterbildung wird davon abhängen, ob über die zahlreichen Projekte, Programme und Modellversuche hinaus strukturpolitische Rahmensetzungen geklärt werden. Eine langfristig nachhaltige Entwicklung des Weiterbildungssystems kann nur gelingen, wenn eine entsprechende Strukturpolitik für die Weiterbildung entwickelt und abgesichert wird.

Zusammenfassung:

Der Weiterbildungsbereich ist gekennzeichnet durch eine »mittlere Systematisierung«, die sich auf *Regulation, Institutionalisierung, Curricularisierung, Finanzierung* und *Professionalisierung* bezieht. Dies bewirkt gegenüber anderen Bildungsbereichen Vorteile durch hohe Flexibilität, aber auch gravierende Defizite aufgrund von Instabilität. Besonders in Krisensituationen wird deutlich, dass eine erhebliche Diskrepanz zwischen dem Bedeutungszuwachs der Weiterbildung und der tatsächlichen Umsetzung besteht. Die offizielle Weiterbildungspolitik flüchtet deshalb in »symbolische Politik«. Demgegenüber ist es notwendig, Chancen von veränderten Regulationsstrategien zu ergreifen.

---

12. Literatur

Adler, S. (1977): Instrumentarium zur Begutachtung beruflicher Erwachsenenbildungsmaßnahmen gemäß §34 AFG: Bericht über die Entwicklung praxisorientierter Hilfen für die Bewertung von beruflichen Weiterbildungsangeboten. Schriften zur Berufsbildungsforschung 43. Hannover: Schroedel.

Allespach, M. (2005): Betriebliche Weiterbildung als Beteiligungsprozess. Subjektive Bedeutsamkeiten als Grundlage für eine partizipative Bildungsplanung. Marburg: Schüren.

Allespach, M./Meyer, H./Wentzel, L. (2009): Politische Erwachsenenbildung. Ein subjektwissenschaftlicher Zugang am Beispiel der Gewerkschaften. Marburg: Schüren.

Antoni, C. H. (Hrsg.) (1994): Gruppenarbeit im Unternehmen: Konzepte, Erfahrungen, Perspektiven. Weinheim: Beltz.

Arnold, R. (2006): Erwachsenenbildung. Eine Einführung in Grundlagen, Probleme und Perspektiven. 2. Auflage. Baltmannsweiler: Schneider Hohengehren.

Arnold, R./Faulstich, P./Mader, W./Nuissl von Rein, E./Schlutz, E. (2000): Forschungsmemorandum für die Erwachsenen- und Weiterbildung. Im Auftrag der Sektion Erwachsenenbildung der DGfE. Frankfurt am Main: Deutsches Institut für Erwachsenenbildung. Auch online unter www.die-frankfurt.de/esprid/dokumente/doc-2000/arnold00_01.pdf (Abruf: 11.2.2009).

Arnold, R./Gieseke, W./Zeuner, C. (Hrsg.) (2009): Bildungsberatung im Dialog. Bd. 1: Theorie – Empirie – Reflexion. Baltmannsweiler: Schneider Hohengehren.

Arnold, R./Gieseke, W./Zeuner, C. (Hrsg.) (2009a): Bildungsberatung im Dialog. Bd. 2: 13 Wortmeldungen. Baltmannsweiler: Schneider Hohengehren.

Arnold, R./Gieseke, W./Zeuner, C. (Hrsg.) (2009b): Bildungsberatung im Dialog. Bd. 3: Referenzmodelle. Baltmannsweiler: Schneider Hohengehren.

Arnold, R./Holzapfel G. (Hrsg.) (2008): Emotionen und Lernen: Die vergessenen Gefühle in der (Erwachsenen-)Pädagogik. Baltmannsweiler: Schneider Hohengehren.

Arnold, R./Krämer-Stürzl, A./Siebert, H. (1999): Dozentenleitfaden. Planung und Unterrichtsvorbereitung in Fortbildung und Erwachsenenbildung. Berlin: Cornelsen.

Arnold, R./Mai, J. (2009): Bildungsberatung – historische Entwicklung und aktuelle Begriffsbestimmung. In: Arnold, R./Gieseke, W./Zeuner, C. (Hrsg.): Bildungsberatung im Dialog. Bd. 1: Theorie – Empirie – Reflexion. Baltmannsweiler: Schneider Hohengehren, S. 213–226.

Arnold, R./Pätzold, H. (2004): Qualitätsstandards in der Erwachsenenbildung. In: Speck, P. (Hrsg.): Qualitätsmanagement in sozialen Einrichtungen. 2. Auflage. München: Reinhardt, S. 102–113.

Arnold, R./Siebert, H. (1995): Konstruktivistische Erwachsenenbildung. Baltmannsweiler: Schneider Hohengehren.

Arnold, R./Wiegerling, H.-J. (1983): Programmplanung in der Weiterbildung. Bedarfsorientierung – ausgewählte Planungsstrategien – institutionelle Einflüsse. Frankfurt am Main: Diesterweg.

Autorengruppe Bildungsberichterstattung (2008): Bildung in Deutschland 2008. Ein indikatorengestützter Bericht mit einer Analyse zu Übergängen im Anschluss an den Sekundarbereich I. Bielefeld: W. Bertelsmann. Auch online unter www.bildungsbericht.de/daten2008/bb 2008.pdf (Abruf: 11.2.2010).

Baacke, D. (1996): Medienkompetenz – Begrifflichkeit und sozialer Wandel. In: Rein, A. v. (Hrsg.): Medienkompetenz als Schlüsselbegriff. Bielefeld: W. Bertelsmann, S. 112–124.

Barz, H./Tippelt, R. (Hrsg.) (2004): Weiterbildung und soziale Milieus in Deutschland. Bd. 1: Praxishandbuch Milieumarketing. Bielefeld: W. Bertelsmann.

Barz, H./Tippelt, R. (Hrsg.) (2004a): Weiterbildung und soziale Milieus in Deutschland. Bd. 2: Adressaten- und Milieuforschung zu Weiterbildungsverhalten und -interessen. Bielefeld: W. Bertelsmann.

Bergmann, B./Sonntag, K. (2006): Transfer: Umsetzung und Generalisierung erworbener Kompetenzen in den Arbeitsalltag. In: Sonntag, K. (Hrsg.): Personalentwicklung in Organisationen. 3. Auflage. Göttingen: Hogrefe, S. 355–388.

Beywl, W. (1999): Programmevaluation in pädagogischen Praxisfeldern – begriffliche und konzeptionelle Grundlagen. In: Künzel, K. (Hrsg.): Internationales Jahrbuch der Erwachsenenbildung. International Yearbook of Adult Education 27. Köln: Böhlau, S. 29–48.

Bierhoff, H.-W. (2009): Die Vielfalt macht's. Zusammensetzung und Wirkung von Lerngruppen. In: Weiterbildung – Zeitschrift für Grundlagen, Praxis und Trends, H. 5, S. 10–13.

Böttcher, W./Hogrebe, N./Neuhaus, J. (2010): Bachelor | Master: Bildungsmarketing. Qualitätsentwicklung im Bildungswesen. Weinheim und Basel: Beltz.

Bortz, J./Döring, N. (2006): Forschungsmethoden und Evaluation für Human- und Sozialwissenschaftler. 4. Auflage. Heidelberg: Springer.

Brandt, T. (2007): Sozialer Kontext der Evaluation. In: Stockmann, R. (Hrsg.): Handbuch zur Evaluation: Eine praktische Handlungsanleitung. Münster: Waxmann, S. 164–194.

Braun, J./Fischer, L. (1984): Technologische Entwicklung und Arbeitslosigkeit als Herausforderung für die Weiterbildungsberatung. München: Lexika.

Breloer, G. (1980): Aspekte einer teilnehmerorientierten Didaktik der Erwachsenenbildung. In: Breloer, G./Dauber, H./Tietgens, H. (1980): Teilnehmerorientierung und Selbststeuerung in der Erwachsenenbildung. Braunschweig: Westermann, S. 8–112.

Breloer, G./Dauber, H./Tietgens, H. (1980): Teilnehmerorientierung und Selbststeuerung in der Erwachsenenbildung. Braunschweig: Westermann.

Bremer, H. (2007): Soziale Milieus, Habitus und Lernen. Zur sozialen Selektivität des Bildungswesens am Beispiel der Weiterbildung. Weinheim: Juventa.

Bronner, R./Schröder, W. (1983): Weiterbildungserfolg: Modelle und Beispiele systematischer Erfolgssteuerung. München: Hanser.

Brüning, G./Kuwan, H. (2002): Benachteiligte und Bildungsferne – Empfehlungen für die Weiterbildung. Bielefeld: W. Bertelsmann.

Brunner, E. J. (2007): Systemische Beratung. In: Nestmann, F./Engel, F./Siekendiek, U. (Hrsg.): Das Handbuch der Beratung. Bd. 2: Ansätze, Methoden und Felder. 2. Auflage. Tübingen: dgvt, S. 655–662.

Büchter, K. (1999): Zehn Regeln zur Ermittlung von Qualifikationsbedarf. In: Gewerkschaftliche Bildungspolitik, H. 1/2, S. 12–15.

Bullinger, H.-J. (Hrsg.) (2006): Qualifikationen im Wandel – Nutzen und Perspektiven der Früherkennung. Stuttgart: Fraunhofer IAO.

Bundesministerium für Bildung und Forschung (Hrsg.) (2008): Empfehlungen des Innovationskreises Weiterbildung für eine Strategie zur Gestaltung des Lernens im Lebenslauf. Bonn/Berlin. www.bmbf.de/pub/empfehlungen_innovationskreis_weiterbildung.pdf (Abruf: 17.11.2009)

Bundesvereinigung der Deutschen Arbeitgeberverbände (1988): Möglichkeiten zur Ermittlung des Weiterbildungsbedarfs im Betrieb. Köln.

Ciupke, P./Derichs-Kunstmann, K. (Hrsg.) (2001): Zwischen Emanzipation und »besonderer Kulturaufgabe der Frau«. Frauenbildung in der Geschichte der Erwachsenenbildung. Geschichte und Erwachsenenbildung 13. Essen: Klartext.

Ciupke, P./Gierke, W./Hof, C./Jelich, F.-J./Seitter, W./Tietgens, H./Zeuner, C. (2002): Memorandum zur historischen Erwachsenenbildungsforschung. Bonn: Deutsches Institut für Erwachsenenbildung.www.die-frankfurt.de/esprid/dokumente/doc-2002/ciupke02_01.pdf (Abruf: 17.11.2009).

Cuvry, A. de (2009): »Beraten lernen«: Zur Ausbildung der Beratenden in der Bildungsberatung – eine Standortbestimmung für die personenbezogene Beratung. In: Arnold, R./Gieseke, W./Zeuner, C. (Hrsg.): Bildungsberatung im Dialog 1. Theorie – Empirie – Reflexion. Baltmannsweiler: Schneider Hohengehren, S. 69–89.

Cuvry, A. de/Kossack, P./Zeuner, C. (2009): Strukturmodell für personenbezogene Bildungsberatung. In: Arnold, R./Gieseke, W./Zeuner, C. (Hrsg.): Bildungsberatung im Dialog. Bd. 3: Referenzmodelle. Baltmannsweiler: Schneider Hohengehren, S. 135–160.

Cuvry, A. de/Kossack, P./Zeuner, C. (2009a): Das Hamburger Strukturmodell zur Bildungsberatung. In: Hessische Blätter für Volksbildung. Zeitschrift für Erwachsenenbildung in Deutschland, 59, H. 1, S. 19–28.

Datler, W./Steinhardt, K./Gstach, J. (2007): Psychoanalytisch orientierte Beratung, In: Nestmann, F./Engel, F./Siekendiek, U. (Hrsg.): Das Handbuch der Beratung. Bd. 2: Ansätze, Methoden und Felder. 2. Auflage. Tübingen: dgvt, S. 613–626.

Dauber, H. (1980): Selbstorganisation und Teilnehmerorientierung als Herausforderung für die Erwachsenenbildung. In: Breloer, G./Dauber, H./Tietgens, H. (1980): Teilnehmerorientierung und Selbststeuerung in der Erwachsenenbildung. Braunschweig: Westermann, S. 113–176.

Deutsche Gesellschaft für Evaluation (2008): Standards für Evaluation. 4. Auflage. Mainz Juli 2008. www.degeval.de/calimero/tools/proxy.php?id=19074 (Abruf: 17.11.2009).

Deutsche Gesellschaft für Evaluation (2008a): Empfehlungen für die Aus- und Weiterbildung in der Evaluation. Anforderungsprofile an Evaluatorinnen und Evaluatoren. 2. Auflage. Mainz, Dezember 2008. www.degeval.de/calimero/tools/proxy.php?id=19217 (Abruf: 11.2.2010).

Deutscher Bildungsrat (1970): Empfehlungen der Bildungskommission: Strukturplan für das Bildungswesen. Stuttgart: Klett.

Deutscher Städtetag (2004): Kommunale Bildungs- und Weiterbildungsberatung. Köln.

Dewe, B./Frank, G./Huge, W. (1988): Theorien der Erwachsenenbildung. Ein Handbuch. München: Hueber.

Ditton, H. (2009): Evaluation und Qualitätssicherung. In: Tippelt, R./Schmidt, B. (Hrsg.): Handbuch der Bildungsforschung. 2. Auflage. Opladen: Leske + Budrich, S. 607–623.

Dohmen, G./Knoll, J./Siebert, H. (2001): Selbstgesteuertes Lernen – ohne Lehre? In: Heuer, U./Botzat, T./Meisel, K. (Hrsg.): Neue Lehr- und Lernkulturen in der Weiterbildung. Bielefeld: W. Bertelsmann, S. 158–190.

Dollhausen, K. (2008): Planungskulturen in der Weiterbildung. Bielefeld: W. Bertelsmann.

Ehses, C./Tenrich, J. H./Zech, R. (2002): Das lernerorientierte Qualitätsmodell für Weiterbildungsorganisationen. 3. Auflage. Hannover: Expressum.

Ellerbrock, R. (1999): Qualität im regionalen Konsens – Die Arbeit von Weiterbildung Hamburg aus der Sicht der Volkshochschule. In: Küchler, F. v./Meisel, K. (Hrsg.): Qualitätssicherung in der Weiterbildung. Bd. 2: Auf dem Weg zu besserer Praxis. Frankfurt am Main: Deutsches Institut für Erwachsenenbildung, S. 217–232.

Emminghaus, C./Tippelt, R. (Hrsg.) (2009): Lebenslanges Lernen in regionalen Netzwerken verwirklichen: Abschließende Ergebnisse zum Programm »Lernende Regionen – Förderung von Netzwerken«. Bielefeld: W. Bertelsmann.

Engel, F. (2008): Beratung. In: Faulstich, P./Faulstich-Wieland, H.: Erziehungswissenschaft. Ein Grundkurs. Reinbek: Rowohlt, S. 195–215.

Erpenbeck, J./Rosenstiel, L. v. (2009): Vom Oberlehrer zur Kompetenzhebamme. Kompetenzentwicklung als Zukunft der Weiterbildung. In: Weiterbildung – Zeitschrift für Grundlagen, Praxis und Trends, H. 2, S. 6–9.

Faulstich, P. (1981): Arbeitsorientierte Erwachsenenbildung. Frankfurt am Main: Diesterweg.

Faulstich, P. (1991): Qualitätskriterien für die Erwachsenenbildung. In: Zeitschrift für Berufs- und Wirtschaftspädagogik, 87, H. 7, S. 572–581.

Faulstich, P. (1993): »Mittlere Systematisierung« der Weiterbildung. In: Meier, A./Rabe-Kleberg, U. (Hrsg.): Weiterbildung, Lebenslauf, sozialer Wandel. Neuwied: Luchterhand, S. 29–46.

Faulstich, P. (1998): Strategien betrieblicher Weiterbildung. Kompetenz und Organisation. München: Vahlen.

Faulstich, P. (1999): Kompetenzentwicklung und Erfolgsqualität. In: Bildung und Erziehung, 52, H. 2, S. 157–172.

Faulstich, P. (2003): Weiterbildung. Begründungen Lebensentfaltender Bildung. München: Oldenbourg.

Faulstich, P. (2010): Supportstrukturen. In: Arnold, R./Nolda, S./Nuissl, E. (Hrsg.): Wörterbuch der Erwachsenenpädagogik. 2. Auflage. Bad Heilbrunn: Klinkhardt.

Faulstich, P./Bayer, M. (Hrsg.) (2006): Lernwiderstände. Anlässe für Vermittlung und Beratung. Hamburg: VSA.

Faulstich, P./Döring, O. (1989): Modell einer trägerunabhängigen und -übergreifenden Qualifizierungsberatung. Kassel: Gesamthochschule Kassel.

Faulstich, P./Forneck, H. J./Knoll, J. (Hrsg.) (2005): Lernwiderstand, Lernumgebung, Lernberatung. Bielefeld: W. Bertelsmann.

Faulstich, P./Gnahs, D./Sauter, E. (2004): Systemqualität in der beruflichen Weiterbildung. Fragestellungen, Konsequenzen und Alternativen nach Hartz. Bonn: Friedrich-Ebert-Stiftung. library.fes.de/pdf-files/asfo/02584.pdf (Abruf: 17.11.2009).

Faulstich, P./Gnahs, D./Seidel,S./Bayer, M. (Hrsg.) (2002): Praxishandbuch selbstbestimmtes Lernen. Konzepte, Perspektiven und Instrumente für die berufliche Aus- und Weiterbildung. Weinheim: Juventa.

Faulstich, P./Grell, P. (2005): Widerständig ist nicht unbegründet – Lernwiderstände in der Forschenden Lernwerkstatt. In: Faulstich, P./Forneck, H. J./Knoll, J. (Hrsg.): Lernwiderstand, Lernumgebung, Lernberatung. Bielefeld: W. Bertelsmann, S. 18–92.

Faulstich, P./Haberzeth, E. (2007): Recht und Politik. Studientexte für Erwachsenenbildung. Bielefeld: W. Bertelsmann.

Faulstich, P./Ludwig, J. (2004): Expansives Lernen. Baltmannsweiler: Schneider Hohengehren.

Faulstich, P./Teichler, U./Bojanowski, A./Döring, O. (1991): Bestand und Perspektiven für die Weiterbildung. Das Beispiel Hessen. Weinheim: Deutscher Studien Verlag.

Faulstich, P./Zeuner, C. (2008): Erwachsenenbildung. Eine handlungsorientierte Einführung in Theorie, Didaktik und Adressaten. 3. Auflage. Weinheim: Juventa.

Faulstich-Wieland, H./Faulstich, P. (2006): BA-Studium Erziehungswissenschaft. Ein Lehrbuch. rowohlts enzyklopädie. Reinbek: Rowohlt.

Faulstich-Wieland, H./Faulstich, P. (2008): Erziehungswissenschaft. Ein Grundkurs. rowohlts enzyklopädie. Reinbek: Rowohlt.

Flaig, B./ Meyer, T./Ueltzhöffer, J. (1997): Alltagsästhetik und politische Kultur. Zur ästhetischen Dimension politischer Bildung und politischer Kommunikation. Bonn: Dietz.

Flechsig, K.-H. (1989): Ebenen didaktischen Handelns in der Weiterbildung. In: Grundlagen der Weiterbildung Praxishilfen, Dezember 1989, S. 1–14.

Flechsig, K.-H./Haller, H. (1977): Einführung in didaktisches Handeln: ein Lernbuch für Einzel- und Gruppenarbeit. 2. Auflage. Stuttgart: Klett.

Flick, U./Kardorff, E. v./ Steinke, I. (Hrsg.) (2007): Qualitative Forschung. Ein Handbuch. 3. Auflage. Reinbek: Rowohlt.

Geißler, K. A. (1995): Lernprozesse steuern. Übergänge: zwischen Willkommen und Abschied. Weinheim und Basel: Beltz.

Gerhard, R. (1992): Bedarfsermittlung in der Weiterbildung: Beispiele und Erfahrungen; eine Handreichung. Baltmannsweiler: Schneider Hohengehren.

Gerhard, R. (1995): Weiterbildungsbedarfsermittlung – Instrument der Marktorientierung in der berufsbezogenen Weiterbildung. In: Hessische Blätter für Volksbildung, 45, H. 1, S. 28–35.

Gerl, H./Pehl, K. (1983): Evaluation in der Erwachsenenbildung. Theorie und Praxis der Erwachsenenbildung. Bad Heilbrunn: Klinkhardt.

Gerlich, P. (1999): Controlling von Bildung, Evaluation oder Bildungscontrolling? München: Rainer Hampp.

Gerstenmaier, J. (2007): Konstruktivistisch orientierte Beratung. In: Nestmann, F./Engel, F./ Siekendiek, U. (Hrsg.): Das Handbuch der Beratung. Bd. 2: Ansätze, Methoden und Felder. 2. Auflage. Tübingen: dgvt, S. 675–690.

Giesecke, H. (1987): Pädagogik als Beruf: Grundformen pädagogischen Handelns. Weinheim: Juventa.

Gieseke, W. (2000): Programmplanung als Bildungsmanagement? In: Gieseke, W. (Hrsg): Programmplanung als Bildungsmanagement? Qualitative Studie in Perspektivverschränkung. Begleituntersuchung des Modellversuchs »Erprobung eines Berufseinführungskonzeptes für hauptberufliche pädagogische Mitarbeiter/innen in der konfessionellen Erwachsenenbildung«. EB Buch 20. Recklinghausen: Bitter, S. 30–58.

Gieseke, W. (2003): Programmplanungshandeln als Angleichungshandeln. In: Gieseke, W. (Hrsg.): Institutionelle Innensichten der Weiterbildung. Bielefeld: W. Bertelsmann, S. 189–211.

Gieseke, W. (2006): Programmforschung als Grundlage der Programmplanung unter flexiblen institutionellen Kontexten. In: Meisel, K./Schiersmann, C. (Hrsg.): Zukunftsfeld Weiterbildung. Bielefeld: W. Bertelsmann, S. 69–88.

Gieseke, W. (2007): Lebenslanges Lernen und Emotionen: Wirkungen von Emotionen aus beziehungstheoretischer Perspektive. Bielefeld: W. Bertelsmann.

Gieseke, W. (2008): Bedarfsorientierte Angebotsplanung in der Erwachsenenbildung. Bielefeld: W. Bertelsmann.

Gieseke, W./Gorecki, C. (2000): Programmplanungshandeln als Angleichungshandeln – Arbeitsplatzanalyse. In: Gieseke, W. (Hrsg): Programmplanung als Bildungsmanagement? Qualitative Studie in Perspektivverschränkung. Begleituntersuchung des Modellversuchs »Erprobung eines Berufseinführungskonzeptes für hauptberufliche pädagogische Mitarbeiter/innen in der konfessionellen Erwachsenenbildung«. EB Buch 20. Recklinghausen: Bitter, S. 59–114.

Gieseke, W./Käpplinger, B./Otto, S. (2007): Prozessverläufe in der Beratung analysieren – Ein Desiderat. Begründung und Entwicklung eines Forschungsdesigns. In: Report. Zeitschrift für Weiterbildungsforschung, 30, 1, S. 33–42.

Gieseke, W./Robak, S. (2009): Einleitung – Kultur als offenes Konzept aus erwachsenenpädagogischer Perspektive. In: Gieseke, W./Robak, S./Wu, M. L. (Hrsg.): Transkulturelle Perspektiven auf Kulturen des Lernens. Bielefeld: Transkript, S. 7–24.

Gnahs, D. (1999): Zwischenbilanz der Qualitätsdebatte. In: Literatur- und Forschungsreport Weiterbildung, 43, S. 15–22.

Grell, P. (2006): Forschende Lernwerkstatt: Eine qualitative Untersuchung zu Lernwiderständen in der Weiterbildung. Münster: Waxmann.

Grüner, H. (2000): Die Bestimmung des betrieblichen Weiterbildungsbedarfs. Frankfurt am Main: Peter Lang.

Hacker, W. (1996): Arbeitsanalyse zur prospektiven Gestaltung von Gruppenarbeit. In: WSI-Mitteilungen, S. 96–104.

Hamburger, F. (2009): Weiterbildung von Migranten. In: Tippelt, R./Hippel, A. v. (Hrsg.): Handbuch Erwachsenenbildung/Weiterbildung. 3. Auflage. Wiesbaden: VS, S. 881–888.

Harke, D./Krüger, H. (1999): Weiterbildungsberatung in den neuen Bundesländern. Entwicklung, Leistungen unterstützender Strukturen für die Weiterbildung. Wissenschaftliche Diskussionspapiere Nr. 45. Berlin: Bundesinstitut für Berufsbildung. Auch online unter www.bibb.de/dokumente/pdf/wd_45_weiterbildungsberatung_bundeslaendern.pdf (Abruf: 11.2.2010).

Hartz, S. (2008): Steuerung in und von Organisationen der Weiterbildung durch den Qualitätsdiskurs. In: Hartz, S./Schrader J. (Hrsg.): Steuerung und Organisation in der Weiterbildung. Analysen und Beiträge zur Aus- und Weiterbildung. Bad Heilbrunn: Klinkhardt, S. 251–270.

Hartz, S./Meisel, K. (2004): Qualitätsmanagement. Studientexte für Erwachsenenbildung. Bielefeld: W. Bertelsmann.

Hartz, S./Schrader, J. (Hrsg.) (2008): Steuerung und Organisation in der Weiterbildung. Analysen und Beiträge zur Aus- und Weiterbildung. Bad Heilbrunn.: Klinkhardt.

Heckhausen, J./Heckhausen, H. (2006): Motivation und Handeln. 3. Auflage. Heidelberg: Springer.

Heinold-Krug, E./Meisel, K. (Hrsg.) (2002): Qualität entwickeln – Weiterbildung gestalten. Bielefeld: W. Bertelsmann.

Hennig, C./Knödler, U. (2007): Schulprobleme lösen. Ein Handbuch für die systemische Beratung. Weinheim: Beltz.

Herbrich, E. (2006): Bildungsberatung in der Wissensgesellschaft. In: Fellermayer, G./Herbrich, E. (Hrsg.): Lebenslanges Lernen für alle. Herausforderungen an die Bildungsberatung. LernNetz Berlin-Brandenburg e.V. Berlin: Karin Kramer, S. 124–133.

Heuer, U. (2003): Programmplanungshandeln zwischen Bildungsmanagement und neuen Lernkulturen. In: Gieseke, W. (Hrsg.): Institutionelle Innensichten der Weiterbildung. Bielefeld: W. Bertelsmann, S. 161–188.

Höffer-Mehlmer, M. (1999): Programmplanung und -organisation. In: Tippelt, R. (Hrsg.): Handbuch Erwachsenenbildung/Weiterbildung. 2. Auflage. Opladen: Leske + Budrich 1999, S. 691–703.

Holzkamp, K. (1995): Lernen. Subjektwissenschaftliche Grundlegung. Frankfurt am Main: Campus.

Husemann, R. (1999): Qualifikationsbedarfsermittlung als Aushandlungsprozeß. In: Hendrich, W./Büchter, K. (Hrsg.): Politikfeld betriebliche Weiterbildung. Trends, Erfahrungen und Widersprüche in Theorie und Praxis. München: Rainer Hampp, S. 116–134.

Hüther, J. (2005): Erwachsenenbildung und Mediendidaktik. In: Hüther, J./Schorb, B. (Hrsg.): Grundbegriffe Medienpädagogik. 4. Auflage. München: kopaed, S. 82–88.

Jank, W./Meyer, H (2008): Didaktische Modelle. 8. Auflage. Berlin: Cornelsen Scriptor.

Jechle, T./Kolb, M./Winter, A. (1994): Bedarfsermittlung in der Weiterbildung. In: Unterrichtswissenschaft – Zeitschrift für Lernforschung, 22, S. 3–22.

Kade, J./Nittel, D./Seitter, W. (2007): Einführung in die Erwachsenenbildung/Weiterbildung. 2. Auflage, Stuttgart: W. Kohlhammer.

Kade, S. (2007): Altern und Bildung. Eine Einführung. Bielefeld: W. Bertelsmann

Kaiser, A. (2007): Didaktische und methodische Planung von Kursen: Erstellen einer Strukturplanung. In: Kaiser, A./Buddenberg, V./Hohenstein, K./Holzapfel, C./Uem minghaus, M./Wolter, M. (Hrsg.): Kursplanung, Lerndiagnose und Lernerberatung. Handreichung für die Bildungspraxis. Bielefeld: W. Bertelsmann, S. 15–28.

Kaiser, A./Buddenberg, V./Hohenstein, K./Holzapfel, C./Uemminghaus, M./Wolter, M. (Hrsg.) (2007): Kursplanung, Lerndiagnose und Lernerberatung. Handreichung für die Bildungspraxis. Bielefeld: W. Bertelsmann.

Kant, I. (1784): Beantwortung der Frage: Was ist Aufklärung? In: Berlinische Monatsschrift. S.481–494.de.wikisource.org/wiki/Beantwortung_der_Frage:_Was_ist_Aufklärung%3F (Abruf: 8.2.2010).

Kidd, J. R. (1979): Wie Erwachsene lernen. Theorie und Praxis der Erwachsenenbildung. Braunschweig: Westermann.

Kieneke, T./Schröder, F. (2008): Qualität in der Bildungsberatung. Dokumentation der Einführung des Lernerorientierten Qualitätsverfahrens LQW in Berliner Bildungsberatungsstellen. Strategie, Konzepte, Erfahrungen. Berlin: Zukunft im Zentrum GmbH.

Klafki, W. (1963): Studien zur Bildungstheorie und Didaktik. Weinheim: Beltz.

Klein, R./Reutter, G. (Hrsg.) (1998): Lehren ohne Zukunft? Wandel der Anforderungen an das pädagogische Personal in der Erwachsenenbildung. Baltmannsweiler: Schneider Hohengehren.

Klein, R,/Reutter, G. (Hrsg.) (2005): Lernberatungskonzeption. Grundlagen und Praxis. Baltmannsweiler: Schneider Hohengehren.

Knoll, J. (1986): Kurs- und Seminarmethoden. Ein Arbeitsbuch zur Gestaltung von Kursen und Seminaren, Arbeits- und Gesprächskreisen. München: Hueber.

Knoll, J. (2008): Lern- und Bildungsberatung. Professionell beraten in der Weiterbildung. Bielefeld: W. Bertelsmann.

Knowles, M. S. (2007): Lebenslanges Lernen. Andragogik und Erwachsenenbildung. 6. Auflage. München: Elsevier.

Koch, J.; Kraak, R. (1989): Vom Weiterbildungsträger zum regionalen Dienstleistungszentrum für die mittelständische Wirtschaft. In: BWP – Berufsbildung in Wissenschaft und Praxis, H. 6, S. 13–19.

Koch, J./Kraak, R. (1994): Qualifizierungsberatung als Dienstleistung für die regionale Wirtschaft, in: Kailer, N. (Hrsg.): Beratung bei Weiterbildung und Personalentwicklung: Konzepte und Praxisbeispiele von Bildungsträgern und Unternehmen. Wien: Linde, S. 141–161.

Kossack, P. (2006): Lernen Beraten. Eine dekonstruktive Analyse des Diskurses zur Weiterbildung. Bielefeld: transcript.

Kossack, P. (2009): Bildungberatung revisited. In: Arnold, R./Gieseke, W./Zeuner, C. (Hrsg.): Bildungsberatung im Dialog. Bd. 1: Theorie – Empirie – Reflexionen. Baltmannsweiler: Schneider Hohengehren, S. 45–67.

Krekel, E. (1999): Bildungscontrolling und Weiterbildungsbedarfsermittlung. In: Hendrich, W./Büchter, K. (Hrsg.): Politikfeld betriebliche Weiterbildung. Trends, Erfahrungen und Widersprüche in Theorie und Praxis. München: Rainer Hampp, S. 151–164.

Kron, F. W. (1993): Grundwissen Didaktik. München: Reinhardt.

Krug, P. (1999): Ordnungspolitische Bedeutung des Qualitätsmanagements in der Weiterbildung. In: Küchler, F. v./Meisel, K. (Hrsg.): Qualitätssicherung in der Weiterbildung. Bd. 1: Auf dem Weg zu Qualitätsmaßstäben. Frankfurt am Main: Deutsches Institut für Erwachsenenbildung, S. 20–30.

Kruse, A. (2009): Bildung im Alter. In: Tippelt, R./Hippel, A. v. (Hrsg.): Handbuch Erwachsenenbildung/Weiterbildung. 3. Auflage. Wiesbaden: VS, S. 827– 840.

Küchler, F. v./Meisel, K. (Hrsg.) (1999): Qualitätssicherung in der Weiterbildung. Bd. 1: Auf dem Weg zu Qualitätsmaßstäben. Frankfurt am Main: Deutsches Institut für Erwachsenenbildung.

Küchler, F. v./Meisel, K. (Hrsg.) (1999a): Qualitätssicherung in der Weiterbildung. Bd. 2: Auf dem Weg zu besserer Praxis. Frankfurt am Main: Deutsches Institut für Erwachsenenbildung.

Kuckartz, U./Dresing, T./Rädiker, S./Stefer, C. (2007): Qualitative Evaluation. Der Einstieg in die Praxis. Wiesbaden: VS.

Kuwan, H./Bilger, F./Gnahs, D./Seidel, S. (2006): Berichtssystem Weiterbildung IX. Integrierter Gesamtbericht zur Situation der Weiterbildung in Deutschland. Bundesministerium für Bildung, Wissenschaft und Forschung: Bonn, Berlin. Auch online unter www.bmbf.de/pub/berichtssystem_weiterbildung_neun.pdf (Abruf: 11.2.2010)

Labonté, C. (1973): Industriearbeit und Weiterbildung. Erwartungen und Möglichkeiten außerbetrieblicher beruflicher Erwachsenenbildung. Göttinger Abhandlungen zur Soziologie 22. Stuttgart: Enke.

Lampe, B. (2009): Bildungsberatung und Kompetenzentwicklung. Der Verbund der Regionalen Qualifizierungszentren. In: Hessische Blätter für Volksbildung. Zeitschrift für Erwachsenenbildung in Deutschland, 59, H. 1, S. 56–63.

Landsberg, G. v./Weiß, R. (1995): Bildungs-Controlling. 2. Auflage. Stuttgart: Poeschel.

Lave, J. (1997): On Learning. In: Forum Kritische Psychologie, 38, S. 120–135.

Lehner, M. (1989): Didaktik und Weiterbildung. Zur historischen Rekonstruktion des didaktischen Denkens in der Erwachsenenbildung. Weinheim: Deutscher Studien Verlag.

Leiter, R./Runge, T./Burschick R./ Grausam, G. (1982): Der Weiterbildungsbedarf im Unternehmen. Methoden der Ermittlung. München: Hanser.

Lemke, S. G. (1995): Lerntransfer. Göttingen: Hogrefe.

Linderkamp, R./Krämer, M./ Proß, G./Skroblin, J. P. (Hrsg.) (2007): Arbeitnehmerorientierte Beratung und Weiterbildung. Ein Praxisbuch. Bielefeld: W. Bertelsmann.

Loebe, H./Severing, E. (Hrsg.) (2007): Handlungshilfen für Bildungsberater. Bd. 20–25. Bielefeld: W. Bertelsmann.

Ludwig, J. (2002): Anforderungen an Lernberatung in Online-Foren. In: Dewe, B./Wiesner, G./Wittpoth, J. (Hrsg.): Professionswissen und erwachsenenpädagogisches Handeln. Beiheft zum Literatur- und Forschungsreport Weiterbildung. Bielefeld, S. 255–266.

Ludwig, J. (2004): Vermitteln – verstehen – beraten. In: Faulstich, P./Ludwig, J. (Hrsg.): Expansives Lernen. Baltmannnsweiler: Schneider Hohengehren, S. 112–126.

Mandl, H./Prenzel, M./Gräsel, C. (1992): Das Problem des Lerntransfers in der betrieblichen Weiterbildung. In: Unterrichtswissenschaft, 20, H. 2, S. 126–143.

Maslow, A. H. (2008): Motivation und Persönlichkeit. 11. Auflage. Reinbek: Rowohlt.

Mecheril, P. u.a. (2010): Bachelor | Master: Migrationspädagogik. Weinheim und Basel. Beltz.

Meier, R. (2005): Praxis Weiterbildung. Personalentwicklung, Bedarfsanalyse, Seminarplanung, Seminarbetreuung, Transfersicherung, Qualitätssicherung, Bildungsmarketing, Bildungscontrolling. Offenbach: Gabal.

Meueler, E. (2009): Didaktik der Erwachsenenbildung. In: Tippelt, R./Hippel, A. v. (Hrsg.): Handbuch Erwachsenenbildung/Weiterbildung. 3. Auflage. Wiesbaden: VS, S. 973–987.

Meyer, W. (2007): Evaluationsdesigns. In: Stockmann, R. (Hrsg.): Handbuch zur Evaluation: Eine praktische Handlungsanleitung. Münster: Waxmann, S. 143–163.

Mörchen, A./Tolksdorf, M. (Hrsg.) (2009): Lernort Gemeinde. Ein neues Format der Erwachsenenbildung. Bielefeld: W. Bertelsmann.

Nestmann, F./Engel, F./Sickendiek, U. (Hrsg.) (2007): Das Handbuch der Beratung. Bd. 1: Disziplinen und Zugänge. 2. Auflage. Tübingen: dgvt.

Nestmann, F./Engel, F./Sickendiek, U. (Hrsg.) (2007a): Das Handbuch der Beratung. Bd. 2: Ansätze, Methoden und Felder. 2. Auflage. Tübingen: dgvt.

Neuberger, O. (1991): Personalentwicklung. Stuttgart: Enke.

Niedlich, F./Christ, F./Korte, I./Berling, U./Aurich, P. (2007): Bestandsaufnahme in der Bildungs-, Berufs- und Beschäftigungsberatung und Entwicklung grundlegender Qualitätsstandards. Abschlussbericht. Bundesministerium für Bildung und Forschung: Bonn. www.bmbf.de/pub/berufsbildungsforschung.pdf (Abruf: 11.2.2010).

Nolda, S. (2008): Einführung in die Theorie der Erwachsenenbildung. Grundwissen Erziehungswissenschaft. Darmstadt: Wissenschaftliche Buchgesellschaft.

Nötzold, W. (2002): Werkbuch Qualitätsentwicklung. Für Leiter/innen in der Erwachsenenbildung. Unter Mitarbeit von Gerald Graupner. Bielefeld: W. Bertelsmann.

Nuissl, E./Dobischat, R./Hagen, K./Tippelt, R. (Hrsg.) (2006): Regionale Bildungsnetze – Ergebnisse zur Halbzeit des Programms »Lernende Regionen – Förderung von Netzwerken«. Bielefeld: W. Bertelsmann.

Olbrich, J. (2001): Geschichte der Erwachsenenbildung in Deutschland. Opladen: Leske + Budrich.

Pätzold, H. (2004): Lernberatung in der Erwachsenenbildung. Baltmannsweiler: Schneider Hohengehren.

Pätzold, H. (2008): Verantwortung und Beratung. In: Pätzold, H. (Hrsg.): Verantwortungsdidaktik. Zum didaktischen Ort der Verantwortung in der Erwachsenenbildung. Grundlagen der Berufs- und Erwachsenenbildung 58. Baltmannsweiler: Schneider Hohengehren, S. 81–94.

Patton, M. (1997): Utilization-Focused evaluation. The new century text. 3. Auflage. Thousand oaks: Sage Publications.

Pätzold, H. (Hrsg.) (2008a): Verantwortungsdidaktik. Zum didaktischen Ort der Verantwortung in Erwachsenenbildung und Weiterbildung. Baltmannsweiler: Schneider Hohengehren.

Pawlowsky, P./Bäumer, J. (1996): Betriebliche Weiterbildung. Management von Qualifikation und Wissen. München: Beck.

Pfeil, A. (1998): Erwachsenenbildungskonzepte für Arbeitsmigranten und interkulturelle Bildung an der VHS Frankfurt von 1970 bis zur Gegenwart. In: Hessische Blätter für Volksbildung, 48, S. 362–375.

Pöggeler, F. (Hrsg.) (1974–1986): Handbuch der Erwachsenenbildung. 8 Bände. Stuttgart: Kohlhammer.

Raapke, H.-D. (1985): Didaktik der Erwachsenenbildung. In: Raapke, H.-D./Schulenberg, W. (Hrsg.): Handbuch der Erwachsenenbildung. Bd. 7: Didaktik der Erwachsenenbildung. Stuttgart: Kohlhammer, S. 17–32.

Rein, A. v. (Hrsg.): Medienkompetenz als Schlüsselbegriff. Bielefeld: W. Bertelsmann, S. 112–124.

Reischmann, J. (2004): Vom »Lernen en passant« zum »kompositionellen Lernen«. In: Grundlagen der Weiterbildung, 23, H. 2, S. 92–95.

Reischmann, J. (2006): Weiterbildungsevaluation. Lernerfolge messbar machen. Grundlagen der Weiterbildung. 2. Auflage. Augsburg: Ziel.

Röhrig, P. (2009): Der bildungstheoretische Ansatz der Erwachsenenbildung. In: Tippelt, R./Hippel, A. v. (Hrsg.): Handbuch Erwachsenenbildung/Weiterbildung. 3. Auflage. Wiesbaden: VS, S. 179–196.

Rosenbladt, B. v./Bilger, F. (2008): Weiterbildungsverhalten in Deutschland. Bd. 1: Berichtssystem Weiterbildung und Adult Education Survey 2007. Bielefeld: W. Bertelsmann.

Rosenstiel, L. v. (2009): Weiterbildung von Führungskräften. In: Tippelt, R./Hippel, A. v. (Hrsg.): Handbuch Erwachsenenbildung/Weiterbildung. 3. Auflage. Wiesbaden: VS, S. 955–970.

Rother, N. (2008): Das Integrationspanel. Ergebnisse zur Integration von Teilnehmern zu Beginn ihres Integrationskurses. Working Paper 19 der Forschungsgruppe des Bundesamtes. Bonn: Bundesamt für Migration und Flüchtlinge. www.bamf.de/cln_180/nn_442016/SharedDocs/Anlagen/DE/Migration/Publikationen/Forschung/WorkingPapers/wp19-Integrationspanel,templateId=raw,property=publicationFile.pdf/wp19-Integrationspanel.pdf (Abruf 11.2.2010).

Sanders, J. R. (Hrsg.) (2006): Handbuch der Evaluationsstandards. Die Standards des Joint Committee on Standards for Educational Evaluation. 3. Auflage. Wiesbaden: VS.

Sauer-Schiffer, U. (2004): Bildung und Beratung: Beratungskompetenz als neue Herausforderung für Weiterbildung und außerschulische Jugendbildung. Münster: Waxmann.

Schiersmann, C. (1999): Zielgruppenforschung. In: Tippelt, R. (Hrsg.): Handbuch der Erwachsenenbildung/Weiterbildung. 2. Auflage. Opladen: Leske + Budrich, S. 557–565.

Schiersmann, C./Bachmann, M./Dauner,A./Weber, P. (2008): Qualität und Professionalität in Bildungs- und Berufsberatung. Bielefeld: W. Bertelsmann.

Schiersmann, C./Remmele, H. (2004): Beratungsfelder in der Weiterbildung: eine empirische Bestandsaufnahme. Baltmannsweiler: Schneider Hohengehren.

Schiersmann, C./Thiel, H.-U. (2007): Beratung in der Weiterbildung. In: Nestmann, F./Engel, F./Sickendiek, U. (Hrsg.): Das Handbuch der Beratung. Bd. 2: Ansätze, Methoden und Felder. 2. Auflage. Tübingen: dgvt, S. 891–906.

Schmidt-Lauff, S. (2008): Zeit für Bildung im Erwachsenenalter. Interdisziplinäre und empirische Zugänge. Münster: Waxmann.

Schmitz, E./Tietgens, H. (Hrsg.) (1984): Enzyklopädie der Erziehungswissenschaft. Bd. 11: Erwachsenenbildung. Stuttgart: Klett-Cotta.

Schneider, V./Meiers, R. (2007): Reporting. In: Stockmann, R. (Hrsg.): Handbuch zur Evaluation: Eine praktische Handlungsanleitung. Münster: Waxmann, S. 24–70.

Schnell, R./Hill, P. B./Esser, E. (2008): Methoden empirischer Sozialforschung. 8. Auflage. München: Oldenbourg.

Schöll, I. (2009): Marketing. In: Tippelt, R./Hippel, A. v. (Hrsg.): Handbuch Erwachsenenbildung/Weiterbildung. 3. Auflage. Wiesbaden: VS, S. 437–451.

Schüßler, I./Thurnes, C. M. (2005): Lernkulturen in der Weiterbildung. Studientexte für Erwachsenenbildung. Bielefeld: W. Bertelsmann.

Siebert, H. (1999): Seminarplanung und -organisation der Erwachsenenbildung. In: Tippelt, R. (Hrsg.): Handbuch Erwachsenenbildung/Weiterbildung. 2. Auflage. Opladen: Leske + Budrich, S. 704–717.

Siebert, H. (2000): Lernberatung und selbstgesteuertes Lernen. In: Literatur- und Forschungsreport Weiterbildung, 46, S. 92–99.

Siebert, H. (2003): Didaktisches Handeln in der Erwachsenenbildung: Didaktik aus konstruktivistischer Sicht. 4. Auflage. Neuwied: Luchterhand.

Siebert, H. (2004): Methoden der Bildungsarbeit. Leitfaden für aktivierendes Lernen. Perspektive Praxis. Bielefeld: W. Bertelsmann.

Siebert, H. (2004a): Theorien für die Praxis. Studientexte Erwachsenenbildung. Bielefeld: W. Bertelsmann.

Siebert, H. (2009): Erwachsenenbildung in der Bundesrepublik Deutschland – Alte Bundesländer und neue Bundesländer. In: Tippelt, R./Hippel, A. v. (Hrsg.): Handbuch Erwachsenenbildung/Weiterbildung. 3. Auflage. Wiesbaden: VS, S. 59–85.

Silvestrini, S. (2007): Organisatorischer Ablauf von Evaluationen. In: Stockmann, R. (Hrsg.): Handbuch zur Evaluation: Eine praktische Handlungsanleitung. Münster: Waxmann, S.108–142.

Sinus Sociovision. www.sociovision.de/loesungen/sinus-milieus.html (Abruf: 11.2.2010).
Spanhel, D. (2007): Zur Standortbestimmung der Medienpädagogik aus anthropologischer und bildungswissenschaftlicher Sicht. In: Sesink, W./Kerres, M./Moser, H. (Hrsg.): Jahrbuch Medienpädagogik 6. Medienpädagogik – Standortbestimmung einer erziehungswissenschaftlichen Disziplin. Wiesbaden: VS, S. 33–54
Speck, P. (Hrsg.) (2004): Qualitätsmanagement in sozialen Einrichtungen. 2. Auflage. München: Reinhardt.
Stiefel, R. T. (1982): Zur Ermittlung des Weiterbildungsbedarfs. Ein Erklärungsversuch für das Dilemma in der Praxis und ein neuer Lösungsansatz. In: Zeitschrift für Arbeitswissenschaft, 36, H. 1, S. 54–58.
Stockmann, R. (2004): Evaluationsforschung. Grundlagen und ausgewählte Forschungsfelder. Opladen: Leske + Budrich.
Stockmann, R. (2007): Einführung in die Evaluation. In: Stockmann, R. (Hrsg.): Handbuch zur Evaluation: Eine praktische Handlungsanleitung. Münster: Waxmann, S. 24–70.
Stockmann, R. (Hrsg.) (2007a): Handbuch zur Evaluation: Eine praktische Handlungsanleitung. Münster: Waxmann.
Stockmann, R./Meyer, W./Casparo, A. (2009): Evaluation. Eine Einführung. Opladen: Barbara Budrich.
Szepansky, W.-P. (2005): Souverän Seminare leiten. Gruppenprozesse und Leitungsrolle. 2. Auflage. Bielefeld: W. Bertelsmann.
Thiele, A. (2004): Modulare Qualitätsentwicklung in der Weiterbildung. Am Beispiel des regionalen Kooperationsverbundes der Volkshochschulen an der Ruhr, Essen und Oberhausen. Bielefeld: W. Bertelsmann.
Tietgens, H. (1979): Einleitung in die Erwachsenenbildung. Darmstadt: Wissenschaftliche Buchgesellschaft.
Tietgens, H. (1980): Teilnehmerorientierung als Antizipation. In: Breloer, G./Dauber, H./Tietgens, H.: Teilnehmerorientierung und Selbststeuerung in der Erwachsenenbildung. Braunschweig: Westermann, S. 113–176.
Tietgens, H. (1988): Professionalität für die Erwachsenenbildung. In: Gieseke, W./Tietgens, H./Schäffter, O./Venth, A./Müller, C. W.: Professionalität und Professionalisierung. Bad Heilbrunn: Klinkhardt, S. 28–75.
Tietgens, H. (1992): Reflexionen zur Erwachsenendidaktik. Bad Heilbrunn: Klinkhardt.
Tietgens, H. (1998): Maßgaben der Professionalität. In: Klein, R./Reutter, G. (Hrsg.): Lehren ohne Zukunft? Wandel der Anforderungen an das pädagogische Personal in der Erwachsenenbildung. Baltmannsweiler: Schneider Hohengehren, S. 39–45.
Tippelt, R./Eckert, T./Barz, H. (1996): Markt und integrative Weiterbildung. Zur Differenzierung von Weiterbildungsanbietern und Weiterbildungsinteressen. Bad Heilbrunn: Klinkhardt.
Tippelt, R./Reich, J./Hippel, A. v./Barz, H./Baum, D. (2008): Weiterbildung und soziale Milieus in Deutschland. Bd. 3: Milieumarketing implementieren. Bielefeld: W. Bertelsmann.
Tippelt, R./Reupold, A./Strobel, C./Kuwan, H. (Hrsg.) (2008a): Lernende Regionen – Netzwerke gestalten. Teilergebnisse zur Evaluation des Programms »Lernende Regionen – Förderung von Netzwerken«. Bielefeld: W. Bertelsmann.
Tippelt, R./Schmidt, B./Schnurr, S./Sinner, S./Theisen, C. (2009): Bildung Älterer. Chancen im demographischen Wandel. Bielefeld: W. Bertelsmann.
Tippelt, R./Weiland, M./Panyr, S./Barz, H. (2003): Weiterbildung, Lebensstil und soziale Lage in einer Metropole. Studie zu Weiterbildungsverhalten und -interessen der Münchener Bevölkerung. Bielefeld: W. Bertelsmann.
Tödt, K. (2008): Lernerorientierte Qualitätstestierung für Bildungsveranstaltungen (LQB). Grundlegung von Modell und Methode. Bielefeld: W. Bertelsmann.
Tymister, H. J. (1995): Berater/in; Beratung. In: Brunner, R./Titze, M. (Hrsg): Wörterbuch der Individualpsychologie. 2. Auflage. München: Reinhardt, S. 57–63.
Ulrich, S./Wenzel, F. M. (2003): Partizipative Evaluation. Ein Konzept für die politische Bildung. Gütersloh: Bertelsmann Stiftung.

Weber, P. J. (2008): Verantwortung in Drittmittelprojekten – Plädoyer für stärkere Verzahnung von Management und Forschung. In: Pätzold, H. (Hrsg.): Verantwortungsdidaktik. Zum didaktischen Ort der Verantwortung in Erwachsenenbildung und Weiterbildung. Baltmannsweiler: Schneider Hohengehren, S. 128–147.
Weinberg, J. (1999): Einführung in das Studium der Erwachsenenbildung. Theorie und Praxis der Erwachsenenbildung. 2. Auflage. Bad Heilbrunn: Klinkhardt.
Weinert, F. E. (1974): Lernübertragung. In: Weinert, F. E./Graumann, C. F./Heckhausen, H./Hofer, M. (Hrsg.): Funkkolleg Pädagogische Psychologie. Frankfurt am Main: Fischer, S. 687–709.
Wirth, I. (Hrsg.) (1978): Handwörterbuch der Erwachsenenbildung. Paderborn: Schöningh.
Witt, C. de/Czerwionka, T. (2007): Mediendidaktik. Studientexte für Erwachsenenbildung. Bielefeld: W. Bertelsmann.
Wolgast, G. (1996): Zeittafel zur Geschichte der Erwachsenenbildung. Neuwied: Luchterhand.
Wolgast, G./Knoll, J. H. (Hrsg.) (1986): Biographisches Handwörterbuch der Erwachsenenbildung. Stuttgart: Burg.
Wöltje, J./Egenberger, U. (1996): Zukunftssicherung durch systematische Weiterbildung. München: Lexika.
Wottawa, H./Thierau, H. (2003): Lehrbuch Evaluation. 3. Auflage. Bern: Huber.
Zech, R. (2006): Handbuch lernerorientierte Qualitätstestierung in der Weiterbildung (LQW): Grundlegung – Anwendung – Wirkung. Bielefeld: W. Bertelsmann.
Zech, R. (2008): Handbuch Qualität in der Weiterbildung. Weinheim: Beltz.
Zeuner, C. (1991): Erfahrung und Wissenschaft – Arbeiterbildung an amerikanischen und deutschen Hochschulen. Forschungsschwerpunkt Arbeit und Bildung 21. Bremen: Universität Bremen.
Zeuner, C. (1998): Die Arbeitsgemeinschaft als historischer Vorläufer einer Erwachsenendidaktik der Selbstorganisation. In: Derichs-Kunstmann, K./Faulstich, P./Tippelt, R. (Hrsg.): Selbstorganisiertes Lernen als Problem der Erwachsenenbildung. Dokumentation der Jahrestagung 1997 der Kommission für Erwachsenenbildung der Deutschen Gesellschaft für Erziehungswissenschaft. Beiheft zum Forschungs- und Literaturreport Weiterbildung 1997. Frankfurt am Main 1998, S. 106–117.
Zeuner, C. (2004): Didaktisches Handeln und Institutionalisierung. In: Grundlagen der Weiterbildung Praxishilfen, Ergänzungslieferung Nr. 58. Neuwied: Luchterhand, S. 1–22.
Zeuner, C. (2008): Erwachsenenbildung. In: Faulstich-Wieland, H./Faulstich, P. (Hrsg.): Erziehungswissenschaft. Ein Grundkurs. Reinbek: Rowohlt, S. 532–555.
Zeuner, C. (2008a): Verantwortung als Inhalt des Studiums der Erwachsenenpädagogik. In: Pätzold, H. (Hrsg.): Verantwortungsdidaktik. Zum didaktischen Ort der Verantwortung in Erwachsenenbildung und Weiterbildung. Baltmannsweiler: Schneider Hohengehren, S. 194–212.
Zeuner, C. (2009): Supportstrukturen für die Weiterbildung. In: Arnold, R./Gieseke, W./Zeuner, C. (Hrsg.): Bildungsberatung im Dialog. Bd. I: Theorie – Empirie – Reflexion. Baltmannsweiler: Schneider Hohengehren 2009, S. 23–44.
Zeuner, C. (2009a): Erwachsenenbildung: Begründungen und Dimensionen – ein Überblick aus historischer Perspektive. In: Zeuner, C. (Hrsg.): Enzyklopädie Erziehungswissenschaft Online (EEO), Fachgebiet: Erwachsenenbildung. Weinheim: Juventa. (www.erzwissonline.de: DOI 10.3262/EEO16090019).
Zeuner, C./Faulstich, P. (2009): Erwachsenenbildung – Resultate der Forschung. Entwicklung, Situation und Perspektiven. Weinheim: Beltz.
Zienert, M. (2009): Eine Bestandsaufnahme der eingesetzten Instrumente. In: Bildungsberatung im Dialog. Bd. 2: 13 Wortmeldungen. Baltmannsweiler: Schneider Hohengehren, S. 45–57.
Zimmer, G. (2004): Aufgabenorientierung: Grundkategorie zur Gestaltung expansiven Lernens. In: Faulstich, P./Ludwig, J.: Expansives Lernen. Baltmannsweiler: Schneider Hohengehren, S. 54–67.